Jän. 18

**SYLVESTER WALCH
DIE GANZE FÜLLE DEINES LEBENS**

fischer & gann

SYLVESTER WALCH

DIE GANZE FÜLLE DEINES LEBENS

Ein spiritueller Begleiter
zu den Kräften der Seele

Minilectures
und Übungen

fischer **&** *gann*

Bibliografische Information der Deutschen Nationalbibliothek:
Die Deutsche Nationalbibliothek verzeichnet diese Publikation
in der Deutschen Nationalbibliografie; detaillierte bibliografische Daten
sind im Internet über http://dnb.d-nb.de abrufbar.

Dieses Werk einschließlich aller seiner Teile ist urheberrechtlich geschützt.
Jede Verwertung außerhalb der engen Grenzen des Urheberrechtsgesetzes
ist unzulässig und strafbar.

© Verlag Fischer & Gann, Munderfing 2016
Umschlaggestaltung | Layout: Gesine Beran, Turin
Umschlagmotiv: © shutterstock / Peangdao
Gesamtherstellung | Druck:
Aumayer Druck + Verlag Ges.m.b.H. & Co KG, Munderfing
Printed in The European Union

ISBN 978-3-903072-31-2
ISBN E-Book 978-3-903072-38-1

www.fischerundgann.com

INHALT

VORWORT

WER BIN ICH WIRKLICH?
Die Frage nach dem Selbst | 12
Das transpersonale Selbst – die Innere Weisheit | 15
Ein Zugang zu sich selbst | 18
Entwicklung ist immer möglich | 24
Unser Wissen ist begrenzt | 28
Gnädig mit uns selber sein | 30
Einverstanden sein mit dem, was ist | 33
Übung: Wo stehe ich auf meinem Weg? | 36
Ein Tor zu deiner Seele | 42

SICH BEFREIEN UND GANZ WERDEN
Bewertungen loslassen | 46
Vertrauen ins Erleben haben | 49
Spiritualität als Lebensgrundlage | 51
Der Umgang mit dem Körper | 56
Loslassen | 58
Ein spiritueller Weg ist harte Arbeit | 62
Warum meditieren? | 65
Übung: Mein Atem und mein Herz | 68

SICH SELBST ANNEHMEN
Die dunkle Seite in uns | 72
Die Bedeutung des Schattens | 74
Mitgefühl mit mir selbst | 78
Das Ja ist der Schlüssel | 81
Übung: Meine Schattenseiten | 83
Übung: Wenn das Licht in den Schatten kommt | 88
Belastete Begriffe | 91
Angst vor dem Neuen | 96
Übung: Loslassen üben | 98
Du bist einzigartig | 103

GEH VORAN UND BLEIBE DABEI
Wenn du es eilig hast, setze dich nieder | 108
Die Phasen der Meditation | 112
Übung: Sich bewusst entscheiden | 115
Ein gesundes Ich | 118
Was bedeutet Ego? | 121
Der erste Schritt zur Veränderung | 125

Die innere Stimme – der Kompass in dir | 128
Übung: Welche der Stimmen ist die richtige? | 132
Die eigene Erfahrung zählt | 135
Die andere Dimension | 137

UNSER SCHICKSAL BEJAHEN
UND UNSERE LEBENSAUFGABE FINDEN
Die Suche nach dem Funken | 144
Einen zweiten Blick wagen | 148
Was ist unser Schicksal? | 151
Eine Hypothek in Kapital verwandeln | 155
Die Selbstheilungskräfte in dir | 161
Übung: Was ist meine Lebensaufgabe? | 168
Vertraue dem Leben! | 173
Übung: Sich dem Vertrauen hingeben | 176
Kontemplation als Entscheidungshilfe | 180
Übung: Der Ritus der Kontemplation | 184

DIE FÜLLE DEINES LEBENS
Wir sterben, wie wir gelebt haben | 190
Lass Altes hinter dir | 194
Stirb und werde! | 198
Übung: Im Leben sterben lernen | 202
Das erlösende Moment der Gegenwärtigkeit | 208
Übung: Ich bin nicht nur das, ich bin nicht nur das | 214
Übung: Ich bin das, und dann lasse ich wieder los | 216
Der Körper als Instrument | 220
Woher kommt Intuition? | 224
Übung: Auf meine innere Stimme hören | 227

DURCHLÄSSIG WERDEN
UND VERÄNDERUNG ZULASSEN

Das All-Eine oder das Göttliche | 232
Man sehnt sich nur nach dem, was man schon erfahren hat | 236
Übung: Durchlässig werden | 239
Meditation – eine schwierige Übung | 244
Angst vor Auflösung | 247
Meditation braucht Disziplin | 249
Veränderung bringt auch Konflikte | 252
Karma | 254
Lehnst du einen Menschen ab, lehnst du dich ab | 258
Warum Mitgefühl? | 261

ANMERKUNGEN

LITERATUR

VORWORT

Die Frage nach dem Sinn des Lebens stellt sich früher oder später jedem Menschen. Oftmals taucht sie auf, wenn wir Leid erfahren oder Schicksalsschlägen ausgesetzt sind. Antworten lassen sich allerdings nur dann finden, wenn wir bereit sind, den Weg der Selbsterkenntnis zu gehen. Ein solcher Prozess der Bewusstwerdung erfordert von uns unweigerlich, tiefer zu gehen. Nur so können wir herausfinden, wer wir wirklich sind. Dabei entdecken wir, dass wir mehr sind als unsere Persönlichkeit, unsere Lebensgeschichte oder ein Bündel von Rollen. Zu den tiefsten Geheimnissen des Lebens kann aber nur jener vordringen, der sich öffnet, Vorurteile loslässt und durchlässig wird. Dazu ist es erforderlich, dass wir uns selbst anerkennen und uns mitfühlend begegnen. In meinen Seminaren begleite ich Menschen auf diesem Weg.

Um durch die Geräuschkulisse des Alltagsbewusstseins hindurchzuspüren, um zu hören, was unser Innerstes dazu preisgibt, sind unterschiedliche Vorgangsweisen erforderlich: Holotropes

Atmen, um mit Hilfe veränderter Bewusstseinszustände zu einem tieferen Verständnis von uns selbst zu gelangen, themenzentrierte Kontemplation, um den großen Fragen des Seins nachzugehen, Meditation, um unseren Geist von einengenden Konzepten zu befreien, Psychotherapie, um destruktive Muster unseres Unbewussten zu erkennen sowie Sicherheit und Vertrauen zu entwickeln. Heilung, Wachstum und eine segensreiche Lebensführung können so nachhaltig gefördert werden.

Neben der Selbsterfahrung durch das Holotrope Atmen sowie durch kontemplative Übungen in meinen Seminaren habe ich immer wieder Minilectures zum besseren Verständnis des Gesamtprozesses gehalten und sie in den letzten Jahren auch aufgezeichnet. Aus dieser Sammlung wurden nun erste Teile ausgewählt, niedergeschrieben und in Kapitel geordnet, um sie einer breiteren Leserschaft zur Verfügung zu stellen. Für diese immense Arbeit möchte ich ganz besonders Frau Andrea Brückner und Frau Mathilde Fischer danken!

Für mich ist es das erste Mal, dass ich einem solchem Projekt zugestimmt habe, und ich bin auch schon ganz aufgeregt, welche Erfahrungen damit möglich sein werden. Gleichzeitig möchte ich jetzt schon um Verzeihung bitten, falls manches vielleicht außerhalb des Seminarkontextes nicht bis ins letzte Detail nachvollzogen werden kann. Dennoch bin ich überzeugt, dass Sie, liebe Leserin, lieber Leser, daraus das für Sie Wichtige schöpfen können. Falls ich Sie noch nicht kenne, würde ich mich selbstverständlich freuen, Ihnen auch persönlich begegnen zu dürfen.

Vielen Dank auch dem Verlag Fischer & Gann für die Wertschätzung und vorzügliche Behandlung meiner Arbeit.

Oberstdorf, im Juli 2016

WER
BIN ICH
WIRKLICH
?

DIE FRAGE NACH DEM SELBST

Ein freies Leben zu führen, wünscht sich jeder, doch selbstverständlich ist das auch heute keineswegs. Oft glauben wir, unabhängig zu sein, und haben dennoch Verhaltensweisen, die durch vergangenes Erleben und alte Muster geprägt sind. Wie selbstbestimmt sind wir also wirklich? Ein gutes Leben zu führen setzt voraus, dass wir uns auch selbst kennen. Doch was ist mit »selbst« gemeint?

In der traditionellen Psychotherapie steht das Selbst einerseits für die Person als Ganzes, also für all das, was ich als zu mir gehörig erlebe. Und andererseits steht das Selbst für meinen innersten Kern, das heißt für alles, was in mir wirkt und mich im Innersten zusammenhält.

Von diesem Selbst gehen enorme Integrationsleistungen aus, die bewirken, dass wir uns über die Zeit hinweg als stabil erleben können, also auch eine unveränderte Subjektivität verkörpern: Einfach gesagt, wenn wir schlafen gehen und in der Früh wieder aufwachen, dann wissen wir noch, wer wir sind. Die Person mit zwölf Jahren ist auch die Person mit sechzig Jahren, obwohl sich der Körper alle sieben Jahre komplett erneuert. Mich trotz dieses Wandels als eine konstante Einheit zu erleben, ist eine wunderbare Leistung meines Selbst und gar nicht so einfach. Deshalb braucht es dieses Selbst, das uns so zusammenhält. Es ermöglicht uns, uns zu erkennen, uns zu erleben und uns als jemand zu sehen, der oder die im Leben steht, der seinen Weg geht und mit sich selbst identisch ist. Das personale Selbst hat die Fähigkeit, sich selbst zu erkennen, sich mit sich zu identifizieren und sich in seiner Ganzheit zu erleben.

Wenn der Mensch in seinem Leben großen Belastungen ausgesetzt ist, kann sich das Selbst nicht richtig ausdehnen und entwickeln. Gewalterfahrungen, Defizite an Liebe und Geborgenheit, chronische Konflikte und traumatische Erfahrungen können massiven Druck auf diesen innersten Kern ausüben, wodurch bestimmte Fähigkeiten auf der Strecke bleiben. Der Mensch errichtet dann eine innere Mauer oder eine Schutzhülle um das Selbst, um es vor möglichen Bedrohungen abzuschirmen und keinen unwirtlichen Situationen auszusetzen. Dadurch wird auch das sich entwickelnde Gefühl von Ganzheit beeinträchtigt, denn das entstehende Selbst zieht sich zusammen und erzeugt eine vor der bedrohlichen Welt schützende Fassade, eine Scheinpersönlichkeit, hinter die es sich zurückziehen kann. Gleichzeitig wird der innere Boden als brüchig und instabil empfunden, sodass man in sich selbst keinen Halt finden kann.

Die Folge ist eine gewisse »Fassadenhaftigkeit«: Menschen erscheinen dann nicht so, wie sie wirklich sind. Sie wirken nicht authentisch, können nicht zeigen, was in ihnen ist. Bei anderen kann dann der Eindruck entstehen, dass etwas falsch oder unecht an ihnen ist. Die Psychologie verwendet hier den Begriff »falsches Selbst«. Gemeint ist damit eine aufgezwungene Art zu leben, die eigentlich nicht dem Innersten entspricht. Menschen versuchen dann ihren eigentlichen Kern vor der feindlichen Umwelt zu schützen, um den Preis, dass sie sich von sich selbst abgeschnitten fühlen. In diesem Kontext stoßen wir auf Begriffe in der Psychologie, die manchmal moralisch erscheinen, aber es nicht sind: das falsche oder wahre Selbst.

Das falsche Selbst, die Scheinpersönlichkeit, tut etwas, das ihr nicht wirklich entspricht. Sie erfüllt Erwartungen oder versucht, Bedürfnisse über Umwege, Inszenierungen und Dramatisierungen zu befriedigen, weil es ihr nicht möglich ist, direkt zu sagen, was sie braucht. Das falsche Selbst verursacht zum Beispiel einen Unfall, löst Krankheiten aus, um die Liebe, die es verdient hat, zu bekommen.

Es bedarf langer Arbeit an uns selbst, um unsere ursprüngliche Wesensnatur wieder freizulegen. Wir müssen die Mauern abtragen, die Schutzpanzer auflösen, um uns wieder frei und unbeschwert fühlen zu können. Das wahre Selbst, wie es Karen Horney schön beschreibt, »sorgt für das pulsende innere Leben; …es ist jener Teil in uns, der sich ausdehnen, wachsen und selbst erfüllen will.«[1] Wenn wir mehr und mehr in Kontakt mit uns selbst sind und uns wirklich fühlen und spüren können, dann machen wir manchmal eine wunderbare Erfahrung: Wir erkennen, dass wir sogar mehr sind als nur Persönlichkeit, Lebensgeschichte oder das, was unser Leben überschaubar ausmacht oder wir glauben zu sein. Es gibt mehr in uns. Es gibt etwas Größeres in uns.

Menschen, die das erfahren haben, fühlen sich plötzlich nicht mehr nur auf sich selbst bezogen. In ihrer Lebendigkeit, Wachheit und Authentizität fühlen sie sich verbunden mit anderen und der Natur, können ihre Schönheit wahrnehmen. Hier beginnt das, was spirituelle Richtungen als das höhere Selbst bezeichnen. Etwas, das nicht nur auf uns persönlich bezogen ist, sondern über uns hinausgeht: die Innere Weisheit, das größere Ganze oder unsere göttliche Natur.

DAS TRANSPERSONALE SELBST – DIE INNERE WEISHEIT

Die transpersonale Psychologie geht davon aus, dass das Selbst nicht nur immanenter Teil der individuellen Persönlichkeit ist, sondern eine Qualität oder Ressource besitzt, die über diesen ganz individuellen Teil hinausreicht. Das Selbst ist also nicht, wie die klassische Psychologie nahelegt, allein auf die Persönlichkeit bezogen, sondern auch offen zum Überpersönlichen hin, daher die Bezeichnung transpersonal oder universal.

Bildlich gesprochen ist im innersten Kern unserer Persönlichkeit eine Öffnung, durch die sie mit dem Seinsganzen verbunden erscheint. C. G. Jung beschreibt es so: »Dieses Etwas ist uns fremd und doch so nah, ganz uns selber und uns doch unerkennbar, ein virtueller Mittelpunkt von ... geheimnisvoller Konstitution ... Ich habe diesen Mittelpunkt als das Selbst bezeichnet...(Es) könnte ebenso wohl als ›Gott in uns‹ bezeichnet werden. Die Anfänge unseres ganzen seelischen Lebens scheinen unentwirrbar aus diesem Punkt zu entspringen, und alle höchsten und letzten Ziele scheinen auf ihn hinzulaufen.«[2] Mit diesem transpersonalen Selbst, das über uns hinausgeht, können wir im Zuge eines Entwicklungsweges, den er als Individuationsweg bezeichnet, eine Qualität in unserem tiefsten Inneren erfahren, die größer ist als wir selbst.

Was das psychologische, persönliche oder personale Selbst angeht, so kann ich diesem Konzept auch aus meiner Erfahrung nur zustimmen. Aber es ist nicht alles.

Wenn wir das personale Selbst noch tiefer erkunden, dann ist es nicht mehr auf unsere Person begrenzt, sondern es öffnet sich – hin zum Seins-Ganzen. Wir erfahren uns dann nicht mehr als Einzelwesen, sondern fühlen uns verbunden, getragen, durchdrungen und geöffnet vom größeren Ganzen.

In diesem Buch wird diese transzendente Wirklichkeit als »größeres Ganzes«, als »Mehr«, als »Es«, als »Essenz« oder als »das Göttliche« bezeichnet. Als tiefste innere Instanz wird es auch als transpersonales, universales oder höheres Selbst oder Innere Weisheit beschrieben. Dieses größere Ganze umfasst uns, durchdringt uns, wirkt in uns und ist in uns eingebettet. Deshalb können wir es in uns selbst gewahren, auch wenn es unsere Vorstellungen weit übersteigt. So kann es uns auch in Form von Sinngestalten und Symbolen zugänglich werden. Menschen, die es erfahren, fühlen sich verbunden, liebevoll und getragen.

Um sich dafür vorzubereiten, lohnt es sich zu meditieren, denn durch die Beruhigung der Innenwelt kann das Bewusstsein leichter das Umgreifende erspüren und sich direkter mit dem größeren Ganzen verbinden. Dabei ist stets mit im Auge zu behalten, dass spirituelle Praxis nicht vom Leben wegführen soll, sondern mitten in der Lebenswirklichkeit zu verankern ist. Nur wer Spiritualität im Menschlichen selbst und zur Welt gehörig empfindet, unterliegt nicht der Gefahr der Erhöhung und Idealisierung.

Ausschlaggebend ist somit bei spirituellen Erfahrungen die direkte Erfahrung. Die Verfeinerung des Spürbewusstseins, das meditative Innehalten und das Hineinhören in die sich öffnenden

Innenräume ermöglichen uns, zu diesen transzendenten Wirklichkeiten vorzudringen. Das gilt gleichermaßen für Einsichten in die Ursachen des Leidens, die Entfaltung von Potenzialen und die Erkundung von Sinnhorizonten. Diese drei sich ergänzenden Perspektiven des Bewusstheitsprozesses fördern seelische Gesundheit und spirituelle Befreiung. In den verschiedensten religiösen und spirituellen Traditionen ist diese Innere Weisheit immer schon beschrieben worden: Im Christentum heißt es: »Das Reich Gottes ist in dir«, im Buddhismus: »Schau nach innen, du bist der Buddha«, im Siddha-Yoga: »Gott wohnt in dir als du«, im Hinduismus: »Atman (das individuelle Bewusstsein) und Brahman (das universelle Bewusstsein) sind eins«, in der Sufi-Tradition des Islam: »Wer sich selbst kennt, kennt seinen Herrn.« Manchmal wird auch vom göttlichen Funken oder dem Funken des Kosmos gesprochen, der in allem existiert.

Das personale Selbst der klassischen Psychologie ist das, was wir als identitätsfördernde und persönlichkeitsleitende Integrationsinstanz in uns sehen können, das uns das Gefühl gibt, eine Ganzheit und mit uns identisch zu sein. Wenn das gestört ist, werden wir im Leben nicht gut funktionieren und unseren Weg nicht hinreichend gut gehen können.

Die transpersonale Psychologie und die spirituellen Richtungen fügen dem hinzu: Das Selbst ist nicht nur auf uns selbst bezogen, sondern weist über uns selbst hinaus. Der Mensch ist kein Einzelwesen, sondern verbunden, getragen und durchdrungen. Genau diese Qualitäten beschreiben die transpersonale Psychologie und die spirituellen Richtungen.

Diese beiden Konzepte lassen sich zu folgendem Satz zusammenbringen: Das personale Selbst ist im transpersonalen Selbst aufgehoben, beherbergt und überschritten. Es ist sinnvoll, dieses psychologische Selbstkonzept durch das transpersonale und spirituelle Selbst zu erweitern, ohne das psychologische außer Kraft zu setzen.

EIN ZUGANG ZU SICH SELBST

Menschen haben oft eine tiefe Sehnsucht in sich, in spirituelle Welten einzutauchen, große Reisen nach innen und außen zu unternehmen, um das Leben zu verstehen und sich vom Leid zu befreien. Ich habe schon mit vielen Menschen gearbeitet und bin deshalb überzeugt, dass das Ziel der vollständigen Leidbefreiung zu hochgesteckt ist. Ich glaube, dass es vielmehr günstig ist, stets die Tatsache mit einzubeziehen, dass wir Menschen sterblich und verletzlich sind, auch wenn es sich manchmal wie eine narzisstische Kränkung anfühlt.

Es gibt vielleicht Aspekte in uns, die mit Unsterblichkeit zu tun haben. Es gibt jedoch auch einen Teil, der todsicher vergänglich ist. Gerade in der letzten Lebensphase werden wir bemerken, dass die körperlichen Fähigkeiten weniger werden, die Gedankenkraft nachlässt, bestimmte Kompetenzen, die uns im Leben ausmachen, die uns Halt, Sicherheit und Stabilität gegeben haben, nicht mehr verfügbar sind. Wer sind wir dann, wenn wir all dies nicht mehr haben? Wohin bewegen wir uns, wenn wir damit konfrontiert werden, immer mehr loslassen zu müssen, wer und was wir bisher waren? Dann wird uns klar, dass dieses angeblich so stabile System vielleicht gar nicht so beständig ist, wie es uns erschien. Es ist dann vielleicht ähnlich den Gedanken, die kommen, aufsteigen und wieder absteigen. Dann wird uns bewusst, dass es darum geht, aufgeben und loslassen zu lernen. In diesem Prozess gewinnen wir aber vielleicht auch die Einsicht, dass es dennoch etwas in uns gibt, das bleiben wird.

Wenn es nun aber so wäre, dass eine vollständige Befreiung von Leid, wie es in den verschiedenen spirituellen Richtungen als Ziel ausgegeben wird, nur annäherungsweise oder vielleicht gar nicht erreichbar ist, dann können wir uns zumindest einem zweiten Ziel widmen: das Leid in uns zu akzeptieren, um im Umgang mit dem, was uns Schwierigkeiten bereitet, neue Freiräume und Spielräume gewinnen zu können.

Wir sollten lernen, Leid nicht als absolut zu nehmen, so wie wir uns selbst nicht als absolut nehmen sollten. Dass wir zum Beispiel sagen können: Mein Partner hat mich verlassen, das bereitet mir große Schmerzen – aber dies ist nur ein Aspekt in meinem Leben.

Wenn wir leiden, sind wir hellhörig allem gegenüber, was mit diesem Leid zusammenhängt, nicht nur in uns, sondern auch draußen in der Welt, und sind schwerhörig zu dem hin, was es sonst noch gibt. Wenn es uns gelingt, diese Leidfixierung zu lockern und die dazugehörigen körperlichen Anspannungen zu lösen, können wir besser mit den Schwierigkeiten umgehen und die freiwerdenden Kräfte wieder für unser Leben nutzen. Wir brauchen dann nicht mehr so viel Zeit und Energie dafür aufzuwenden und sind nicht mehr so auf das Leid festgelegt.

Das Holotrope Atmen bietet durch die Hyperventilation, durch das dynamischere Atmen die Chance, dies zu unterstützen. Durch das dabei praktizierte schnellere Atmen können sich Widerstände senken, wie Wilhelm Reich, andere körperorientierte Forscher und yogische Traditionen herausgefunden haben. Widerstände gegen uns selbst, gegen tiefere Erfahrungen und intensivere Gefühle werden meistens über körperliche Blockaden und körperliche Spannungsfelder aufgebaut und aufrechterhalten. In diesen Verpanzerungen können auch frühere Bedrohungsszenen, angstauslösende Impulse oder schreckliche Traumainhalte gespeichert sein, um sie von dem Bewusstsein fernzuhalten (dissoziierte Anteile der Seele). Dadurch verflacht sich automatisch der Atem, weil ich mich in diesem Moment innerlich nicht spüren darf. Wenn wir nun bewusst schneller atmen, werden diese Blockierungen etwas »aufgelockert«. Zudem wird das Unbewusste mobilisiert, sodass unverarbeitete Aspekte der Seele, die dann durch diese Öffnungen hindurchströmen, leichter zugänglich werden.

Viele Themen und Inhalte sind peripher lokalisiert. Obwohl vorhanden und unbewusst wirksam, werden sie nicht identifiziert, und plötzlich, durch das Atmen, kommen sie ans Licht.

Zum Beispiel: Mitten im Atmen erlebe ich mich auf einmal als Kind im Gitterbett, Vater oder Mutter beugt sich über mich und schlägt mich, weil ich schreie. Plötzlich wird mir klar, dass es in der Zeit, als ich noch im Mutterleib war, ungeheuer viele Spannungen zwischen meinen Eltern gab. Diese Spannungen sind auf mich übergegangen und verursachten in mir Unruhe, die ich auch heute noch erlebe. Dieser Prozess der Bewusstwerdung kann sich durch innere Bilder, körperliche Zustände oder sensorische Eindrücke vollziehen. Manche meinen sogar, im veränderten Bewusstseinszustand erlebt zu haben, wie sie gezeugt worden sind. Ob das genau dann der außenkausalen Realität entspricht, ist immer eine schwierige Frage. Die Frage, ob Erinnerungen real sind, ist so alt wie die Psychotherapie selbst.

Ob psychische Inhalte einen expliziten Charakter haben, der validierbar oder gültig ist, kann wohl niemals hinreichend geklärt werden. Aber wir können von einer Tatsache ausgehen: Alles, was als psychischer Inhalt in uns ist, zieht eine Wirkung nach sich.

Dazu ein einfaches Beispiel: Du fühlst dich sehr minderwertig im Leben und hast eine neue Arbeitsstelle. Du trittst deinem Chef gegenüber, und der zieht gerade die Augenbrauen hoch, weil es ihn dort juckt. In dem Moment wirst du nervös und hast vielleicht das Gefühl, dass er dich kritisiert. Das muss aber gar nicht der Fall sein. Psychische Inhalte können somit eine immense Wirkung entfalten, auch wenn sie gar nicht mit dem übereinstimmen, was im Äußeren geschieht.

Es können sogar Erfahrungen gegenwärtig werden, die aus einer Zeit stammen, die wir normalerweise nicht erinnern können, also vor dem zweiten Lebensjahr oder noch im Mutterleib. Ich habe das selbst erlebt. Ich fragte mich, was ist dran an diesen Erlebnissen? Was ist real? Und dann hatte ich selbst manche Erfahrungen beim Holotropen Atmen, die mit äußeren Verhältnissen zusammenstimmten, und andere, die nicht dazu passten. Es ist sicherlich nie ganz zu erklären. Dennoch ist es wichtig, auch wenn man im ersten Moment nichts damit anfangen kann, allen Erfahrungen weiter nachzugehen, Verständnis dafür zu entwickeln und vielleicht der einen oder anderen Spur auch im Äußeren zu folgen.

Es ist gar nicht immer so wichtig, ob es mit beweisbaren Tatsachen übereinstimmt oder nicht. Es geht darum, alle Erfahrungen, die zugänglich werden, anzuerkennen. Durch den veränderten Bewusstseinszustand haben wir die große Chance, an mehr Material, das in uns latent vorhanden ist, heranzukommen.

Wenn wir uns nur einmal vorstellen: Pro Sekunde wirken etwa 11 Millionen Sinneseindrücke auf uns ein. Etwa 40 davon erleben wir bewusst. Das Holotrope Atmen macht den Filter durchlässiger und erhöht gleichzeitig die Erregbarkeit der Nervenzellen, sodass wir mehr Informationen über uns selbst und die Welt gewinnen können.

Es können beim Atmen aber auch Eindrücke auf uns zukommen, die weit über unsere begrenzte Lebensgeschichte hinausreichen, so etwa phylogenetische oder stammesgeschichtliche

Erfahrungen. Beispielsweise hat sich jemand einmal als Drache erlebt. Dies kann selbstverständlich in mehrfacher Weise gedeutet und gesehen werden. Man könnte dabei vielleicht mit einer Kraft in Kontakt kommen, die lange unterdrückt wurde. So gesehen hätte es sicher einen heilsamen Wert, weil wir plötzlich eine Stärke in uns wahrnehmen, die wir uns möglicherweise bisher nicht erlauben konnten. Es kann aber auch sein, dass wir uns mit etwas identifizieren, das in uns als überindividueller Teil der Kultur- und Naturgeschichte gespeichert ist.

Manche Forscher sprechen von einem unbewussten oder impliziten Gedächtnis[3], das auch solche Themen beinhalten kann. Rupert Sheldrake[4] spricht von morphogenetischen Feldern, in denen über Zeit und Raum hinweg Erfahrungen der Menschheits- und Kulturgeschichte gespeichert sind. Und offenbar ist es so, wenn wir durch die Membran unseres alltäglichen Bewusstseins hindurchgehen, dass vielerlei solcher Erfahrungen im Holotropen Atmen für uns bereitliegen. Sie können uns in unserer Entwicklung unterstützen und stärken. Sie helfen uns, bisher unterdrückte Impulse wahrzuhaben, Selbstheilungskräfte zu mobilisieren, mystische Dimensionen des Seins zugänglich zu machen, neue Sinnhorizonte zu erschließen und Probleme des Lebens besser zu lösen. Im Holotropen Atmen liegt die umfassende Möglichkeit, dem Leben, so wie es in uns und außerhalb von uns ist, tiefer und intensiver zu begegnen.

Dabei muss aber ein wichtiger Aspekt berücksichtigt werden: Wir sollten nicht abheben, auch wenn die Methode des Holotropen Atmens zunächst spektakulär erscheint. Denn eines bleibt uns trotz diesem vielfältigen Erfahrungspotenzial nicht erspart: Nachdem eine Erfahrung bewusst geworden ist, ist es wichtig, auch deren tieferen Sinn zu verstehen. Der nächste wichtige Schritt heißt: das, was ich erlebt und erfahren habe, auch im Alltag umzusetzen, was gewöhnlich eine große Hürde darstellt. Vieles erscheint plötzlich vielleicht klar, doch das Leben hat sich oft dennoch nach solchen

Erfahrungen nicht in der Weise geändert, wie wir uns das erhofft haben.

Hier müssen wir unsere Erwartungen zurückschrauben. Entwicklungsprozesse brauchen neben der Katharsis, neben der Einsicht auch eine Portion Disziplin, um alte Muster, die unsere vorübergehende Stabilität und Identität gewährleisten, schrittweise zu verändern.

Auch wenn die Atemerfahrungen noch so tief greifend gewesen sind – letztlich kommt es darauf an, wie wir uns verändern und entwickeln.

ENTWICKLUNG IST IMMER MÖGLICH

Wie kann Entwicklung tatsächlich stattfinden? Hier geht es darum, dass wir lernen, in kleinen Schritten vorwärts zu gehen, dass wir lernen, uns innerlich wirklich auf eine Entwicklungsarbeit einzulassen, die ein Leben lang währt. Vielleicht können wir dafür Spielräume schaffen, uns zum Beispiel innerlich besser mit uns selbst vertragen und auch mit unserer Umwelt möglicherweise besser umgehen.

Dennoch wird es in unserem Leben immer wieder Phasen des Leides zu durchschreiten geben. Mit der Zeit werden wir aber erkennen, dass uns das, was uns an Schwierigkeiten begegnet, sogar unser Leben bereichern kann. Jedes Hindernis ist wie ein helfender Freund. Ein Engpass im Leben ist stets etwas, woran wir lernen und uns auseinandersetzen können. Mit dieser Erkenntnis werden das Leid und die Schicksalsschläge für uns eine Aufforderung, denn sie tragen Botschaften in sich, die uns weiterhelfen können auf unserem Entwicklungsweg.

Dann wird die Verletzung, die uns vielleicht zugefügt wird, nicht mehr nur wehtun, sondern wir werden uns auch fragen: Was möchte mir die Situation sagen? Was drückt sie aus, welche Bedeutung hat sie für mein Leben? Leid kann auch auf den zweiten Blick eine innovative Wirkung haben: Es bringt uns weiter. Es trägt uns in die Entwicklung hinein, es trägt uns fort. Manche Entwicklungslinien verstehen wir erst, wenn wir zurückblicken. Dann werden wir sagen: Dies oder jenes, was damals für mich so katastrophal erschien, hat mich weitergebracht. Und in diesem Sinne wandeln sich eben Engpässe und Schwierigkeiten von einer Hypothek zum Kapital, zur Substanz für unsere weitere Entwicklung.

Das Holotrope Atmen hilft uns dabei, all das flüssig und weich werden zu lassen, was sich durch vielerlei Kränkungen und Prägungen verhärtet hat.

Bewusstseinsarbeit ist manchmal auch harte Arbeit: Arbeit, die wir zu leisten haben, um alte Muster aufzubrechen. Und manchmal müssen auch die Fetzen fliegen, damit sich endlich zeigen kann, was vielleicht in uns über Jahrzehnte abgekapselt, abgespalten und gepanzert war. Daher gilt: alles, was passiert, als Erfahrung nehmen. Wir dürfen innere Erfahrungen nicht nach dem Inhalt bewerten, sondern nach deren Energie.

Es kann in uns auch Muster und Sozialisationserfahrungen geben, die sich in der Seele bzw. im »Fühl-Denk- und Empfindungsraum« verfestigt haben. Chronische Belastungen, Defizite oder traumatische Erfahrungen können derart gravierende Spuren in uns hinterlassen, dass wir uns alleine durch Loslassen nicht von ihnen lösen können. Es braucht für derartige Verfestigungen in unserem Inneren eine gewisse innere Aufrüttelung, sodass das, was sich so festgesetzt hat, wieder ins Fließen kommen kann. Durch die Methode des Holotropen Atmens werden dissoziierte Anteile oder Fremdkörper in unserer Seele, die wir abgespalten haben, energetisch aufgeladen. Sie beginnen sich so von dem Bereich jenseits unserer bewussten Wahrnehmung allmählich in unser Bewusstsein hinzubewegen.

Das schnellere Atmen hilft dabei, dass diese schon festgesetzten Anteile in uns mobilisiert werden und ins Innere unseres Bewusstseinsraumes kommen.

Wichtig ist, alles, was sich zeigt, zuzulassen, auszudrücken und in dynamischer Weise innerlich in Bewegung zu halten. Auch Impulse, die zuvor nicht möglich waren, weil man sich durch sie in irgendeiner Weise ausgeliefert oder ohnmächtig fühlte. In der Atemsitzung kommt es nach einer gewissen Zeit der Spannungssteigerung zu einem Höhepunkt, an dem alles zugelassen und ausgedrückt wird. Und am Ende, wenn alles Material ausgedrückt und erlebt worden ist, kann es sich allmählich mit seiner Energie dem »Gesamtsystem« zur Verfügung stellen.

Diese inneren Erfahrungen und Erinnerungen wurden gesehen, wurden beachtet, müssen deshalb nicht mehr aus dem Unbewussten heraus uns unangenehm beeinflussen. Sie haben die Anerkennung erfahren, die sie für die Integration brauchen.

Wenn wir solche Erfahrungen einmal zugelassen haben und sie später dann wieder auftauchen, zum Beispiel beim Meditieren, dann können wir sie auch besser loslassen. Denn durch ihre Entladung haben sie sich aus ihrer energetischen Gebundenheit gelöst. So kann das Atmen in seiner Dynamik auch das Loslassen in der Meditation unterstützen.

Es gibt auch vieles, was uns zur Gewohnheit geworden ist. Zum Beispiel: wenn mich mein Vater geschlagen hat, ich im Rückblick wütend werde und die Wut auch ausdrücke. Selbst wenn sich mit der Zeit alles entladen hat, gibt es in mir noch immer diese Identifizierung, das heißt, sobald ich mit etwas in Kontakt komme, das ich nicht genau erkenne, identifiziere ich es mit der Wut auf meinen Vater – denn da kenne ich mich ja aus. Das bedeutet, bestimmte

Muster haben, selbst wenn sie bearbeitet wurden, einen Gewohnheitsaspekt. Man nennt das Schema.

Hier ist eine Restfixierung geblieben, denn etwas, das uns unbekannt ist, wird mit einem alten, in der Therapie längst erkannten Muster identifiziert. In diesem Fall hilft nur das Loslassen in der Meditation.

Ein spiritueller Weg kann helfen, aus der Opferrolle auszusteigen. Was aber nicht heißt, dass es nicht auch sehr wichtig war, uns als Opfer zu erleben und dass wir die dazugehörigen Gefühle wie Schmerz und Wut ausgedrückt haben. Der spirituelle Weg hat somit nicht nur eine öffnende Wirkung – indem er uns dem größeren Ganzen näherbringt –, sondern gleichzeitig auch eine kurative und heilende Wirkung. Weil er uns erstens hilft, längst bearbeitete Muster endgültig loszulassen – sozusagen den Kinderschuhen zu entwachsen –, und zweitens, weil wir im spirituellen Raum die transpersonale Dimension als Ressource erleben, die uns immer zur Verfügung steht und auf die wir jederzeit zurückgreifen können.

UNSER WISSEN IST BEGRENZT

Wer kennt nicht diesen Satz: »Das ist so und nicht anders?« In Religionssystemen und spirituellen Gemeinschaften ist er relativ oft zu hören. Je geschlossener eine Gruppe ist, desto starrer sind die Normen und die Dogmen.

Mystiker sind oftmals angetreten, um aber radikal der eigenen Erfahrung Raum zu geben und diese wertzuschätzen. Der Blick nach innen ist ihnen das Allerwichtigste. Das erklärt, warum Mystiker oft auch nicht sehr beliebt waren in den verschiedenen Systemen. Sie vertrauten weniger äußeren Instanzen, sondern in erster Linie der inneren. Das führte immer wieder zu Auseinandersetzungen und zu Kritik.

Das ist auch gut so. Gerade im Bereich kosmologischer oder weitreichender Theorien sind wir oft sehr anfällig für Ideologien. Wenn man schon einmal zu wissen glaubt, was es mit der Welt auf sich hat und was sie im Innersten zusammenhält, dann will man auch, dass andere das genauso sehen. Zu berücksichtigen bleibt, dass wir als menschliche Wesen von unserem Bewusstsein her, vom Verständnis für tieferliegende Prozesse, in vielem noch im Dunkeln tappen. Karl Popper formuliert dies sehr schön, wenn er sagt: »Wir mögen uns vielleicht in Erfahrung und Wissen etwas unterscheiden, aber im Nichtwissen sind wir alle gleich.«[5]

Wir haben in den großen Fragen immer nur Aspekte in der Hand, Teile des Gesamten, die in unserem Bewusstseinsraum erkannt und identifiziert werden. Außerdem sind wir so geschaffen, dass unsere Vorstellungen und Konzepte natürlich immer durch unsere persönlichen Erfahrungen geprägt sind, also immer auch subjektiv, zeitlich begrenzt und auch in gewisser Weise fehlerbehaftet. Das müssen wir immer wieder bedenken. Ich habe einmal gesagt, falls es sich herausstellen würde, dass viele unserer Annahmen über unser Sein in der Welt sich irgendwann als Illusionen herausstellen – und wir sind auf dem Weg etwas mitfühlender, etwas lebendiger, etwas vertrauensseliger geworden –, dann hat es sich dennoch gelohnt.

GNÄDIG MIT UNS SELBER SEIN

Wenn wir über unser Sein als Menschen nachdenken, dürfen wir nie vergessen, dass wir auch verletzlich und sterblich sind. In unseren Bemühungen um ein gutes Leben erfahren wir immer wieder auch Rückschritte, wir stoßen vielleicht immer wieder an Grenzen. Lassen wir uns davon nicht entmutigen, das geht uns allen so.

Das Universelle dieses Zustandes kann uns eine beruhigende Botschaft vermitteln: Ich bin damit nicht alleine. Auch das ist sehr wichtig, denn wenn wir einmal das Gefühl haben, von einem Weg abgekommen zu sein, können wir jederzeit wieder neu beginnen. Es kann vorkommen, dass wir uns vielleicht schämen, dass wir nicht das tun, was wir für richtig erachten. Doch gerade dann müssen wir barmherzig mit uns sein. Das ist das beste Mittel. Denn normalerweise werten wir uns dann ab. Gerade in dem Moment, wo wir am meisten Liebe von uns bräuchten, machen wir häufig das Gegenteil. Aber es ist oft ein Vor und Zurück. Also auf der einen Seite gelingt es, bestimmte Dinge zu erarbeiten, die hilfreich und gut für uns als Person sind – man schafft, das eine oder andere zu verwirklichen –, und dann verpufft das Ganze aber wieder. Doch hier ist es wichtig, sich nicht entmutigen zu lassen, sondern immer wieder neu zu beginnen.

Kant beschreibt treffend, was wir zu berücksichtigen haben: »Aus so krummem Holze, als woraus der Mensch gemacht ist, kann nichts ganz Gerades gezimmert werden.«[6] Von dieser Tatsache müssen wir immer wieder ausgehen, deshalb gnädig und barmherzig mit uns umgehen. Wenn wir unsere Haltung uns gegenüber nicht in Richtung Mitgefühl verändern, verhärten wir uns, verbittern vielleicht sogar. Doch was passiert eigentlich, wenn wir hart werden? Wir ziehen uns zusammen, »es« kontrahiert in uns. Und wie lassen sich Kontraktionen am besten lösen? Indem sie Wärme bekommen. Dann kann es wieder Ausdehnung, Durchlässigkeit und Öffnung geben.

Und hier kommt ein weiterer Punkt dazu. Manche Menschen – und wer kennt das nicht? – wären gerne anders, als sie sind. Wir sind aber, wie wir sind. Das Leben hat die Partitur so geschrieben. All diese Zusammenhänge unseres Lebens – unsere Eltern, die uns gezeugt haben, die Gene, die wir mitbringen, die Sozialisationsbedingungen, die wir vorgefunden haben und mit denen wir uns auseinandersetzen mussten –, all dies hat uns geformt. Es gibt keine andere Chance, als Ja zu sagen zu dem, wie wir sind, was wir geworden sind. Denn wenn wir ganz anders sein wollen, geraten wir in Verbitterung, weil wir das nicht ändern können. Und deshalb ist es der beste Weg, bei jeder Gelegenheit auch anzuerkennen und wertzuschätzen, dass wir sind, wie wir sind. Ja zu sagen, das auch anzunehmen und uns darauf einzulassen. Erst wenn wir uns auf diese Haltung einlassen, kann Veränderung stattfinden. Und diese Veränderung, das zeigen uns viele Meditationslehrer, findet immer im gegenwärtigen Erleben statt.

Dies ist auch der Grund, warum meditative Richtungen gerne Übungen anbieten, mit denen wir uns in der Gegenwärtigkeit spüren können. Denn nur in der Gegenwärtigkeit, so sagen die meisten spirituellen Richtungen – nicht, wenn wir gedanklich in der Vergangenheit oder der Zukunft sind, sondern am Nullpunkt, dort wo Vergangenheit und Zukunft zusammenkommen –, kann sich auch Vergangenes wandeln. Nur im gegenwärtigen Augenblick, durch den Ausdruck zum Beispiel, durch das Holotrope Atmen, kann sich grundlegend etwas ändern. Aber dafür ist es notwendig, dass wir zulassen, was geschieht.

Meine langjährige Erfahrung mit dieser Art von Arbeit ist es, dass wir nicht von allem wissen, was uns ändert, und auch nicht alles begreifen können, was auf unser Inneres einwirkt.

Manchmal kommt es vor, dass gleich nach einer Atemsitzung noch jemand eines bestimmten Bildes gewahr ist, einer Erfahrung, die er erlebte, diese aber wenig später wieder weg ist. Dann hörte ich schon bedauernd: »Schade, ich habe es vergessen, jetzt ist mir dieser wichtige Impuls verloren gegangen.« Doch dann antworte ich: »Wenn es erlebt wurde, dann ist es auch in uns.« Es ist in unserem inneren Raum, es ist vorhanden. Manchmal fehlt uns der Zugriff dazu.

EINVERSTANDEN SEIN MIT DEM, WAS IST

Das Wichtigste ist, einverstanden zu sein mit dem, was geschieht. Das meint zuallererst mit dem, was mir bewusst begegnet im Außen und in inneren Bildern. Und zum Zweiten, einverstanden zu sein mit dem Gedanken, dass in mir eine mögliche Kraft wirkt, von der ich vielleicht noch nicht so viel weiß, und im blinden Vertrauen mich auf diese Kraft auch zu beziehen. Ich weiß, dass blindes Vertrauen in manchen Lebenssituationen nicht hilfreich ist, zum Beispiel, wenn wir einen Vertrag unterzeichnen. Aber wenn wir uns auf einen spirituellen Weg einlassen, ist der Vertrag mit dieser Kraft, die aus dem Inneren kommt, längst geschlossen. Es ist günstig, immer dem Herzen zu folgen, das mehr Liebe ins Leben fließen lässt. Das sind zwei Prüfsteine, an denen wir das immer wieder abgleichen können: Kommt durch meine Handlungen mehr Liebe, mehr Mitgefühl und Gemeinsamkeit ins Leben? Habe ich das Gefühl, nicht nur mir persönlich, sondern auch dem größeren Ganzen in stärkerem Maße zu dienen?

Und sollte das Gegenteil der Fall sein, dann geht es darum, auch dies im Moment anzuerkennen: Jetzt möchte ich im Mittelpunkt stehen, jetzt müssen meine Bedürfnisse erfüllt werden. Es gibt solche Zeiten, da ist das erforderlich. Aber es ist wichtig, dies bewusst wahrzunehmen, die Unterscheidung auch zu fühlen und dann auch wieder zurückzukehren in das anerkennende freundschaftliche Verhältnis zu sich selbst. Nur wenn wir uns freundschaftlich zu uns selbst verhalten, können wir möglicherweise auch das eine oder andere Schwierige abbauen und lösen.

Denn auch in Fällen, wo wir mit uns selbst und anderen destruktiv umgehen, was immer wieder passieren wird, sei es in Beziehungen oder am Arbeitsplatz, sind auch diese Situationen – wenn wir es uns bewusst machen – voller Öffnungs- und Heilungsenergie. Jede Schwierigkeit, die du ins Leben bringst durch das, was du tust, wird erst dann zur Schwierigkeit, wenn du nicht bereit bist, dir das bewusst zu machen, nicht bereit bist, genauer hinzuschauen. Solange du bereit bist hinzuschauen, können auch destruktive, schwierige Seiten deines Lebens, die diese oder jene Konsequenzen in deinem Alltag haben, verändert werden oder sich aufweichen. Wir sollten uns daher immer alles bewusst machen, und wir können das dann am besten tun, wenn es uns gelingt, uns dafür nicht abzuwerten.

Was passiert, wenn du mit jemandem zusammen bist, der dich abwertet? Du gehst innerlich weg, du verschließt dich. So ist es auch mit dir selbst. Wenn du dich abwertest, verschließt du dich dir selbst gegenüber, gehst von dir weg. Dann kannst du weniger von dir erfahren, so wie du auch weniger von jemand anderem erfahren kannst, wenn du ihn abwertest. Also brauchen wir immer eine freundliche Einstellung zu dem, was wir erkennen möchten.

Dieses Prinzip gilt selbst für Wissenschaftler: Wenn sie ihrem Forschungsgegenstand gegenüber feindlich gesinnt sind, werden sie dessen Geheimnisse nicht entdecken. Es braucht ein intimes Verhältnis zu dem, was ich untersuche, um das Letzte daraus erfahren und gewinnen zu können. Und so ist es auch mit uns, wenn wir selbst Gegenstand der Erkenntnis sind. Deshalb wird auch bei unseren Übungen das Mitgefühl mit sich selbst, die Offenheit, die Weichheit uns selbst gegenüber immer wieder eine Rolle spielen.

Auf dem spirituellen Weg verhindern Mitgefühl und Weichheit uns selbst gegenüber, dass sich rigide spirituelle Normen bilden und harte Krusten geschaffen werden, die uns dann eher wieder einengen als weiten. In diesem Sinn geht es immer darum, sich an dem zu orientieren, was in der Erfahrung gegenwärtig wird, und immer wieder davon auszugehen, dass nur das, was durch persönliche Bewusstwerdung und persönliche Erkenntnis erfahren wurde, letztendlich auch im Alltag seine fruchtbaren Wirkungen zeigen wird.

ÜBUNG

WO STEHE ICH AUF MEINEM WEG?

Am Anfang meiner Seminare geht es bei allen Teilnehmern erst einmal darum festzustellen, wo sie auf ihrem Weg stehen. Sich einmal ehrlich zu fragen: Wie ist das mit mir? Zu diesem Zweck mache ich immer wieder geführte Meditationen und Kontemplationen, die es den Teilnehmern ermöglichen, tief in sich hineinzuspüren. Während es in der Meditation grundsätzlich um das Leerwerden oder um das Loslassen von Gedanken geht, wird in der Kontemplation ein spirituell bedeutsames Thema in den Mittelpunkt gestellt, um dazu tiefe Einsichten zu gewinnen.

Zu Beginn der geführten Meditationen biete ich immer eine Entspannungsübung an, die ich hier nur zum Teil wiedergebe. Damit die Teilnehmer genug Zeit haben, in sich zu gehen, dauert die folgende geführte Meditation beim Seminar rund eine Stunde.

Wir bereiten uns auf die Übung vor, indem wir körperliche Spannungen loslassen, bewusst unseren Atem wahrnehmen, die Energie unseres Herzens spüren und fließen lassen.

Die Teilnehmer liegen mit geschlossenen Augen auf dem Rücken tief entspannt auf einer Matte, im Hintergrund läuft meditative Musik, während ich sie mit folgenden Worten durch die Kontemplation führe:

Gib ganz nach und versuche dich dem Boden noch ein bisschen mehr anzuvertrauen. Die Matte, die Erde, sie trägt dich und unterstützt dein Eingebettetsein in das größere Ganze. Es gibt einen Raum, neben mir, unter mir und über mir, mit dem ich verbunden bin und in den ich eingebunden bin.

Dann richte deine Aufmerksamkeit besonders auf deinen Herzbereich, sodass Liebe und Mitgefühl für dich und für deinen Raum frei werden können. Stell dir vor, wie milde Vibrationen von deinem Herzen ausgehen und dich von innen her sanft berühren und sich dabei Wertungen allmählich lösen und die Räume weit und offen werden. Auch der Atem unterstützt dich. Durch seine Art dich zu vertiefen und dich zu dir selbst zu führen. Mit jedem Atemzug kannst du tiefer bei dir selbst ankommen und mit jedem Ausatmen freier werden von Spannungen und weicher werden für Durchlässigkeit.

Buddha sagt, selbst wenn du alle Winkel des Universums durchsuchst, wirst du kein einziges Lebewesen finden, das mehr Mitgefühl verdient hätte als du selbst.

Erlaube dir für einen Moment, dieses Mitgefühl dir selbst gegenüber zuzulassen und zu spüren. Genauso, wie du bist. Dich damit einzuhüllen und durchdringen zu lassen von diesem universalen Strom von Güte und Milde.

So, wie ich bin, bin ich in Ordnung, auch wenn es noch das eine oder andere zu tun gibt. Spüre für einen Moment, was es bedeuten könnte, Bewertungen loszulassen und dich innerlich frei zu sehen und zu spüren.

Und dann erlaube dir, dich für die nächsten Schritte zunächst leer zu machen. Versuche, mit dem Ausatmen loszulassen und leer zu werden von Gedanken, Empfindungen und momentanen Spannungen. Wenn nun dein Bewusstseinsraum etwas weicher und leerer ist, werden wir uns mit dem ersten Thema dieser »Inventur« beschäftigen.

Unser Leib und unser Körper

Lass klar und aufrichtig in dir gegenwärtig werden, wie du mit deinem Körper umgehst. Was du dabei hilfreich und gut findest und was du dabei vielleicht ändern möchtest im Umgang mit dem Gefäß deiner Entwicklung, mit dem Tempel deines Geistes und der Seele, wie manche sagen.

Erlaube dir ganz genau hinzuschauen, inwieweit Ruhe und Aktivität in der Balance sind, wie du mit den Genüssen umgehst, wie du deinen Körper berücksichtigst, mit guter Energie unterstützt. Oder wie du ihn vielleicht vernachlässigst, ihn ausklammerst, usw. Du brauchst nichts anderes zu tun, als nur klar und aufrichtig hinzuschauen und dich zu prüfen. Ohne Abwertung, mit Wertschätzung und Mitgefühl.

Dazu gehört auch der Umgang mit Sexualität, mit Spannung und Entspannung, mit Kraft und Ausdauer und allem, was dir sonst noch für dich wichtig erscheint. Die nächsten fünf Minuten halte klar im Blick, was in dir auftaucht, was sich in dir zeigt, was du gegebenenfalls an deinem Lebensstil im Umgang mit deinem Körper ändern möchtest oder weiterführen möchtest, weil es bisher gut läuft.

Auch der Umgang mit Krankheiten oder Medikamenten und mögliche Süchte gehören dazu. Betrachte dies klar, offen und wahrhaftig mit Wertschätzung und Liebe und Güte.

Dann erlaube dir, dieses Thema wieder langsam gehen zu lassen. Mache deinen inneren Raum wieder frei. Ausatmen und loslassen. Bis der Raum wieder weit und leer wird.

Beziehungen

In einem nächsten Schritt wenden wir uns dann dem Thema Beziehungen zu. Beziehungen geben uns Heimat, emotionale und geistige Nahrung und sind auch der Ort von Nähe, Distanz, Auseinandersetzung und Begegnung. Spüre hin, nimm wahr, schau hin, frage dich: Wie gehe ich mit Beziehungen um? Mit

Beziehungen, die mir wichtig und wertvoll sind? Aber auch mit Menschen, die etwas ferner und die mir vielleicht unbekannt sind?

Wie viel Offenheit, aber auch wie viele alte Muster zeigen sich in meinem Umgang mit Beziehungen? Erlaube dir, wieder gegenwärtig werden zu lassen, was du für in Ordnung erachtest, und was du vielleicht verändern möchtest, was vielleicht in Unordnung ist. Wieder ohne Bewertung. Mit Mitgefühl, Klarheit und Liebe.

Welche Gewohnheiten behindern manchmal meine Offenheit, deine Begegnungsfähigkeit? Welche destruktiven Mechanismen fallen mir ein, wenn ich an Beziehungen denke? Wie mache ich vielleicht das eine oder andere kaputt? Schaue mit Mitgefühl, aber klar und deutlich dorthin.

Manchmal spiele ich vielleicht auch Rollen, in denen ich verberge, was wirklich ist. Nimm auch solche Aspekte wahr. Und das, was dir darüber hinaus wichtig erscheint.

Beziehungen können sich auf Freunde, Partner, Verwandte, Familie, Berufskollegen oder auf Menschen beziehen, die anonym sind, aber mit denen du zu tun hast. Lass einfach zu, was dazu in deinen Bewusstseinsraum kommt.

Vielleicht gibt es auch Situationen, in denen du dich schuldig fühlst, etwas gemacht zu haben, das dir heute leid tut. Auch das lasse zu und schau es an – mit radikaler Offenheit und Aufmerksamkeit und mit Mitgefühl mit dir selbst.

Die Art und Weise, wie du Beziehungen gestaltest, steht auf dem Prüfstand. Wo du vielleicht manipulierst, kontrollierst, misstrauisch bist. Wo vielleicht das Gegenteil der Fall ist: Wo du dich öffnest, einlässt, vertraust. Schau genau hin, so wie es dir jetzt möglich ist.

Und dann lass wieder langsam los. Mache deinen inneren Raum wieder frei.

Arbeit

Wenden wir uns nun noch dem Bereich unserer Arbeit zu; dem, was wir tun, wie wir es tun. Erlaube dir, auch dorthin zu schauen. Was findest du in Ordnung und was könntest du vielleicht verbessern? In dem, was wir tun, bringen wir unsere Fähigkeiten und mitgebrachten Potenziale in die Welt. Bin ich verantwortungsvoll im Umgang damit? Erlaube ich mir, meine Fähigkeiten in die Welt zu bringen? Und wie mache ich das? In guter Weise oder vielleicht manchmal destruktiv? Schau genau hin. Mit Liebe, Mitgefühl und Klarheit. Da und dort gibt es vielleicht Dinge, die anders gestaltet werden möchten. Manchmal hast du vielleicht schon Ideen dazu, hast sie aber wieder fallen gelassen. Schau hin und nimm auf, was dir gegenwärtig wird. Dein Umgang mit deinen Tätigkeiten, Fähigkeiten und Potenzialen.

Gehe ich achtsam mit meinen Fähigkeiten um oder vernachlässige ich sie? Und was löst das bei mir aus? Auch hier klar spüren, aufnehmen und wahrnehmen. Mit Mitgefühl und Liebe.

Meine Verantwortung

Und als Letztes wenden wir uns noch einem Bereich zu: deinem Umgang mit der Welt. Wie viel Verantwortung übernimmst du für eine gute globale Entwicklung? In der Welt als Lebensraum und Ort der Begegnung? Spüre auch dort hin, ob du vielleicht etwas verändern möchtest, aufgrund deiner Einsichten, oder wo du es in Ordnung findest, so wie es läuft und sich gestaltet, und zwar über deine Familie hinaus. An dem Ort, wo du lebst, und in der Welt, in der du existierst. Auch hier wieder ohne Abwertung, mit Liebe und Mitgefühl klar und einfach hinspüren und zulassen, was dir gegenwärtig wird. Deine Verantwortung in der Welt und wie du damit umgehst.

Spüre die Resonanz, die das Einlassen auf diese Fragen in dir hervorruft. Und wenn du dann allmählich zurückkehrst und das Erfahrene in Schreiben und Malen umsetzt, dann erlaube dir, diese Energie aus der liegenden Position mitzunehmen und einfließen zu lassen. Nun bitte ich dich, wieder mit dem Bewusstsein in den Raum zu kommen und eine Position einzunehmen, in der du schreiben oder malen kannst. Lass alles in einer Art Nachkontemplation nochmal zu, da kann das eine oder andere Neue noch auftauchen, wenn du es aufschreibst oder malst und es dir nochmal vergegenwärtigst.

Langsam beginnen wir, uns zu strecken und etwas zu dehnen, und kehren schließlich ganz zurück in die wache, aufrechte Position.

Schau noch einmal von dieser anderen Perspektive her auf den Umgang mit deinem Körper, auf die Gestaltung deiner Beziehungen, auf das Einbringen deiner Fähigkeiten und dein Zutun zu der Welt, in der wir leben, in der wir uns bewegen. Einfach schreiben oder malen oder in der Stille nachkontemplieren.

EIN TOR ZU DEINER SEELE

Das Holotrope Atmen gibt uns eine gute Gelegenheit, in dynamischer Art und Weise Verdrängtes, Unbewusstes und Abgespaltenes zu integrieren. Wir versuchen in der Atemerfahrung – getragen durch schnelleres Atmen und Musik, die den Prozess begleitet – in Bilder hineinzugehen, die sich zeigen.

Wir gehen deshalb in die Dinge hinein, in das Erleben, in die Bilder, in die Gefühle, und lassen sie zu, um dort mögliche innere Fixierungen und Bindungen, die sehr stark sind, leichter lösen und öffnen zu können. Bestimmte emotionale Fixierungen lassen sich nicht ganz transformieren, alleine durch Loslassen in der Meditation, manches braucht eben auch Dynamik, Kraft, Ausdruck und Expression, um überhaupt in der Tiefe diese emotionalen Fixierungen zu spüren und zu lösen.

Welchem Muster, welchen Erfahrungen, welchen Szenen begegnen wir dort? Durch das schnellere Atmen wird das Unbewusste so mobilisiert, dass weit abgespaltene Teile der Seele beginnen, ins

Zentrum des Bewusstseins zu strömen. Und wenn sich diese bestimmten Aspekte des Lebens, die aus verschiedensten Gründen heraus verdrängt wurden (weil wir sie vielleicht nicht verarbeiten konnten, weil wir vielleicht den rechten Umgang damit nicht finden), zeigen, brauchen sie einen bewertungsfreien Raum. Sonst ziehen sie sich wieder zurück – und zwar in dem Moment, wo ich Nein zu dieser Erfahrung sage.

Wenn ich beispielsweise sage: Hass oder Wut ist ein schlimmes Gefühl, oder: Ich darf nicht weinen, oder: Wenn Gespenster auftreten, das ist etwas, das es nicht gibt … Das mag schon auf einer Ebene der Erfahrung des Alltagsbewusstseins richtig sein, aber auf dieser Ebene der Erfahrung gehen wir davon aus, dass alles was sich ereignet, eine gewisse Art von Realität hat. Wichtig ist, sich alles zu erlauben, was kommt, selbst wenn man das Gefühl hat, man reist durch andere Zeiten und Kulturen oder an entfernt gelegene Orte. Wenn man beginnt zu fragen oder zu sagen, dass es das alles ja eigentlich gar nicht gibt, man doch in einem Seminarraum auf der Matte liegt, dann werden sich Erlebnisse wie diese wieder zurückziehen. Wir brauchen aber diese Erlebnisse. Unser Bewusstsein ist in der Lage, Zeit und Ortsgrenzen so zu transzendieren, damit wir solche Erfahrungen machen können.

Diese Erfahrungen bereichern unser Innenleben und schaffen eine stabilere Basis für die Bewältigung unseres Alltags. Deshalb ist sehr wichtig, alles was auftritt, auch wenn es sich noch so komisch und realitätsfern anfühlt, so zuzulassen, wie es ist, und die begleitenden Gefühle auszudrücken und den Bewegungen, die dazu auftauchen, freien Lauf zu lassen. Das ist das wichtigste Prinzip des Holotropen Atmens: Lass alles zu, was dir begegnet, drücke alles aus, was sich ausdrücken möchte. Folge einfach der Energie, so wie sie sich entfalten möchte.

Jede Atemerfahrung ist auch ein Dienst am Ganzen. Indem wir destruktive Energien transformieren, schwierige Aspekte lösen und abgespaltene Anteile zulassen, leisten wir auch für die Welt eine wertvolle Arbeit.

Wenn du dich auf den Prozess des Atmens einlässt, trägst du auch zu einer Transformation in globaler und universeller Hinsicht bei. Neben dem persönlichen Gewinn, neben dem, was wir von einer Atemsitzung persönlich als Ergebnis oder Frucht mitnehmen, findet dabei noch etwas Größeres statt, da du auch hilfreiche Unterstützung für die Welt in ihrer Gesamtheit bietest. Je mehr Leute sich diesem Prozess verschreiben – und das gilt nicht nur für Atemsitzungen, sondern für viele spirituelle Wege genauso –, je mehr Leute sich auf diesen Weg der Bewusstwerdung, des Wachwerdens, des Sich- Einlassens begeben, desto mehr wird diese Energie in die Welt kommen und mögliche Wege für andere, die sich vielleicht noch öffnen möchten, bereithalten und unterstützen. In diesem Sinne verstehe ich diesen Prozess als persönliche und weltumfassende Arbeit. Das Atmen ist genau an dieser Schnittstelle angesiedelt. Dort, wo sich der universelle und der individuelle Geist treffen, kann durch das Atmen neues Leben entstehen. Und das ist das, was die Quintessenz dieser Arbeit darstellt.

SICH BEFREIEN UND GANZ WERDEN

BEWERTUNGEN LOSLASSEN

Das Wichtigste bei den Atemsitzungen ist es, alle Bewertungen loszulassen. Das ist gar nicht so einfach, weil unser inneres Betriebssystem stark auf Bewertungen ausgerichtet ist. Bewertungen helfen uns schnell zu handeln, und das ist überlebensnotwendig, nach dem Motto: Das ist gut, das nicht, das mache ich, das nicht, da gehe ich hin, da weg, das stößt mich ab, das zieht mich an. Dadurch können wir uns im Alltag relativ schnell orientieren. Weil Bewertungen aus vergangenen Erfahrungen hervorgehen und wir damit das Gegenwärtige womöglich falsch einschätzen oder verzerren, kann es auch zu Irritationen kommen. Die Handlungsfähigkeit, die eng mit Bewertungen verknüpft ist, steht im evolutionären Überlebensprogramm immer an erster Stelle, auch wenn dabei neue Erfahrungen auf der Strecke bleiben.

Beim Atmen und in der Meditation ist das Loslassen von Bewertungen aber eine wichtige Voraussetzung, um uns an der Grenze unseres Bewusstseinsraumes für neue Erfahrungen zu öffnen.

Weil wir sie dann nicht in alte Muster und alte Schemata pressen. Deshalb sage ich den Teilnehmern immer: Geht davon aus, dass, sobald ihr auf der Matte liegt, Erfahrung stattfindet, egal wie ihr dazu steht. Genau wie in der Kommunikation – laut Watzlawick gibt es keine Nichtkommunikation – gilt: Es gibt auch keine Nichterfahrung. Jeder Mensch, der in diesen Prozess einsteigt und sich auf die Matte legt, wird Erfahrungen machen. Natürlich kann die Erfahrung sein, mit seinem eigenen Kontrollsystem in Kontakt zu kommen. Natürlich kann die Erfahrung sein, sich zu ärgern, weil ich nicht das erlebe, was ich mir vorgestellt habe.

Aber dann bleibt der Ärger, die Ohnmacht, die innere Auseinandersetzung mit diesem Kontrollsystem. Dann ist das die Erfahrung. Es gilt immer: Geh in das hinein, was ist. Lass zu, was ist, und folge dann der Energie. Was immer sich ausdrücken möchte, sich zeigen möchte. Wir erleben sozusagen eine gefühlsmäßige und leibnahe Fokussierung der Energie, um die tiefsten inneren Anliegen, die damit verknüpft sind, vergegenwärtigen zu können. Eine gute Atemerfahrung ist immer die Erfahrung, die ist, ganz gleich, ob sie laut oder leise, bewegt oder ruhig verläuft. Aber falls Töne, Bewegungen sich zeigen möchten – einfach zulassen! Wenn Ruhe, Stille und Bewegungsarmut da sind: zulassen! Es ist ganz egal. Heiß oder kalt, laut oder leise, bewegt oder ruhig, es ist vollkommen egal. Lass dich wirklich in der Situation von dem mitnehmen, was ist.

Keine Atemsitzung ist wie die andere. Wichtig ist, alles loszulassen, auch Ideen und Wünsche, die für eine Atemsitzung da sind. Lass es geschehen, wie ES seinen Weg gehen möchte. Die Innere Prozessweisheit übernimmt die Regie. Es gibt kein »Ich bin nicht im Prozess«. Sobald du dich hinlegst, verändert sich der innere Zustand. Wenn du den Eindruck hast, die anderen stören dich, oder die Musik stört dich, dann ist das das Thema. Wenn es dich ärgert, ungeduldig, resignativ oder traurig macht, dann geh in dieses Gefühl hinein. Im tiefsten Punkt der Erfahrung ist der Weg zu finden,

auf dem wir weitergehen. Es findet in diesem Moment nichts anderes statt als eine Auseinandersetzung mit deinen Kontrollsystemen. Das Atmen stellt eine starke Auseinandersetzung mit inneren Kontrollmechanismen dar. Denn durch das Atmen beginnen sich die inneren Koordinaten und Strukturen zu weiten. Daraufhin rebellieren dann vielleicht die Kontrollmechanismen, die Konzepte, die wir mitunter ein Leben lang mit sehr viel Mühe aufgebaut haben. Die wollen sich nicht so einfach verabschieden. Manchmal gibt es geradezu einen Kampf in unserem Inneren, eine Auseinandersetzung mit unseren Kontrollmechanismen. Erlaube dir, dabei zu bleiben, tiefer dort hineinzugehen und alles zuzulassen, wirklich jedes Gefühl, das dort entsteht. Wenn du Angst bekommst, weil dir etwas begegnet, was zwar in dir, aber dir fremd ist, dann lass es auf dich zukommen. Öffne deinen inneren Raum, sodass es ins Zentrum deines Bewusstseins kommen kann. Dort im Zentrum sind Veränderung, Assimilation, Transformation und auch Integration möglich. Alles, was wir wieder von uns weisen, wird sich irgendwo verstecken und zurückziehen und in einer unbewussten Art und Weise seine Wirkung auf uns ausüben.

Alles, was wir gesehen, wahrgenommen und gefühlt haben – diese Energie wird uns wieder verfügbar. Das bereichert wieder unser inneres Wesen und unsere Möglichkeit, in unserem Alltag ein breiteres und sinnvolleres Leben führen zu können.

VERTRAUEN INS ERLEBEN HABEN

Ein Beispiel: In Atemsitzungen können viele Erfahrungen passieren, von denen wir bewusst gar nichts mitbekommen. Sie können so subtil verlaufen, dass uns erst später – nach Wochen – klar wird, was da passiert ist. Es gibt immer wieder auch die Erfahrung der sogenannten »Nichterfahrung«. Jemand sagt, er komme nicht in einen veränderten Bewusstseinszustand und es sei überhaupt schwer für ihn, etwas zu erleben.

Vor Kurzem bekam ich eine E-Mail von einem Mann, der mich fragte, ob das Seminar sein Geld wert sei und ob er nachher wirklich auch verlässlich den Eindruck haben könne, dass es etwas gebracht habe. Ich antwortete ihm, dass ich ihm das nicht versprechen könne. Ich könne ihm aber versprechen, dass wir von unserer Warte aus alles vorbereiteten, sodass die Erfahrung stattfinden könne, die für ihn die beste sei. Er hat sich dann angemeldet.

In der Sitzung ließ er mich schon nach einer halben Stunde rufen und sagte zu mir: Das ist alles nichts. Die Musik ist zu laut, die

Leute schreien, er könne sich nicht konzentrieren und das schnellere Atmen sei ihm zu anstrengend. Als psychospiritueller Begleiter habe ich in den Jahren meiner Erfahrung gelernt, dass es ganz wichtig ist, dem zuzustimmen, was ist, und mit dem zu arbeiten und das zu vertiefen, was auftaucht. Und meine Intervention war folgende Frage: »Was löst das aus, wenn es zu laut, zu hektisch und zu anstrengend ist?« Da antwortete er: »Ärger.« Dann intervenierte ich: »Dann geh hinein in den Ärger, drücke den Ärger voll aus, bleib bei dieser Ungeduld, bei diesem Ärger.« Und tatsächlich war es dann so, dass er sich voll auf die Situation eingelassen hat und alles innerlich durch Töne und Bewegungen zum Ausdruck brachte. Er hat diesen Zustand akzeptiert – nicht im Sinne von »Alles ist gut«, sondern im Sinne von »Alles, was ist, ist.« Und es ist, wie es ist. Ich erlaube mir, diese Erfahrung in diesem Moment zu vertiefen. Nach ein paar Stunden hat er am Ende gesagt, dass es so wichtig für ihn war, dass er mit dieser Struktur, die er auch im Leben kennt, innerlich in Kontakt gekommen ist. Er kennt die Erfahrung, dass er irgendwas Neues macht und damit unzufrieden ist und generell Schwierigkeiten hat damit. Danach haben sich bei ihm starke Öffnungen ergeben. Nicht immer geht es natürlich so elegant.

Über das Atmen können wir so tief liegende Blockaden lösen und in der Tat gleichzeitig durchlässiger werden für neue, sensible Bereiche, auch sensitive Bereiche, die über die gewöhnlichen Wahrnehmungen hinausgehen.

SPIRITUALITÄT ALS LEBENSGRUNDLAGE

Spirituelle Wege und Spiritualität haben manchmal mit berechtigten Vorurteilen zu leben oder haben sich zumindest mit diesen Vorurteilen auseinanderzusetzen.

Spiritualität, so wird immer wieder erwähnt, sei unsinnlich, scheinheilig, konfliktverleugnend, weltabgewandt und dogmatisch. Das ist auch der Grund, warum manchmal Menschen in der Atemsitzung große Schwierigkeiten haben, zum Beispiel christliche Musik, etwa gregorianische Chöre, zu hören. Unversehens kommen sie beim Atmen in Kontakt mit Belastungen, die sie im religiösen Kontext erfahren haben, wie Machtmissbrauch und Übergriffen. Es geht um Weltbilder, denen man zu folgen hätte, die aber von denen, die diese verkünden, nicht gelebt werden usw. Wir müssen zwei Fragen stellen: Wie entsteht eine Doktrin, eine Ideologie, die sich gegen den Menschen wendet, und an welcher Stelle haben wir zu akzeptieren, dass wir unfertig sind und immer auch unseren Bildern und Visionen hinterherhinken.

Letzeres zu akzeptieren, ist gerade für den spirituellen Weg wichtig. Denn wenn wir unsere Unvollkommenheit, unsere innere Begrenztheit zulassen, dazu stehen, dann kann dies zu einem wichtigen Aspekt in der Spiritualität führen: zu Bescheidenheit. Wenn ich mich in Bezug auf das größere Ganze zu transformieren vermag und anerkenne, dass ich einem Weg folge, dass ich aber dabei unfertig, unverwirklicht bin, dann hilft mir das immer wieder, ein Stück gesunder Bescheidenheit zu leben. Das hat nichts zu tun mit einer religiös verordneten Bescheidenheit, bei der wir unsere Autonomie, unsere Fähigkeiten oder unsere Werte zurückzustellen, sozusagen unser Licht unter den Scheffel zu stellen hätten. Das würde auch nicht im Einklang mit Spiritualität stehen.

Es geht darum, das, was uns an Fähigkeiten mitgegeben oder geschenkt wurde, in die Welt einzubringen und dort auch zu verwirklichen. Und dass ein gesundes Selbstbewusstsein mir erlaubt, neben der Bescheidenheit auch eine Öffnung und eine Identifikation mit dem größeren Ganzen zu erlangen.

Dieses Spannungsfeld – einerseits die Großartigkeit unseres Lebens wahrzunehmen und gleichzeitig dabei die Kleinheit, die Verletzlichkeit, die Sterblichkeit anzuerkennen – hält uns dann im Gleichgewicht. Wir werden uns deshalb auch nicht davonstehlen, wenn wir Aufgaben zu erledigen haben, und werden uns gleichzeitig immer wieder bewusst machen, dass, wenn wir uns mit unserer Kraft zeigen, diese nicht nur durch unsere eigenen Entwicklungen erlangt wurde, sondern auch durch bestimmte Wachstumsimpulse: *Moments of Grace*; wo in einem Moment sich etwas fügt, außen wie innen, im Sinne einer hilfreichen Synchronizität, das uns ermöglicht, dass sich etwas von der Unter- in die Überschwelligkeit bringt und sichtbar wird. Und das sind Momente, wo äußere und innere Anliegen miteinander so subtil korrespondieren, dass aus dem tiefsten Inneren heraus Lösungen hervorgerufen werden, wobei der Einzelne nicht alleine der Hauptverantwortliche ist.

Zum Beispiel schon die Frage, wer in einer Kleingruppe zusammenkommt oder wer sich als Paar findet – es sind immer Wachstumspotenziale, Wachstumsimpulse enthalten. Natürlich können wir dann sagen: Lassen wir das zu, lassen wir uns führen? Oder vermeiden wir möglichst Wachstum und schauen weg?

Wenn wir aus der Balance geraten, in eine Krise geraten, liegt sehr viel Potenzial in dieser Situation. Weil sich in Krisen auch selbständig etwas umgestaltet, ohne dass wir unseren Widerstand einbringen könnten. Das Merkmal von Krisen ist ja, dass sie sich nicht einfach durch uns selbst aufheben lassen, sondern dass sie ihren eigenen Weg gehen, ihre eigene Kraft und Dynamik entfalten. Natürlich können wir Krisen auch »ins Wort fallen«, indem wir Medikamente nehmen oder Alkohol trinken. Aber wenn wir sie zulassen, dann kann aus der Sprachlosigkeit einer Krise ein konstruktiver Dialog mit anderen oder dem größeren Ganzen werden. Das größere Ganze ist hier nicht als etwas gemeint, das abstrakt über uns thront und uns dogmatisch unser Sündenregister vorhält, sondern heißt hier: in allem und in jedem anwesend. Und zwar als Modus des Offenseins füreinander. Es kann in einem Gespräch sein, es kann während einer Atemsitzung sein – plötzlich ist eine Offenheit da, wo vorher Verstrickung war. Vielleicht ist auch nachher wieder Konflikt, doch zwischendurch ist plötzlich eine Öffnung da, in der ganz von selbst im Zwischen dieser beiden Menschen sich etwas konstituiert, was wir als tiefe, verdichtete, als uns beseelende Atmosphäre erkennen und wahrnehmen. Und so verstanden ist das Göttliche mitten in der Welt und nicht jenseits davon in irgendeinem Elfenbeinturm, wo ich mich sozusagen entwickle, und wenn der andere das nicht tut, dann hat er mit dem Göttlichen keinen Kontakt. Leider kann man immer wieder in spirituellen Richtungen Sätze hören wie: »Der ist noch nicht soweit«, oder: »Der weiß das halt nicht.« Man versucht das Göttliche eher bei sich als beim anderen zu sehen. Doch nur dann bin ich für das Göttliche geöffnet, wenn ich es auch bei dem anderen sehe. Sollte ich es nur bei mir sehen, unterliege ich einer Illusion. Denn ich gehe dann davon aus, dass das Göttliche begrenzt ist und dass es sich in einzelnen Menschen mehr zeigt als in anderen.

Natürlich möchte man einwenden, dass es auch Menschen gibt, die zu grenzenlosen gewalttätigen Handlungen neigen. In der Geschichte der Menschheit gibt es viele Beispiele dafür. Dann taucht die Frage auf: Wie können wir das spirituell sehen, wie können wir damit umgehen? Wenn ein ungeheures Ungleichgewicht in der Welt ist, was die Verteilung der Güter anbelangt, wenn es einen Zweiten Weltkrieg gibt, wenn es Vernichtungslager gibt, wenn es Terror gibt usw. Ich werde oft bei meinen Vorträgen gefragt, wie ich das spirituell einschätze. Ich traue mir keine Antwort zu. Ich glaube, dass jede Antwort vermessen wäre, dies in irgendeiner Weise zu erklären. Das ist nicht möglich. Ich kann es immer nur in Bezug auf Menschen sagen, dort, wo ich Menschen begleite: Wenn zwischen zwei Menschen spontan Öffnung entsteht und das Gefühl von Heilung und Heiligung innerlich sich vergegenwärtigt, dann erlebe ich bei mir selbst im Umgang mit den Menschen ein Weichwerden. So wie die Menschen mir nachher berichten, passieren für sie Entwicklungsschritte auf ihrem Weg.

Vor diesem Hintergrund große kosmologische Theorien zu formulieren, wäre meiner Ansicht nach zu weit gegriffen. Aber wir können trotzdem in unserem ganz kleinen Bereich, auch wenn wir nicht wissen, was es zum Großen beiträgt, durch unsere eigene spirituelle Haltung überprüfen, ob dadurch mehr Liebe oder Wahrhaftigkeit ins Leben kommt. Schon bei uns selbst können wir beginnen. Denn wenn wir mit uns liebevoller und wahrhaftiger sind, gelingt uns das Leben leichter und die Dinge gehen uns leichter von der Hand. Das können wir sagen: Je bewusster wir werden, desto leichter fügt sich etwas zusammen. Darüber können wir Aussagen machen, darauf können wir uns innerlich beziehen.

Spiritualität ist keinesfalls weltabgewandt. Man sollte sich trotzdem nicht dazu hinreißen lassen, alles erklären zu wollen, mit Konzepten, die über die persönliche Erfahrung hinausgehen. David Steindl-Rast hat dies immer deutlich gemacht: Je weiter wir von der persönlichen Erfahrung weggehen, desto ideologischer und dogmatischer können Inhalte werden. Deshalb ist das Zurückkommen auf die persönliche Erfahrung das Wesentliche, wenn man dem Vorwurf des Dogmatismus entgegentreten will.

Was sagt mir der andere? Auch wenn es mir widerstrebt, wenn es für mich so nicht passt, ist anderes dennoch anzuerkennen. Es muss nicht gleich sein, es muss nicht identisch sein. Was das Anderssein braucht, ist sein Anerkennen, sodass es als solches auch seine Existenzberechtigung hat.

Wir können das, was jemand sagt, als persönliche Erfahrung immer auch mit Respekt und Wertschätzung aufgreifen und nach dem Motto verfahren: Die persönliche Erfahrung des anderen hat eine gewisse Autorität, die nicht dadurch zu erschüttern ist, dass ich anderer Meinung bin.

Und da kommen wir zu dem zweiten Punkt: Es geht nicht darum, Konflikte zu vermeiden oder zu verleugnen, sondern wir versuchen, sie in einer konstruktiven Weise anzugehen, indem wir zunächst dieses Anderssein, das Konflikthafte und die Dissonanz anerkennen. Niemand kann mir sagen, dass das nicht spirituell wäre, Konflikte im Sinne der Differenz, der Dissonanz anzuerkennen. Spiritualität heißt: Erkenne an, was ist. Und zwar so, wie es ist und wie du es erlebst und wie der andere es erlebt. Und in diesem Modus werden wir auch immer mit Konflikten zu tun haben und brauchen sie nicht zu verleugnen.

DER UMGANG MIT DEM KÖRPER

Noch zu einem anderen Vorurteil: Spiritualität sei unsinnlich. Es gibt Richtungen in der Geschichte der Mystik, die glaubten, Gott nur dann zu begegnen, wenn sie ihre Anhaftungen lösen. Anhaftungen auch an Wünsche und Bedürfnisse. Eines der stärksten Bedürfnisse ist die Sexualität. Askese, die Enthaltung von Sexualität, das Wegschauen von einem inneren Trieb, sollte den Asketen Gott näher bringen. Das hat bis zur Selbstgeißelung geführt. Den Körper dort zu töten, wo er uns am stärksten seine Triebe zeigt. Und je näher ein Organ oder ein Körperteil den Geschlechtsorganen ist, so früher auch eine katholische Lehre, desto minderwertiger ist es.

Nicht nur im Katholizismus, auch in verschiedenen Yoga-Richtungen, auch in buddhistischen Richtungen, gab es immer wieder die Auseinandersetzung mit diesem Thema. Tatsache ist, dass, sobald dieser Teil verleugnet wird, Tabubezirke ausgebildet werden und sich eine Art verzerrter Umgang mit Sexualität ein-

schleicht. Doch warum sollten wir wider die Schöpfung handeln,
um der Schöpfung näherzukommen?
Es ist ein Widerspruch in sich. Im Umgang mit Bedürfnissen kann es auch Anhaftungen geben, die in den Bereich der Sucht fallen, zum Beispiel der Spielsucht, der Sexsucht, der Arbeitssucht, der Drogensucht, etc. Natürlich können Bedürfnisse einseitig ausgeprägt sein, weil sie kompensatorisch für etwas stehen und sich dadurch psychopathologisch überformen. Nicht nur in der Spiritualität, sondern auch in der Psychotherapie würden wir sagen: Ein gesunder, moderater, ausbalancierter Umgang kann dem inneren Wachstum helfen und es auch unterstützen. Insofern glaube ich, dass wir gerade im Umgang mit Sexualität hier sehr offen sein und sie nicht als etwas sehen sollten, das der Spiritualität entgegensteht. Dennoch ist verantwortungsvoller Umgang damit auch für eine gesunde Entwicklung von Spiritualität außerordentlich wichtig. Deshalb würde ich sagen: Spiritualität ist auf jeden Fall auch sinnlich, erfahrungsorientiert, frei, undogmatisch, Konflikte einbeziehend, lebendig und wahrhaftig.

Wir sollten keine zehn Gebote reanimieren und gleichsam smaragdene Tafeln vor uns hertragen und sagen: Wenn ich das nicht bin, dann bin ich nicht spirituell. Es ist wie in der Meditation: Wir sind immer spirituell, manchmal fehlt uns die Einsicht.

LOSLASSEN

Manchmal sind wir geneigt, menschliche Themen auszublenden, zum Beispiel das Thema Konkurrenz. Bei der Konkurrenz geht es ja um den eigenen Platz und um den Platz anderer. Daraus können Konflikte und vielleicht sogar Krisen entstehen. Doch genau im Umgang mit solchen Themen oder Prüfsteinen des gewöhnlichen Alltags können sich unsere spirituellen Einstellungen bewähren: in der Partnerschaft, im Berufsleben, im Umgang mit mir selbst und anderen. Wie wir schon sagten: Wenn mehr Liebe ins Leben fließt, wenn es dazu führt, dass ich dem größeren Ganzen mehr diene, mehr Wahrhaftigkeit und Offenheit praktiziere, dann zeigen spirituelle Übungen ihre Wirkungen. Aber auch in Situationen, in denen wir möglicherweise jemanden oder etwas abwerten. Es ist wichtig, sich mit genau solchen Aspekten auseinanderzusetzen und sich zu fragen: Was macht das mit mir, oder was geschieht, wenn ich mich dann mit der Inneren Weisheit verbinde? An welchen Stellen ist es wichtig, mich auszudrücken, wo ist wichtig, etwas geschehen zu lassen, und wo ist es wichtig, sich auch einmal abzugrenzen? Ich werde immer wieder gefragt: Spiritualität, Selbstverwirklichung, da löst man sich ja aus der Gemeinschaft heraus, um für sich selbst »das Beste herauszuholen«. Meiner Ansicht nach ist das ein Missverständnis. Spiritualität will ja gerade zurückführen in die Gemeinschaft, in den Beruf, in die Partnerschaft, in den Alltag – aber auf andere Weise. Sie will diese Bereiche mit einer neuen Energie ausstatten. Mit einer Energie, die von einem anderen inneren Ort kommt als von dem, aus dem wir normalerweise agieren. Der Ort, von dem aus wir gewöhnlich handeln, lässt sich mit folgenden Merkmalen beschreiben: vergangenheitszentriert, kontrollierend und misstrauisch.

Vergangenheitszentriert meint zunächst etwas Positives: Ich lerne aus vergangenen Erfahrungen. Doch in einem nächsten Schritt wird das Vergangenheitszentrierte zur Belastung, weil ich aus der Vergangenheit heraus versuche, Zukunft zu entwerfen, anstatt Zukunft auf mich zukommen zu lassen. Zukunft selbst kann aber etwas Größeres hervorbringen, als ich bisher gelernt habe oder was mir bisher als Erfahrung zur Verfügung stand.

Kontrollierend meint, dass wir versuchen, Ereignisse zu organisieren nach dem Motiv des »Brauchens und Bekommens«. Das ist auch ganz verständlich. Weil unser Überleben und die Evolution damit verbunden sind, ist es tief in uns biologisch verankert, dass wir immer darauf achten, das Leben zu sichern, um es gut weiterführen zu können. Aber wenn wir nur unter diesem Profil arbeiten, dann werden wir das, was jenseits dieses Bereichs liegt, nicht entdecken. Unsere Filter sind auf »brauchen und bekommen« ausgerichtet. Doch die Übung, die wir praktizieren, heißt: loslassen.

Loslassen von dem, was ich von einer Sache schon weiß. Loslassen von Konzepten, wie ich eine Sache zu fassen versuche, und loslassen von Handlungen, um die Vergangenheit fortzusetzen. Dieses kontrollierende Moment hängt auch sehr stark mit einem

Ordnungsbezugspunkt zusammen, der eher vom Kopf her gesteuert wird als vom Bauch. Wir dürfen diese Begriffe nicht als dreidimensional, als Lokalisierungsbegriffe verstehen. Immer ist alles – Kopf und Bauch und Herz und Beine – mitbeteiligt. Was ich meine, ist: Erlaube dir, einen tieferen Ordnungsbezugspunkt zu finden. Einen Ordnungsbezugspunkt, der jenseits deiner vergangenen Erfahrungen und der jenseits eines horizontalen Verständnisses der Welt besteht. Das heißt, wir müssen ein Stück zurücktreten, wir müssen ein Stück loslassen lernen, um diesen neuen inneren Bezugspunkt, den wir, wie schon erwähnt, Innere Weisheit oder das größere Ganze nennen, zu erkunden – und wenn wir ihn erkundet oder erspürt haben, ihn dann auch zu stabilisieren.

Ich möchte ein einfaches Beispiel nennen. Zwei Menschen sprechen den gleichen Satz aus. »Was fühlst du?« Das ist ein sehr einfacher Satz, der in jeder Psychotherapierichtung bekannt ist. Jetzt kann es sein, dass dieser Satz bei mir Gedanken auslöst wie: So eine banale Intervention, kitschig, fällt dem nichts Besseres ein? Bei einem anderen Menschen löst dieser Satz innere Bewegung aus, er kommt mehr zu sich selbst und wird tiefer in Kontakt kommen mit Bedürfnissen und Motiven. Nun könnte man sagen: Das hängt allein davon ab, wie offen der Empfänger des Satzes in dem Moment ist. Doch nein, es hängt auch vom Sender des Satzes ab, von welchem inneren Ort oder Bezugspunkt aus er diesen Satz spricht. Spricht er den Satz lapidar aus, aus einer Langeweile heraus, weil diese routinierte Intervention jederzeit passend ist, oder spricht er ihn mit einem Mitgefühl, mit offenem Herzen, mit einem tiefen inneren Gegründet-Sein?

Es ist ein entscheidender Punkt, von welchem inneren Ort aus etwas gesprochen wird. Identische Sätze können von unterschiedlichen Menschen unterschiedlich wahrgenommen werden. Wenn ein Satz von der Energie des tieferen Ortes beseelt und in eigenen Wachstumserfahrungen begründet ist, dann wird er in seinem

Umfeld, jenseits der formalen Bedeutung oder des grammatikalischen und inhaltlichen Aufbaus, transformierende Effekte haben. Es wird eine Atmosphäre mittransportiert, die etwas bewegt oder bewirkt. Deshalb ist die eigene Selbsterforschung und Bewusstwerdung so wichtig, weil wir dadurch unsere Handlungen, unser Denken und das, was wir in der Welt an Aufgaben zu vollziehen haben, von einem neuen inneren Bezugspunkt aus in die Welt bringen.

EIN SPIRITUELLER WEG
IST HARTE ARBEIT

Konfuzius sagt sinngemäß: Wenn du die Absicht hast, dich zu erneuern, tu es jeden Tag. Ich finde das einen sehr wichtigen Ansatz, gerade, was den spirituellen Weg angeht. Neben der Inneren Weisheit gibt es noch andere innere Instanzen, die regulierend auf unser Leben wirken. Um die unterschiedlichen Muster zu transformieren und aufzulösen, braucht es immer wieder unseren Einsatz. Augustinus formuliert es sehr schön: »Deine Gebete werden durch deinen Willen erhört.«[7] Oder Gurumayi sagt, dass jeder Akt der Gnade auch von einem Akt der Selbstbemühung abhängig ist. Glaube ja nicht, dass du auf dem inneren Weg weiterkommst, wenn du dich nicht selbst investierst und nicht selbst etwas dazu tust.

Zuallererst braucht es unsere Einwilligung, so einen Weg zu gehen, so dass wir den Wachstumskräften auch die Chance geben, in und an uns zu wirken, Situationen ins Leben zu rufen, an denen wir wachsen können; uns innerlich auch an bestimmten Stellen, wo wir verhärtet sind, sei es durch eine Krankheit, sei es durch andere

Erfahrungen, aufzubrechen, um in uns die Energie, die zur Verfügung steht, auch zur Geltung zu bringen. Und daneben gibt es natürlich auch eine bestimmte Art und Weise des Umgangs mit uns selbst und dem Leben. Es geht darum, Schritt für Schritt immer mehr in diesen spirituellen Kontext, in diesen spirituellen Regulationsmechanismus hineinzuwachsen. Welche Mittel stehen uns dabei zur Verfügung?

Das eine ist die Meditation. Es ist eine segensreiche, teilweise langweilige Praxis, aber auch eine Übung, die mit Bemühung verbunden ist. Das heißt zunächst einmal, dass ich mir zu Hause einen Platz dafür vorbereite. Es wäre ganz von Vorteil, dafür eine Ecke in einem großen Raum oder in einem Kämmerchen oder wo auch immer zu reservieren und hier den Platz dafür einzurichten. Das kann ein Sitzkissen sein, dazu eine Kerze, Blumen, manche haben auch einen kleinen Altar. Es wirkt dann gleichsam wie ein bedingter Reflex. Wenn wir uns hinsetzen, werden wir automatisch in diese Energie hineingezogen.

An dem Platz, an dem du meditierst, entsteht ein Ort der Kraft. Und wenn ein Ort der Kraft mitten in deiner Wohnung entsteht, an den du immer wieder zurückkehren kannst, wenn du zum Beispiel ein Problem hast, dann gehe dort hin und bitte die Innere Weisheit um Unterstützung. Wenn du hektisch bist, wenn du außer dir bist – gehe dorthin und atme durch.

Wenn du einmal länger nicht meditiert hast und das Gefühl verspürst, wieder neu beginnen zu wollen, gehe an diesem Platz vorbei. Auch das hilft. Und wenn es dir schwer fällt zu meditieren, schleiche ein bisschen um diesen Platz herum. Er wird nach einer bestimmten Zeit Anziehungskraft auf dich ausüben. Meditieren hat wirklich eine geheimnisvolle Wirkung. Es ist ganz klar, wenn man am Anfang, wenn man sich hinsetzt, voller Gedanken und Spannungen ist, so ist das nicht angenehm. Aber das Hineinhören in die unstrukturierte Stille führt eben zunächst zum erhöhten Gedankenfluss und zu einer Verdichtung von Spannungen. Das ist normal. Was dort auftaucht an Spannungen und Gedanken, wird auch gleichzeitig transformiert, ohne dass man es bemerkt.

Man kann natürlich die Einstellung haben: Ich meditiere sowieso nie, es kommt nichts raus, oder: Jetzt habe ich schon so lange meditiert und noch immer keine Erleuchtung erfahren usw. – das kann alles da sein, aber gleichzeitig wird man innerlich transformiert.

Wir haben in unserer Wohnung einen kleinen Meditationsraum. Wenn wir zu unseren Kindern in deren Zimmer mussten, mussten wir durch den Meditationsraum hindurchgehen. Oder wenn sich die Kinder mit Wünschen oder Zwistigkeiten auf uns stürzen wollten, mussten auch sie durch den Meditationsraum hindurch. Und tatsächlich war es so, dass sich die Affekte in diesen zwei Sekunden, während sie den Meditationsraum durchquerten, ein klein wenig beruhigt haben. Es hat einfach etwas für sich, einem Ort zu begegnen, der so eine Ausstrahlung hat.

Für viele ist es auch leichter, gemeinsam mit anderen zu meditieren, als alleine zu Hause. Deshalb ist es zu empfehlen, immer wieder Retreats oder Seminare zur Auffrischung zu besuchen.

Und es ist günstig, wenn du dir einen gewissen Zeitrahmen gibst. Der sollte so bemessen sein, dass du gut damit umgehen kannst. Zwanzig Minuten ist eine nicht überfordernde Einstiegszeit. Weil wir dann die Spannungen nicht zu lange aushalten müssen und trotzdem schon etwas hineinkommen. Aber wer damit Schwierigkeiten hat, kann auch zehn Minuten meditieren. Oder fünf Minuten. Und wenn du dann sagst, das sei keine Meditation: Fünf Minuten sind besser als keine Meditation. Allein der Gedanke, allein die Intention zu meditieren, ist schon Meditation.

WARUM MEDITIEREN?

Nimm dir vor zu meditieren, setz dich hin. Und wenn du es nur fünf Minuten schaffst, dann machst du es eben nur fünf Minuten. Aber du wirst sehen, es wird deinen Alltag mit neuen Qualitäten bereichern. Und die Qualitäten sind erstens mehr Vertrauen in das, was geschieht, zweitens Inspiration, das heißt, wenn du bestimmte Aufgaben zu erledigen hast, wirst du leichter und besser Zugang zu deinen intuitiven Fähigkeiten haben. Drittens kehrt mehr Gelassenheit und Ruhe ein. Auch wenn du in der Meditation nicht zur Ruhe kommen kannst oder sie von vielen inneren Geräuschen gestört wird.

Tatsächlich wirst du mit der Zeit merken, dass sich dein Leben stillschweigend verändert. Meditation lebt nicht von Einmaleffekten. Meditation braucht Regelmäßigkeit und einen langen Atem. Hier wird nicht in Tagen, Monaten oder Jahren gerechnet, sondern in Jahrzehnten.

Erlaube dir folgende Vision: Du gehst zwanzig, dreißig Jahre in die Zukunft und stellst dir vor, wie du sein würdest, wenn du in dieser ganzen Zeit regelmäßig meditiert hättest. Lass dieses Bild in dir entstehen und du wirst bemerken, dass der Glanz in deinen Augen zunehmen wird. Du wirst dich lebendiger sehen. Du wirst, wenn du dich atmosphärisch wahrnimmst, ein Strömen und Fließen wahrnehmen. Du wirst dich farbiger und angstfreier sehen. Angstfreier, weil durch die Meditation die transpersonale oder spirituelle Ressource, die dich trägt, beständig erweitert und vertieft wird. Eine Ressource, die nicht zu vergleichen ist mit anderen Ressourcen, die wir kennen. Es ist eine Ressource, die unsere Gedanken, unser Bewusstsein, unser Sein übersteigt. Sie ist immer da, immer nah, immer zugänglich und nie aufdringlich. Wende dich immer wieder dorthin zu dieser Ressource und du wirst sehen, dass du auch in schwierigsten Situationen einen Ausweg findest.

Die Erfahrung zeigt, wenn Menschen fünf, sechs Jahre meditiert haben, ihren Weg gegangen sind, Bewusstseinsarbeit geleistet haben und nachher von diesem Weg abgekommen sind – ausgelöst durch irgendein Ereignis, vielleicht eine Sucht oder ein anderes destruktives Muster –, dann oft sehr leiden, weil sie sich wieder nach dieser Ressource, in der sie schon einmal verankert waren, sehnen. An dieser Stelle müssen wir feinfühlig mit uns umgehen. Denn auf diesem Weg gibt es einen Eingang, aber keinen Ausgang mehr. Wenn wir einen Abweg oder Umweg machen, sind wir nach wie vor stark verbunden, auch wenn es nur mit unserer Sehnsucht ist. Wenn sie aber keine Hoffnung auf Erfüllung mehr hat, ist es möglich, dass wir in eine tiefere Krise geraten. Solche Momente werden in der mystischen Literatur als spirituelle Krise oder spirituelle Trockenheit bezeichnet. Es ist dann sehr wichtig, wenn wir das bei uns realisieren, wieder neu zu beginnen – in kleinen Schritten und vielleicht wieder ganz von vorne. Du kannst jeden Tag neu anfangen.

Unser einmal erreichtes Niveau bleibt nicht konstant bestehen, es ist immer wieder gefährdet, auch Rückschritte sind möglich. Aber wenn man neu beginnt, dann kann man auf das, was man bisher investiert hat, aufbauen. Und das ist das Schöne dabei: Nach kurzer Zeit wirst du bemerken, dass du wieder im Rhythmus bist, in der Verbundenheit mit dem größeren Ganzen. Also erlaube dir neu zu beginnen, dann kann das, was du bisher gemacht hast, auch weiterhin seine Früchte tragen. Und wir müssen uns stets und täglich darin erneuern.

Achtsamkeit und Bewusstheit müssen immer im Zusammenhang damit geübt werden. Und dann wird es wirklich auch auf Dauer Früchte tragen können.

Diese Art von Disziplin, die hier erforderlich ist, ist keine Disziplin, wie wir sie im herkömmlichen Sinn kennen, eine rigide Disziplin, eine Disziplin, die gegen uns gerichtet ist. Wir merken, wenn wir den Kraftaufwand leisten, dass es uns eher freier macht als enger und verschlossener. *Discipline is Happiness.* Ein schöner Ausdruck, wenn wir uns bewusst dafür entscheiden. Wir sollten diese Art von Eigeninvestition nicht vernachlässigen. Wenn du diese Eigeninvestition mit einbringst, kannst du ganz sicher sein, dass du immer auch auf deinem Weg begleitet wirst und in schwierigen Situationen Unterstützung erfährst.

ÜBUNG

MEIN ATEM UND MEIN HERZ

Wir folgen unserem Atem bewusst auf seinem Weg nach innen. Der Atem hilft uns, uns besser zu spüren sowie offener, weicher und durchlässiger zu werden. Durch die Konzentration auf das Herz werden wir liebevoll, wertschätzend und mitfühlend.

Diese Kontemplation soll dich unterstützen auf deinem Weg, du kannst sie immer wieder einsetzen. Vielleicht kannst du sie dir vorlesen lassen, während du entspannt auf dem Rücken auf einer Matte am Boden liegst.

Spüre, was sich verändert, allein wenn du Ja sagst zu deinem Atem, ihn bewusst strömen lässt, ihm Raum gibst. Dann erlaube dir diese zwei Erfahrungsqualitäten zu spüren: Wie du beim Ausatmen loslässt und beim Einatmen mehr bei dir ankommst. Jedes Ausatmen ist ein Loslassen, mit jedem Einatmen kommst du tiefer in deiner Mitte an. Loslassen heißt auch, Weichheit zuzulassen. Indem ich nicht festhalte, sondern ausatme, entstehen Weichheit und Offenheit. Und bei jedem Einatmen fließt Energie und Lebenskraft in deine inneren Räume. Loslassen und vital werden. Lebendig und präsent sein, weich und offen sein.

Und dann öffne für einen Augenblick deine zweite Türe nach innen, indem du dich auf deinen Herzbereich konzentrierst. Nimm wahr, wie dein Herz für dich schlägt. Ob du daran denkst oder nicht. Dann erlaube dir, für einen Moment die Kraft zu realisieren, bewusst wahrzunehmen, die in deinem Herzen verortet ist, die aus deinem Herzen kommt, die durch dein Herz hindurchgeht und sich in sanften Vibrationen über den ganzen Körper verteilt. Die Kraft, die dein Leben trägt. Die Kraft, die dich in jedem Augenblick beseelt.

Und dann steht das Herz noch für eine zweite Kraft. Neben der Vitalkraft ist es auch die Kraft der Liebe, die Kraft des Mitgefühls, das in vielen Traditionen mit dem Herzen verbunden wird. Ein offenes Herz bedeutet, dass die Liebe strömen darf, dass das Mitgefühl für mich selbst, meine Familie, alle Lebewesen, die Schöpfung und das Universum eingeschlossen, wirkt. Und stell dir vor, dass nicht nur dein Herz, sondern auch das Herz der anderen darin spürbar werden kann. Niemals ist es verkehrt, das Herz zu öffnen. Das Herz zu öffnen, ist in jeder Situation das beste Argument. Es trägt den Schutz der Inneren Weisheit stets bei sich. Erlaube dir, diese Qualität zu spüren und zuzulassen. Erlaube dir, diese Kraft zu spüren, die dich überallhin begleiten wird, die immer da ist, wenn du dich dafür öffnest. Wenn du einen Schritt hinzu machst.

Wenn du deinen Atem spürst und dein Herz öffnest, kann gar nichts schiefgehen. Dann bist du immer auf der sicheren Seite. Egal, wo du bist oder was du tust. Atme und öffne dein Herz. Das ist, was die spirituellen Lehrer uns empfehlen und auf unseren Weg mitgeben: Atme und öffne dein Herz.

SICH SELBST ANNEHMEN

DIE DUNKLE SEITE IN UNS

Auf dem spirituellen Weg zur Ganzheit kommen wir immer wieder mit Lichtphänomenen in Kontakt – gerade, wenn wir mit dem größeren Ganzen in Verbindung treten, wenn wir innerlich Klarheit gewinnen, wenn wir durchpulst werden von Gefühlen der Liebe, der Zuneigung zum Leben, der Offenheit allen Dingen gegenüber. Solche Erfahrungen sind ganz gut auszuhalten. Dann haben wir in der Regel nicht so viele Probleme damit, wenn wir mit diesen Phänomenen in Kontakt kommen. Die andere Seite, die dunkle Seite in uns, »der Schatten« – dort, wo es eng wird, wo wir vielleicht Dinge erleben, die wir an uns selbst nicht schätzen können, wo wir auch nicht wollen, dass andere sie von uns wissen, die uns vielleicht auch peinlich sind – diese Seite ist für eine spirituelle Entwicklung wie ein Humus. Weil uns diese Erfahrungen genau vermitteln und aufzeigen, wo wir im Leben stehen.

Wir lernen verstehen, inwieweit wir das, was wir erfahren haben, was wir in die Auseinandersetzung gebracht haben, auch umsetzen und in den Alltag einfließen lassen können und wo vielleicht dieser Liebesfluss, der sich aus einer spirituellen Öffnung heraus ergibt, ins Stocken gerät oder hart wird. Deshalb ist dieses Thema Schatten sehr wichtig. Erst dann, wenn wir uns damit anfreunden, können wir es auch akzeptieren und annehmen, uns annehmen. Das bedeutet nicht, dass wir das Thema Schatten lösen können. Aber damit ist ein wesentlicher Schritt zur Ganzheit hin möglich.

Ganz werden bedeutet nicht, vollkommen zu sein. Ganz werden heißt, sich vollständig annehmen und akzeptieren zu können, so wie wir sind, mit unserer Begrenztheit, mit unserer Sterblichkeit, mit unseren Störungen und Schwierigkeiten. Aber auch mit der anderen Seite, mit unseren Lichterfahrungen, Erfahrungen der Verbundenheit und des Eingebettet-Seins.

Die Arbeit am Schatten und seine Integration sind, wie gesagt, außerordentlich zielführend und wichtig. Sie kann auch für den inneren Weg wie ein Dünger sein, der uns doch einige Schritte voranbringt. Wir müssen uns immer vorstellen, wenn wir nicht dorthin schauen und uns davon vielleicht sogar entfernen und die dunkle Seite im Unbewussten belassen, dass dann das, was wir an Wegstrecke zurücklegen, illusionär werden kann.

Es wird zu dem, was meist mit Abgehobenheit beschrieben wird. Menschen, von denen man sagen würde, dass sie abgehoben sind, heben sich meistens von ihrem Schatten ab und nehmen ihn nicht mit. Und deshalb entsteht auch oft das Gefühl: Sie sind nicht auf dem Boden der Tatsachen.

DIE BEDEUTUNG DES SCHATTENS

In den spirituellen Richtungen ist manchmal vernachlässigt worden, den Schatten zu bearbeiten. Er wurde mehr als Teil der Psychotherapie und der psychologischen Richtungen gesehen. Man hat sich eigentlich relativ wenig damit beschäftigt, und dieses hatte zur Folge, dass sich in den spirituellen Richtungen manchmal bestimmte Schattenaspekte verselbständigt haben. Machtmissbrauch, Übergriffe, Tabus wie Sex und Geld und andere Dinge, die dann nicht mehr besprochen werden konnten, wurden verdrängt. Und es hat dazu geführt, dass spirituelle Entwicklungen dadurch blockiert worden sind. Deshalb ist es sehr wichtig, sich auch bei einer spirituellen Entwicklung mit dem Thema Schatten auseinanderzusetzen.

C. G. Jung versteht sinngemäß unter Schatten den negativen Teil der Persönlichkeit, nämlich die Summe der versteckten, unvorteilhaften Eigenschaften, die mangelhaft entwickelten Funktionen und Inhalte des persönlichen Unbewussten.[8]

Wenn wir versuchen, uns diesen Schattenanteilen, die sich in uns repräsentieren, anzunähern, dann können wir sie auf verschiedenen Ebenen antreffen. Das eine ist natürlich unser Wissen über uns selbst: Was wir an uns selbst nicht mögen, was wir gerne ins Abseits stellen, was wir niemandem zeigen wollen, wofür wir uns möglicherweise auch schämen. Das ist vor allem das, was C. G. Jung unter Schatten versteht.

Eine weitere Möglichkeit, seinen Schatten zu erkennen, ist ein Blick auf jene Aspekte, die mir bei anderen nicht gefallen, die mich besonders aufregen und die mir besondere Schwierigkeiten bereiten. Natürlich gibt es viele Punkte, an denen es wichtig ist, in den Konflikt zu gehen oder dem anderen auch mitzuteilen, dass einem dies oder jenes nicht passt. Aber es kann auch wichtig sein, danach die Frage zu stellen: Was repräsentiert der andere, was ich auch von mir kenne, was ich aber bei mir und damit auch beim anderen ablehne?

Eine weitere Ebene des Schattens sind Krankheiten oder körperliche Blockaden. Thorwald Dethlefsen, der vor vielen Jahren in der Esoterikszene sehr bekannt war, hat das als »in den Leib gestürzter Schatten« beschrieben.

Viele Dinge, die wir in uns tabuisieren, die wir nicht annehmen können, zu denen wir nicht Ja sagen können, bleiben als Energie im Leib erhalten und sind dann auf dieser Ebene aus dem Unbewussten heraus wirksam.

Fremdes und Unheimliches, vor dem ich möglicherweise Angst habe, kann Schattenaspekte mit beinhalten, die ich nicht akzeptieren, nicht anerkennen kann, die mir vielleicht Unsicherheit bereiten. Ein weiterer großer Aspekt des Schattens sind auch jene Dinge, die eigentlich in uns positiv sind, aber zu denen wir nicht Ja sagen. Das sind Potenziale, die ich in mir trage, aber nicht verwirklicht habe. Wenn man spürt, dass man kreativ ist, schreiben, musizieren oder malen möchte, dem aber nicht nachgeht. Mit der Zeit entsteht ein unangenehmes Gefühl, und ich verdränge das dann immer mehr.

Weil ich sozusagen nicht damit konfrontiert werden möchte, dass ich bestimmte Aspekte in meinem Leben, die auch zu meinen Fähigkeiten, Begabungen oder Gaben gehören, nicht ins Leben bringe. Auch das kann zum Schattenanteil werden: Jemand, der früher gerne Schauspieler geworden wäre oder sehr kreativ ist auf diesem Gebiet, geht gar nicht mehr ins Theater, weil er damit nicht mehr konfrontiert werden möchte; oder geht nicht mehr in ein Konzert, weil er das Gefühl hat, das erinnere ihn daran, in sich selbst unerlöste Eigenschaften und Talente zu haben, die nicht verwirklicht werden.

Es gehört aber auch dazu, dass es Aspekte in meinem Leben gibt, zu denen ich nicht Ja sagen kann. Es gibt schwierige Erfahrungen des Lebens, zu denen wir nicht uneingeschränkt und gleich Ja sagen können. Das würde manchmal zu weiteren Problemen führen. Diese müssen wir zuerst bearbeiten, uns mit ihnen auseinandersetzen, mit ihnen sozusagen ins Reine kommen.

Aber irgendwann geht es auch darum, Ja dazu zu sagen, dass es diese Erfahrungen in unserem Leben gibt. Damit unsere Lebensgeschichte auch vollständig werden kann.

All das, zu dem ich nicht Ja sagen kann – auch wenn ich es schon bearbeitet habe –, kann nämlich dann in den Schatten geraten und von dort aus eine unbewusste Wirkung entfalten. Das können auch glückliche Erfahrungen sein: Von Menschen, die Beziehungen gehabt haben, wo sie sich sehr glücklich fühlten, und dies nicht mehr in sich wahrnehmen und spüren können. Auch vielleicht Erfahrungen in der Schule: Das Negative, das Schlechte überwiegt – aber wo mir jemand beigestanden hat, wo ich eine gute Erfahrung gemacht habe, das kann ich gar nicht mehr sehen, weil manchmal das andere zu sehr im Vordergrund steht. Es lohnt sich sehr, auch einmal die positiven Erfahrungen meiner Biografie zu sammeln. Dann werden wir vielleicht bemerken, dass es gar nicht so wenige sind. Also einfach nicht nur zu erzählen, was mir in meinem Leben schwer gefallen ist oder wo ich Schwierigkeiten gehabt habe, sondern auch zu überlegen, welche Erfahrungen meines Lebens gut und in Ordnung waren. In welchen Erfahrungen habe ich mich glücklich gefühlt? Es ist ganz wichtig, dass wir diese Teile nicht vergessen oder links liegen lassen, angesichts der Problematik, die wir sowieso mit den Seiten unseres Lebens haben, die für uns belastend waren.

Und für mich gibt es noch weitere Hindernisse auf dem spirituellen Weg, wo es sich lohnt, nachzufragen, welche schwierigen Aspekte hier versteckt sein könnten, zum Beispiel wenn jemand immer wieder Schwierigkeiten hat zu meditieren. Abgesehen von den Anfangsschwierigkeiten, die jeder durchmachen muss, brauchen wir vielleicht ein paar Jahre, bis wir einen regelmäßigen Rhythmus aufrechterhalten können. Wenn die Schwierigkeiten aber andauern und die Hindernisse immer größer werden, gibt es vielleicht irgendwelche Anteile – entweder Angst vor dem Unheimlichen, Angst vor dem Fremden oder Angst, mit bestimmten Energien in Kontakt zu kommen, die ich ablehne und die ich gar nicht in mir haben möchte. Es lohnt sich, auch diesem Bereich nachzugehen.

MITGEFÜHL MIT MIR SELBST

Wichtig im Umgang mit Schattenanteilen sind drei Punkte: Der erste Punkt ist, dass wir immer dann, wenn wir uns mit Schattenaspekten konfrontieren, nicht in eine abwertende Stimmung geraten, sondern immer wieder versuchen, einen bewertungsfreien Raum aufrechtzuerhalten. Mitgefühl, Barmherzigkeit, Liebe zu sich selbst sind das beste Milieu, in dem Schattenanteile auch anerkannt werden können.

Wir können unsere Schatten wahrscheinlich nie vollständig integrieren. Wir können nur Ja dazu sagen, uns sagen: »Auch das bin ich«, »Das kenne ich auch von mir.« Das ist ein ganz wichtiger Punkt. Einfach Mitgefühl mit sich selbst zu haben, um diese Aspekte in sich wahrnehmen und anerkennen zu können.

Was als Nächstes wichtig ist: Im Umgang mit anderen Menschen sollten wir uns davor hüten, ihnen einen Schatten anzudichten – außer in der Therapiesituation. Bei Partnern wird das sehr gerne gemacht, vor allem in Konfliktsituationen lauten Vorwürfe zum Beispiel: »Du hast deinen Schatten nicht integriert«, oder: »Dies und jenes wirkt aus dir, ohne dass du es weißt!« Das nennt man auch Schattenverschreibung. Diese Art von Schattenverschreibungen funktioniert in der Regel nicht. Denn was passiert? Der andere verschließt sich, macht dicht und geht innerlich von uns weg.

Schattenarbeit in einem Milieu von Kampf und Auseinandersetzung führt nicht zum Ziel. Es ist leichter, beim anderen den Schatten wahrzunehmen als bei mir selbst. Es ist wichtig, sich vor Schattenverschreibungen zu hüten.

In der therapeutischen Arbeit ist das natürlich ein Thema, und ich als Therapeut bin dazu aufgerufen, Aspekte des Schattens mit anzusprechen. Aber im normalen zwischenmenschlichen Kontakt soll das nicht geschehen, vor allem nicht in einer kämpferischen Art und Weise, wo ich dem anderen beweisen möchte, wie schlecht er ist. Denn sobald Schatten mit Bewertung zu tun hat – das gilt übrigens auch für Diagnosen –, wird es nicht mehr hilfreich sein, ihn zu erwähnen.

Das Dritte, worauf wir immer wieder achten sollten: Es gibt eine Art von öffentlich akzeptiertem Schatten. Wenn ich jetzt als Leiter einer Gruppe von meinen kleinen Schwächen erzähle, dann wird das in der Regel als authentisch und als angenehm wahrgenommen, es wird interpretiert als: Er ist auch ein Mensch oder hat auch mit diesem oder jenem Problem zu kämpfen.

Auch wenn zum Beispiel ein Politiker in einer Talkshow sich persönlich präsentiert, das eine oder andere zugibt, dann hat er mehr Aussicht darauf, gewählt zu werden, weil er als authentisch, als echt gilt. Wir müssen immer wieder sehen, was dieser Öffentlichkeitsschatten oder Präsentationsschatten wirklich ist, den wir gerne auch vermitteln, um vielleicht eine bestimmte Wirkung zu erzielen.

Selbst in einer Therapiegruppe gibt es einen Bereich von akzeptierten Problemen, über die gerne gesprochen wird, weil sie von allen angenommen und nachgefühlt werden. Der Schattenaspekt hier ist, dass es oft schwierig wird, dann in der Gruppe über die wirklichen Probleme zu reden. Zum Beispiel, wenn es um Themen wie Perversion oder andere Aspekte geht.

Wir kennen auch im Psychotherapiebereich aus Ausbildungsgruppen folgendes Phänomen: Wenn jemand in der Ausbildung nicht eine bestimmte Art von Störung zeigt, dann gilt er nicht mehr als echt. Wird aber die Störung zu groß, die er zeigt, dann gilt er nicht mehr als belastungsfähig und kann deshalb die Ausbildung nicht machen. Es gibt also einen mittleren, akzeptierten Problembereich. So ist es auch mit dem Schatten.

DAS JA IST DER SCHLÜSSEL

Für die innere Arbeit ist es günstig, alle Aspekte in das Licht des Bewusstseins zu bringen, die in einer Kontemplation auftauchen. Das können vielleicht Dinge sein, die dir vertraut sind, die du schon kennst. Aber lass sie in der besonderen Stimmung einer Kontemplation kommen, weil sie dadurch innerlich nochmal mit einem anderen Gesamtzustand wahrgenommen und angeschaut werden können. Das hilft in der Verarbeitung und der Integration. Es können auch Aspekte auftauchen, die dir ganz fremd sind, die sich vielleicht in Symbolen oder in Bildern äußern. Auch hier gilt: Nimm es einfach so auf, wie es zu dir kommt. Es geht nicht darum, das endgültig zu erledigen oder zu integrieren oder zu verarbeiten, hier geht es nur darum, Ja zu sagen.

Wie Arnaud Desjardins sagt: Das Ja, die Offenheit und die Liebe sind der Schlüssel, die die Tür zu deinem Gefängnis öffnen. Es geht darum, die Dinge, die weggesperrt sind, anzuerkennen, einzubeziehen, Ja zu ihnen zu sagen. Unabhängig davon, wieweit sie integriert, bearbeitet und innerlich schon erlöst sind. Das ist das Einzige, was in der nächsten Übung unsere Aufgabe ist. Indem wir Ja sagen, bereiten wir den Weg für die weitere Bearbeitung vor. Es wird dann Schritt für Schritt gehen. Es ist nicht mit einer Übung getan; solange wir leben, werden wir auch mit Schattenaspekten zu tun haben.

Es gibt vielleicht in bestimmten Lebensabschnitten unterschiedliche Schattenaspekte, und immer ist es günstig, Ja zu ihnen zu sagen. Wenn wir uns selbst in Ordnung bringen, bringen wir auch die Welt ein Stückchen in Ordnung. So kann das, was du hier tust, auch ausstrahlen auf den Bereich außerhalb von dir. Sieh es als spezielle Arbeit an, der du dich hier widmest und die dich in deiner inneren Entwicklung ein Stück weiterbringen kann.

ÜBUNG

MEINE SCHATTENSEITEN

Wir werden uns jetzt mit den Seiten in uns beschäftigen, über die wir gewöhnlich nicht gerne sprechen. Dennoch ist es wichtig, uns darauf voll und ganz einzulassen, weil wir dadurch die Entfaltung unserer Persönlichkeit und unsere spirituelle Entwicklung unterstützen können. Dafür werden wir unsere inneren Räume durch bewusstes Atmen öffnen und Mitgefühl mit uns selbst praktizieren.

Das Akzeptieren des Schattens ist eine wichtige Arbeit, die uns selbst, aber auch anderen hilft und unseren inneren Weg unterstützen kann. Eine gute Art und Weise des Umgangs mit dieser Arbeit ist Mitgefühl, Barmherzigkeit und Liebe zu sich selbst. Deshalb wird dies am Anfang unserer weiteren Arbeit stehen.

Allein der aufmerksame Blick auf diese Aspekte, mit denen wir uns jetzt auseinandersetzen, bewirkt deren Transformation und Erlösung. Für die Übung nehme ich mir beim Seminar rund eine Stunde Zeit.

Die Teilnehmer liegen rücklings mit geschlossenen Augen auf einer Matte am Boden. Zu Beginn erfolgt eine kleine Entspannungsübung für den Körper, die hier nicht wiedergegeben wird. Wir steigen direkt bei meinen Worten an die Teilnehmer ein.

Schließ die Augen, liege ganz entspannt und bleibe gleichzeitig ganz in der inneren Wachheit. Du nimmst wahr, wie der Boden dich trägt und du dein Gewicht vollständig der Unterlage überlässt. Du brauchst nichts zu halten. Du wirst getragen.

Folge deinem Atem. Beim Einatmen kommst du etwas tiefer bei dir selbst an, beim Ausatmen lässt du los: Gedanken, innere Konzepte – leg sie zur Seite. Mit dem Einatmen öffnest und weitest du deinen inneren Bewusstseinsraum und mit dem Ausatmen lässt du die Spannungen los. Wenn du zwischendurch starke Spannungen spürst, mach einfach eine kleine Bewegung, damit sie sich wieder lösen können.

Ausatmen – Loslassen, und Einatmen – die inneren Räume weiten. Frei werden von Gedanken und Eindrücken, die noch da sind. Mit jedem Atemzug wirst du freier und offener, entspannter und leichter.

Und nun richte deine Aufmerksamkeit ganz besonders auf dein Herz. Das Herz gilt in vielen Kulturen als symbolischer Ort von Liebe und Mitgefühl. Nimm es in deinem Inneren wahr, wie es stetig und verlässlich für dich schlägt, dich begleitet und auf deinem Weg unterstützt. Ganz gleich, in welcher Situation oder Lage du dich befindest, dein Herz schlägt immer. Und nun stell dir vor, wie von deinem Herzen sanfte Vibrationen ausströmen in deinen inneren Raum. Milde Vibrationen von Liebe und Mitgefühl dir selbst gegenüber. Und falls Blockaden auftreten oder Hindernisse, lass sie mit dem Ausatmen los und vermehre mit dem Einatmen das Gefühl der Liebe zu dir selbst.

Viele Jahre bist du nun schon unterwegs auf der Suche nach dir selbst oder der Wahrheit oder dem Sinn deines Lebens. Mit vielen Schwierigkeiten hattest du zu kämpfen und dich auseinanderzusetzen. Unangenehmen, aber auch freudigen Erlebnissen bist zu begegnet. Erlaube dir für einen Moment, all deine Anstrengung, all deine Mühe, die du mit dir selbst hattest, all deine Energie, die du investiert hast, in deiner Entwicklung für einen Moment zu würdigen und anzuerkennen.

Wenn dabei Gefühle auftauchen, lass sie einfach zu, lass sie einfach fließen. Du bist in dein ganz spezielles Leben gekommen mit deiner ganz speziellen Ausstattung, mit deinen ganz speziellen Aufgaben. Erlaube dir, auch das anzuerkennen und die Orte und die Themen, mit denen du zugange bist, für einen Moment mit dem Mitgefühl und der Liebe deines Herzens anzuerkennen. Unverwechselbar und einzigartig hast du dein Schicksal zu verarbeiten und zu tragen. Erlaube dir für einen Moment, dich dabei zu spüren und wahrzunehmen, mit Liebe, Mitgefühl und Achtung. Und vielleicht auch ein klein wenig, dich in Ordnung zu finden: Ja, so bin ich geworden und so bin ich. Einzigartig und unverwechselbar bin ich meinen Weg gegangen. Meinen Weg der Öffnung und Bewusstwerdung, ob in psychischer, spiritueller oder körperlicher Hinsicht.

Mit dieser Achtung und diesem Mitgefühl erlaube dir, in den nächsten Abschnitten Aspekte ans Licht zu bringen, die du vielleicht lieber nicht sehen willst.

Zunächst in einem ersten Schritt: Erlaube dir, einfach nur zu spüren, was der Begriff Schatten in dir auslöst. Welche ersten Assoziationen, welche ersten Eindrücke tauchen dabei auf? Jeder Mensch hat damit zu tun. Menschsein ist auch die Arbeit am Schatten, die Bewusstwerdung des Schattens.

An welcher Stelle meines Körpers löst dieser Begriff vielleicht auch eine Resonanz aus, wenn ich ihn leiblich spüre? Was kommt in Schwingung? In welchen Zustand komme ich, wenn ich von Schatten höre?

Vielleicht tauchen auch Gefühle auf; lass sie ruhig zu. Vielleicht löst dieser Begriff auch gar nicht so viel aus, auch in Ordnung. In einem nächsten Schritt werden wir unsere persönlichen Erfahrungen mit diesem Thema verknüpfen.

Mit Mitgefühl und Barmherzigkeit erlaube dir anzusehen, was du an dir selbst als unvorteilhaft, minderwertig und unwürdig empfindest, wofür du dich schämst, was dir auch peinlich wäre, wenn es andere erfahren würden. Erlaube dir, mit Liebe und Mitgefühl das wahrzunehmen, zu registrieren, ohne es zu bewerten oder abzuwerten. Lass dabei Situationen, Eigenschaften, Gegebenheiten so auftauchen, wie sie sich gerade einstellen, so dass diese Anteile einmal auch mit Liebe und Mitgefühl ins Zentrum deines Bewusstseinsraumes kommen dürfen. Wenn Gefühle oder Stimmungen auftauchen, lass sie einfach zu. Eigenschaften, Haltungen, Handlungen, die du als unvorteilhaft siehst, als schwierig, die dir peinlich sind, die andere nicht sehen dürfen, die dich im Innersten aber vielleicht auch belasten. Nur mit dieser Offenheit und

Resonanz des Herzens wahrnehmen und spüren, so wie sie im Augenblick gegenwärtig werden.

Sollte dabei ein Bereich deines Körpers in besondere Resonanz kommen, dann lege eine Hand dorthin, um dies liebevoll zu begleiten.

Vielleicht gibt es auch einen Aspekt, der dir besonders zu schaffen macht. Dann stell ihn ganz ins Zentrum, ins Licht deines Bewusstseins, ins Licht deiner Liebe, ins Licht deines Mitgefühls. Und vielleicht erlaubst du dir auch den Satz zuzugestehen: »Ja, das bin ich auch«, »Ja, ich bin auch eifersüchtig, neidisch, manipulativ, berechnend«, was auch immer du bei dir herausgefunden hast.

Nimm deinen Aspekt, der für dich zentral ist. Mit dem Bewusstsein: Ja, das bin ich auch.

Das Ja, die Offenheit und die Liebe sind die Schlüssel, die die Türen öffnen.

Und dann lässt du das allmählich wieder los und machst dich innerlich frei. Im Ausatmen loslassen, im Einatmen wieder ganz in den freien inneren Raum gelangen. Du brauchst nichts anderes zu tun, als dich zu spüren und wahrzunehmen und alles, was du vorher erkannt hast, wieder loszulassen.

Wir wenden uns jetzt einer zweiten Ebene zu, um den Schatten weiter ausfindig machen zu können. Schattenaspekte zeigen sich auch dort, wo wir anderen Menschen begegnen – mit Feindseligkeit, Aversion oder starker innerer Abneigung. Erlaube dir, einen Menschen, bei dem du das Gefühl hast, das könnte mit meinem Schatten zusammenhängen, einen Menschen der Vergangenheit oder Gegenwart, innerlich zu dir kommen zu lassen, einen Menschen, mit dem du aufs Feindlichste durch Antipathie verbunden bist.

Falls dir kein besonderer Mensch einfällt, kannst du dir auch eine Person vorstellen, die einige Eigenschaften verkörpert, die du ablehnst oder nicht magst.

Und dann registriere einfach, was in dir passiert, wenn diese Person in deinen inneren Raum tritt. Was das auslöst. Lass drei Eigenschaften, die dir besonders auf die Nerven gehen, noch stärker hervortreten. Und dann bitte ich dich, für einen Moment diese drei Eigenschaften zu dir zu nehmen und einfach zu sagen: »Das bin ich auch.« Ich bin auch hart, abwertend, was auch immer dir bei den anderen auffällt. Nur einfach mit dem schlichten Satz: Das bin ich auch. Nur zulassen, nichts damit tun.

Erlaube dir, mit Mitgefühl und Offenheit für einen Moment, das anzunehmen und in deinem Inneren in Schwingung zu bringen. Ja, das bin ich auch. Vielleicht mag das alles nicht ganz identisch sein, vielleicht stimmen nur Aspekte davon, aber nimm es einfach nur zu dir und schau, was es mit dir macht, wenn du es umarmst und bei dir aufnimmst.

Und dann lass auch das wieder los. Werde wieder frei davon. Spüre den Atem weiterhin und bleibe in dieser wohlwollenden Stimmung dir selbst gegenüber. Falls das nicht einfach ist, atme tiefer und spüre dein Herz.

Nun wenden wir uns dem nächsten Aspekt zu, dem in den Leib gestürzten Schatten, wie es Dethlefsen nennt. Du brauchst nichts anderes zu tun, als für einen Moment die Störungen, Empfindlichkeiten oder neuralgischen Bereiche deines Körpers wahrzunehmen. Vielleicht legst du auch eine Hand dorthin, wo du sie ortest. Vielleicht sind es Krankheiten, die immer wiederkehren, Stellen, die immer wieder in Mitleidenschaft gezogen sind. Geschwächte Partien deines Körpers oder Bereiche, mit denen du vielleicht auf Kriegsfuß stehst, Körperteile, die dir nicht gefallen, die du nicht schön findest. Erlaube dir, diese Verkörperung deines Schattens mit Mitgefühl und Liebe in dein inneres Zentrum des Bewusstseins kommen zu lassen.

Und vielleicht auch diesen schlichten Satz dazu zu sprechen: Ja, das bin ich auch. Ich bin auch die Schwäche meines Bauches oder die Spannung meiner Schulter, die Schwäche meines Gehörs, die Probleme meiner Gelenke, was auch immer du für dich herausfindest. Nimm es liebevoll in deinen inneren Raum und sage für einen Moment Ja dazu. Das Ja und die Offenheit und die Liebe sind die Schlüssel, die zur Erlösung führen.

Umarme es, lass dein Herz mitschwingen und erlaube dir, Mitgefühl mit den Kriegsschauplätzen deines Leibes zu empfinden. Du brauchst nichts zu bearbeiten, nur einfach Ja zu sagen und sie einmal im Zentrum deines Bewusstseins als zu dir gehörig anzuerkennen und zu würdigen.

ÜBUNG

WENN DAS LICHT IN DEN SCHATTEN KOMMT

Jetzt werden wir uns den positiven Seiten unserer Persönlichkeit zuwenden. Auch sie haben es verdient, aufmerksam wahrgenommen und angenommen zu werden. Wir atmen tief und rund, lassen alle Spannungen los und vertrauen uns ganz der Unterlage an. Wir spüren, wie es in uns strömt und fließt. Ruhe und Frieden kehren ein. Es ist der zweite Teil zu dieser geführten Meditation.

Die Teilnehmer liegen wieder auf dem Rücken mit geschlossenen Augen auf der Matte. Im Hintergrund ist leise ein »Om« zu hören. Wieder spreche ich zu den Teilnehmern.

Dieses Mal öffne deinen inneren Raum, dein Bewusstsein für Fähigkeiten, Talente, Potenziale, die du erahnst, aber dich nicht getraut hast, ins Leben zu bringen oder zu manifestieren. Vielleicht haben dich Ängste oder Minderwertigkeitsgefühle blockiert. Aber erlaube dir nun, die Fähigkeiten, Potenziale und Talente in deinem Inneren wahrzunehmen und zu bezeugen: Das bin ich auch!

Erlaube dir, sie innerlich mit der Energie deines Ja, mit der Energie deiner Zuneigung zu versorgen. Nimm deine ungelebten Fähigkeiten, Talente, Potenziale ins Zentrum deines Bewusstseins, und erlaube dir, sie vorurteilsfrei zu betrachten. Nimm sie einfach nur aufmerksam in Gewahrsam, öffne dich innerlich dafür. Vielleicht schämst du dich manchmal auch dafür, das zu zeigen, oder es ist dir peinlich, wenn andere es bemerken. Mit einem Lächeln und mit einem liebevollen Blick nimm diese ungelebten Potenziale ins Zentrum deines Bewusstseins, nimm sie zu dir. Vielleicht auch Visionen oder Projekte, denen du nicht weiter gefolgt bist, aber wo du spürst, dass es vielleicht zu deinen Aufgaben gehört hätte, ihnen nachzugehen. Einfach nur wahrnehmen und mit dem Satz: »Ja, das bin ich auch«, zu dir nehmen. Sanft umspült vom Om werden deine versteckten Fähigkeiten und Potenziale mit Energie versorgt. Möge sich in deinem Leben verwirklichen, was sich verwirklichen möchte.

Nun öffnen wir uns für die Momente unseres Lebens, in denen wir Glück und Zauber, vielleicht auch Wunder erlebt haben, die vielleicht mit der Zeit in Vergessenheit geraten sind.

Erlaube dir, Situationen zu dir kommen zu lassen, in denen du dich vollkommen du selber gefühlt hast, vielleicht eins mit einem anderen Menschen, vielleicht für dich allein, vielleicht im Beruf, vielleicht auch einen inneren Zustand von Glück, oder Momente von Seligkeit erlebt hast.

Vielleicht gibt es auch Momente, die du nie jemand anderem mitteilen magst, weil du Angst hast, dass sie Neid auslösen, oder weil du sie für dich bewahren möchtest.

Goldene Momente des Lebens. Auch sie gehören zu meinem Leben, zu meinem Lebenslauf, zu meiner Geschichte. Einfach zulassen, was auftaucht. Vielleicht sogar das erste Mal in deinem Bewusstsein. Momente der Freude, des Glücks, der Offenheit und Weite. Auch diese Lichter deines Lebens lass vom Om umhüllen und einbetten in das größere Ganze. Liebe und Mitgefühl, wie auch immer ich das erlebe, Öffnung und Weitung, wie auch immer mir das möglich ist, verbunden mit dem Om.

Eine letzte Kontemplation

Du hast dich entschieden, einen spirituellen Weg zu gehen. Erlaube dir, für einen Moment hinzuschauen, welcher Schattenaspekt in dir am deutlichsten deinen spirituellen Weg kreuzt, vielleicht auch behindert oder blockiert. Welcher Schattenaspekt oder welche zwei Schattenaspekte stehen meiner Bewusstwerdung manchmal oder öfter im Weg? Mit Liebe und Mitgefühl schau genau dort hin, offen und getragen von der Kraft der Inneren Weisheit.

Spüre auch, in welche Schwingung du kommst, wenn du diesem Aspekt zu sehr nachgibst oder ihm zu viel Raum beimisst. Mit Offenheit und Liebe nimm es wahr, ohne Bewertung und ohne Groll.

Lass das Om auf dich wirken, zu deiner Unterstützung, zu deiner Kräftigung und zur Integration, zur Auflösung, zur schrittweisen Rückgewinnung dieser Energie, die in diesen Schattenaspekten verborgen erscheint.

Die Musik spielt noch rund zehn Minuten, bevor die Teilnehmer die Meditation beenden und sich aufsetzen.

BELASTETE BEGRIFFE

Meister Eckhart hat empfohlen, leer zu werden und alles Bedrängende loszulassen. Das gilt nicht nur für Introjekte aller Art, wie wir sie aus der Psychotherapie kennen. Dies wären schlechte Sätze von der Art: »Du bist nichts wert.« »Du störst nur.« »Aus dir kann nichts werden.«

Auch bestimmte innere Muster gehören dazu, die uns vor diesen Sätzen schützen, aber uns gleichzeitig die Räume verengen. Das wären Muster wie: weghören, nicht in Kontakt gehen, uns nicht auf Beziehung einlassen, um ja nicht wieder in diese verletzende alte Situation zu geraten.

Aber es gibt auch Religiöses, von dem wir leer werden müssen. Wenn in der Atemsitzung zum Beispiel religiöse Musik gespielt wird und ein Teilnehmer das nicht hören will, sagt, er könne das nicht hören, es stellten sich ihm alle Haare auf. Ein Musikliebhaber kann sich freuen, wenn er milde und sanfte gregorianische Gesänge hört, aber jemand, der möglicherweise in einem Internat oder in anderen Zusammenhängen Belastungen durch die Kirche erlebt hat, wird dabei möglicherweise innerlich auf eine Aversion stoßen. Deshalb müssen wir uns auf einem spirituellen Weg auch immer wieder von dem, was wir bisher erfahren haben, an Religiosität, Spiritualität, vielleicht auch an ganz bestimmten Erfahrungen, leer machen, um dem neu begegnen zu können, was uns aufgetan wird.

DEMUT

Ebenso gibt es auch bestimmte Begriffe, die wichtig sind, selbst wenn sie oft auf große Aversion stoßen, beispielsweise der Begriff Demut. Wenn Demut als etwas erlebt wird, wo ich meinen eigenen Willen aufzugeben habe, wo ich meine Autonomie verliere, wo ich vielleicht innerlich entgegen meiner Stimmigkeit etwas zu tun habe, dann kann dieser Begriff in uns Wut oder Ärger oder konflikthafte Energie auslösen. Wir müssen aber auch wissen, dass wir bestimmte Begriffe trotzdem brauchen.

Ein Beispiel aus einer Atemsitzung: Jemand erlebt eine überwältigende Lichterfahrung. Angesichts dieser Erfahrung fühlt sich dieser Mensch innerlich erhaben, großartig, aber gleichzeitig wird er sich seiner eigenen Winzigkeit in Bezug auf das große Ganze bewusst. Das heißt, er ist einerseits identifiziert mit der Herrlichkeit dieser Erfahrung und auf der anderen Seite spürt er, dass sein Leben oder seine Existenz nur ein kleines Mosaiksteinchen im Ganzen darstellt. Verschämt ist dann von diesem Menschen zu hören: »Irgendwie fühlte ich auch so etwas wie Demut.«

In diesem Moment ist es ganz wichtig, auch das anzuerkennen, weil es uns aus der persönlichen direkten Erfahrung etwas vermittelt, das die Spannbreite einer öffnenden mystischen Erfahrung enthüllt. Herrlichkeit, Demut und Bescheidenheit.

Was wir in der Psychotherapie gelernt haben – Authentizität zu beachten, Konfliktenergie zuzulassen, Auseinandersetzungen, dort wo sie notwendig sind, auch zu führen, kann durchaus mit diesen Begriffen und Erfahrungen in Einklang gebracht werden. Auch das Gefühl oder das Erleben einer durchgreifenden und pulsierenden Liebe. Natürlich wissen wir, dass Liebe, wird sie aufgezwungen im Sinne einer falschen Harmonie, scheinheilig wirken kann. Aber wollen wir solche Erlebnisse deshalb nicht zulassen? Dass jemand innerlich aufgebrochen wird und sich in dieser Liebe erlebt, dann vielleicht Schwierigkeiten hat, davon zu erzählen? Denn oftmals in seinem Leben wurde Liebe gepredigt, aber hinter der Fassade der Liebe waren Tabus, Schwierigkeiten, Belastungen und Störungen.

Deshalb öffnen wir uns ja auch für diese Begriffe, die ihren persönlichen Erfahrungswert besitzen. Mit der Zeit hat sich das Problem ergeben, dass aus persönlicher Erfahrung heraus Konzepte entstanden sind, durch diese Konzepte Handlungsanweisungen entwickelt wurden und am Ende auch Dogmen entstanden sind, die eine bestimmte Art der Erfahrung vorstrukturiert haben. David Steindl-Rast sagt uns sinngmäß immer wieder: Kehre zurück zur persönlichen Erfahrung. Dort finden wir die Quelle der Mystik, die Quelle des schöpferischen Ursprungs.[9] Das heißt also: Lasst uns immer wieder zurückkehren zur persönlichen Erfahrung und uns frei machen von vorgegebenen Strukturen, wie wir Erfahrungen zu verstehen haben, oder den Vorstellungen, was wir an Erfahrung zu gewinnen haben. Jeder ist einzigartig – und so wird er auch einzigartig seine Erfahrung verarbeiten.

Darum ist es günstig, auch Aversion, Schwierigkeiten, Wut und Konfliktenergie auszudrücken, um leer zu werden. Um wieder frei zu werden und offen für Erfahrung.

DISZIPLIN

Genauso ist es mit dem Begriff Disziplin. Natürlich wissen wir: Es gibt eine Disziplin, die gegen uns selbst gerichtet ist, wenn wir nicht mehr auf uns hören, uns an dieser Stelle vielleicht einen Panzer um uns errichten, um nicht zu spüren, dass wir etwas nicht tun wollen, es aber tun müssen. Disziplin im spirituellen Sinn verstanden ist immer ganzheitlich. Sie ist konzentrierte Aufmerksamkeit und Ausdauer, um Übungen zu machen, sich auch von vorübergehenden Störungen nicht ablenken zu lassen. Seinen Weg zu gehen und anzuerkennen, was uns im Leben begegnet. Da schwingen wir immer als ganze Menschen mit.

Wie schon erwähnt, dazu die Worte von Gurumayi: *Discipline is Happiness.* Weil du fühlst, wenn du dem folgst, dass es auch eine innere Beglückung sein kann, in dieser konzentrierten Bewusstheit zu bleiben und dich durch Ablenkungen nicht in die Zerstreuung bringen zu lassen. Und plötzlich erkennst du, was du für deinen ganzen Weg schon getan hast, Schritt für Schritt in kleinen Schritten. Liebe, Disziplin, Demut, Bescheidenheit sind Begriffe, die wir neu erleben müssen, neu bestimmen müssen, vor allem immer auch im Einklang mit unserer inneren Stimmigkeit. Dann werden diese Begriffe für uns auch hilfreich sein.

DIENEN

Genauso ist es mit dem Begriff des Dienens. Vielleicht wurde auch er in ganz anderer Weise erlebt, zum Beispiel so: Ich muss die Augen zumachen, ich muss anerkennen, ich darf keine Widerworte geben, ich darf mich nicht so zeigen, wie ich bin.

Wenn wir uns selbstbewusst in den Dienst des Ganzen stellen, mit all unseren Fähigkeiten und Potenzialen, dort Nein zu sagen, wo es für uns nicht in Ordnung ist, dann kann Dienen auch zu einer schönen und guten Erfahrung werden. In verschiedenen spirituellen Richtungen spricht man auch von Seva, dem selbstlosen Dienen. Den Dienst am größeren Ganzen auch tatsächlich zu tun und immer zu spüren, durch welche Art des Handelns und Denkens mehr Liebe ins Leben fließt, mehr Verbundenheit entsteht, mehr Offenheit und Lebendigkeit. Daran kann man sich immer orientieren. Unabhängig davon, ob die Konzepte oder Vorstellungen, wie wir uns die Innere Weisheit oder das größere Ganze erklären, als Wesenskern, als Energie oder als Kraft-impuls, auch zutreffend sind.

Auch das sind vielleicht Chiffren und Strukturen, mit denen wir das größere Ganze zu fassen versuchen. Aber es wird sprachlich unzureichend bleiben, auch wenn wir glauben, dass wir es damit zureichend erfasst haben.

Wenn sich herausstellen sollte, dass all diese Ideen, Konzepte, Vorstellungen, die wir über das haben, was das größere Ganze, die Innere Weisheit ist, wenn sich das alles als Illusion erweist, weil es letztlich so wäre, wie uns die Psychoanalyse möglicherweise vorwerfen könnte, dass wir aufgrund frühkindlicher Schäden ein harmonisierendes Weltbild suchen und uns dadurch einer Illusion zuwenden – nicht wahrhaben zu wollen, dass wir sterblich, verletzlich und gekränkt sind etc. –, wenn dies zuträfe, die Konzepte, die wir haben, aber dazu führen würden, dass wir authentischer, etwas liebevoller, offener und durchlässiger werden, dann können wir ruhig sagen: O.k., das war eine Illusion. Aber ich spüre, was ich für das Leben getan habe und wie ich im Leben mir und anderen liebevoller, wahrhaftiger und authentischer begegne.

Der Glaube an ein größeres Ganzes führt zu mehr Frieden und Gelassenheit. Und wenn du diesen inneren Frieden gefunden hast, werden dich auch äußere Probleme nicht so aus der Bahn werfen können. Du wirst effektiver und zielgerichteter das tun können, was du tun möchtest. Dabei wird dir auch bewusst, was du für das Größere getan hast, und dir werden gleichzeitig auch Hilfen bereitstehen. Denn wer sich in dieser Weise auf den Weg begibt, wird empfänglicher sein für wachstumsleitende Botschaften, Intuitionen. Du wirst besser herausfinden, was dir äußere Dinge, äußere Situationen sagen. Weil du innerlich verbunden bist, wird die Intuition dich besser erreichen.

ANGST VOR DEM NEUEN

Immer dort, wo wir an die Grenze unserer Erfahrung, wo wir an den Rand unserer Muster kommen, muss Angst entstehen, es müssen sich die Haare aufstellen, weil natürlich unser Inneres signalisiert: Da kommt eine Gefahr auf uns zu! Und zwar wie früher in unserem Leben. Wenn wir was Neues entdecken, muss es automatisch zu Angst-erfahrungen kommen. Entlang der Angst geschieht Entwicklung. Weil wir bei der Angst an der Stelle sind, wo der nächste Schritt zu tun ist. Darum lass dich von dieser Angst nicht zurückweisen, sondern inspirieren. Spür hin: Was sagt mir die Angst, und wo will sie mich hinführen? Welcher Schritt ist zu tun? Wo ist der Horizont dabei? Das sind die Dinge, die wir berücksichtigen müssen.

Natürlich gibt es auch so etwas wie Signalängste, gar keine Frage. Wenn die Ampel auf Rot steht und ich Angst bekomme, wenn ich über die Straße gehe, dann gilt es zurückzuweichen. Aber was ich meine, sind nicht diese Signalängste, die uns vor Gefahren warnen und uns auf sicheres Terrain zurückführen, sondern die Ängste, die unsere Entwicklungsschritte notgedrungen begleiten müssen. Deshalb erlauben wir uns in unserer Entwicklung auch immer inne zu halten, wenn wir mit dieser Angst konfrontiert werden. Innehalten und erst einmal spüren: Ist es eine Signalangst oder ist es eine Angst aus frühen Zeiten unseres Lebens? Wenn es eine Angst von früher ist, atme etwas tiefer und spüre, welcher Schritt vielleicht schon in dir ist, der zu gehen ist, den du dich aber nicht zu gehen traust. Dann stell dir vor, wie du den Schritt gehst, und spüre hin, was mit dir geschieht – immer noch in deinem Gedanken, in deiner Fantasie: Wenn ich diesen Schritt gegangen bin, wie fühle ich mich dann? Und wenn du dann merkst: Dort fühle ich mich freier, dort fühle ich mich authentischer, dann geh diesen Schritt.

ÜBUNG

LOSLASSEN ÜBEN

Gemeinsam werden wir nun nachgeben, loslassen und uns ganz dem, was dann geschieht, überlassen. Wir beginnen im Stehen und setzen später unsere Übung im Liegen fort. Bitte suche dir einen Platz im Raum und erlaube dir, eine sichere und stabile Position einzunehmen.

Im Hintergrund läuft Meditationsmusik, später ein Om.

Schließ die Augen und spüre den Kontakt zum Boden; nimm wahr, wie dich der Boden trägt. Nimm deinen Mittelpunkt wahr, dein Rückgrat, wie es nach oben gerichtet ist und wie die Muskulatur deines Rückens die Aufrichtung erhält. Genauso dein Kopf – um ihn tragen zu können, muss die Nackenmuskulatur aktiv sein. Der Bereich deines Herzens ist geöffnet, dein Oberkörper stabil. Registriere für einen Moment alle Muskeln, die beim Aufrechtstehen aktiv sind, wie viel Koordination erforderlich ist, um der Schwerkraft zu widerstehen und aufrecht zu sein. Nur wahrnehmen und registrieren: die Knochen, die Sehnen, die Muskeln, die inneren Organe, die sich an dieser Aufrichtung beteiligen. Alleine die schmale Auflagefläche unter deinen Füßen erfordert ein hohes Ausmaß an Koordination und Spannung, um aufrecht zu sein.

Dann bitte ich dich für einen Augenblick, die Beine breiter zu stellen, in einen Spreizschritt zu gehen und auch hier zu spüren, was alles an neuer Spannung hinzukommt, um diese Stellung einzunehmen.

Dann erlaube dir, die Arme nach oben zu heben, sodass die Hände in den Himmel ragen, und nimm wieder für einen Moment wahr, welche neuen Spannungsfelder aktiviert werden müssen, um die Hände hochzuhalten. Spannungen im Oberarm und Schulterbereich, Rücken- und Bauchbereich, aber auch die Beine und Oberschenkel, die Waden bis hinab zu den Fersen. Und dann lass die Arme wieder los und spüre, was geschieht, wenn du die Arme loslässt. Wie innerer Raum entsteht, alleine durch diese kleine Veränderung.

Dann spüre und steh für einen Moment auf den Zehenspitzen und versuche, deinen Körper auszubalancieren und auch dann zu registrieren, was alles geschieht. Jedes Loslassen ist von einem Freiwerden begleitet, jedes Nachgeben von einer kleinen Öffnung. Und dann geh ein wenig in die Knie oder Hockstellung, soweit du hinunterkommst, und lege die Arme auf die Oberschenkel und Knie. Spüre wieder die Spannungsfelder, und lass dann wieder los. Registriere ganz genau, was körperlich passiert, wenn du auch hier wieder ein bisschen aus dieser Spannung heraustrittst und loslässt. Im Stehen gibt es viele Möglichkeiten, Spannung loszulassen.

Im nächsten Schritt werden wir die aufrechte Position verlassen mit einem Gefühl, die Schwerkraft für einen Augenblick hinter uns zu lassen, indem wir alle Muskeln, alle Knochen und Sehnen freigeben und ganz langsam und allmählich nach hinten sinken, bis wir auf der Matte aufliegen. Nimm dir Zeit dafür, dies ganz bewusst zu erleben, wenn du dich in diese neue Lage begibst. Und am Ende des Prozesses spüre, wie es ist, gar nichts mehr aufrechterhalten zu müssen, sondern die gesamte Körperkoordination loszulassen, abzugeben.

Spüre die Entlastung, die allein durch diesen Akt passiert. Du hast nicht mehr diese schmale Standfläche, sondern dein ganzer Körper liegt nun auf der Matte und du brauchst ihn nicht zu halten. Spüre trotzdem nach, an welchen Stellen du innerlich aus Gewohnheit vielleicht noch hältst. Ganz bewusst. Nimm diese Bereiche wahr. Das kann im Bauch-, Brust-, Rücken- oder Beinbereich sein. Ganz bewusst wahrnehmen und durch kleine Bewegungen und ein Hinatmen, mit leichten Tönen ausatmend, auch dort noch eine gewisse weitere Lockerung herbeiführen, bis du das Gefühl hast, du hast dein ganzes Gewicht der Matte übergeben.

Und dann vertiefe deine Aufmerksamkeit noch weiter auf den Boden hin. Ganz bewusst nimm deine Unterlage wahr und wie sie vom Boden unterstützt wird. Die Aufgabe des Bodens ist es, zu tragen. Erlaube dir, dies anzuerkennen, indem du dich tragen lässt und ganz loslässt. Jedes Kilogramm deines Gewichts wird vom Boden aufgenommen. Ohne Bedingungen und ohne Nachfragen, indem du dein Gewicht vollständig abgibst, darf allmählich das Vertrauen in das Getragensein wachsen.

Und dann spüre nochmals in deinen inneren Leibraum hinein, um zu erkennen, ob es da und dort noch eine Spannung oder ein Ziehen gibt. Hinatmen und bewusst mit dem Ausatmen noch mehr loslassen.

Die Aufgabe des Atems ist, Lebendigkeit zu mehren, Türen zu öffnen und loszulassen. Stell dir vor, wie beim Einatmen die Türen nach innen aufgehen und beim Ausatmen weitere Spannungen sich lösen. Folge ganz bewusst dem Energiestrom deines Atems, der Lebendigkeit unterstützt, Türen öffnet und Belastungen abbaut. Einatmen, ganz sanft nach innen öffnen und mit dem Ausatmen abgeben, loslassen, alles, was dich im Augenblick noch in irgendeiner Weise beschäftigt. Mach jetzt zwei, drei Minuten nichts anderes, als dem Strom deines Atems bewusste Aufmerksamkeit zu schenken.

Spüre die Energie, die hinter diesem Strom steht, die es ermöglicht, beim Einatmen tiefer zu gehen, noch tiefer in deinem Inneren anzukommen, sodass beim Ausatmen weitere Entspannung und Lösung möglich werden. Manche erleben den Atem zwischendurch sogar wie einen Lichtstrom, der sie mit Lebendigkeit und Energie versorgt und Belastungen abtransportiert. Alles, was geschieht, überlass deinem Atem, es loszulassen, es vertrauensvoll zur Seite zu legen. So kannst du dir vorstellen, wie mit jedem Atemzug im Inneren mehr Platz wird und im Äußeren mehr Verbundenheit entsteht.

Einatmen – Raum öffnen, ausatmen – loslassen.

Dann wende dich bewusst dem Herzen zu. Der Qualität deines Herzens, der Qualität von Liebe, Mitgefühl und Zuwendung. Mithilfe deines Atems, der das Herz von innen her berührt, erlaube dir, dich vorsichtig an diesen Ort heranzutasten. Spüre, wie rhythmisch und unbeeindruckt von den Schwankungen des Lebens immerfort Energie von deinem Herzen ausgeht. Milde Energie von Lebendigkeit und Liebe, Mitgefühl und Zuwendung. Wenn du magst, kannst du auch eine Hand aufs Herz liegen, um diesen Ort von außen zu spüren und den Ton zu erfühlen. Nimm wahr, wie dein Herz schlägt, wie ein warmes Feld in deiner Aufmerksamkeit sich öffnet für die immense Kraft des Mitgefühls der Liebe und der Zuwendung, die möglich erscheint. Spannungen und Belastungen, die sich vielleicht rund um dein Herz im Laufe der Zeit aufgebaut haben, nimm sie mit, mit dem milden Strom deines Atems und mit dem milden Strom, der aus deinem Herz zu kommen vermag. Stell dir vor, wie Druck und Spannungen durch diesen milden Strom gelöst, geöffnet und innerlich verfügbar werden. Einfach durch dein Herz dich spüren.

Wie fühle ich mich? Was geschieht mit mir, wenn ich mich durch die Augen und Ohren und den Spürsinn meines Herzens wahrnehme und erlebe? Nimm dich wahr. Im Schein und in der Atmosphäre deines Herzens, in Kontakt mit deinem Atem, in der Sicherheit des Getragenwerdens. Erlaube dir für einen Moment, alles gehen zu lassen, was dich vielleicht an die Vergangenheit oder Zukunft bindet, um dich nur jetzt im Augenblick durch den Strom deines Atems, durch die Sicherheit des Bodens und die Wärme deines Herzens zu erleben.

Erlaube dir zu sein, ganz im gegenwärtigen Kontakt mit der Sicherheit des Bodens, mit der Lebendigkeit des Atems und der Wärme des Herzens. Und alles, was sonst auftreten mag, loszulassen. Es kommen und wieder gehen lassen, es als Bewegung registrieren, die ausläuft, als Impuls erkennen, der verglimmt. Jeder Gedanke, jede innere Bewegung vergeht, verläuft sich, und du kannst dich ganz in der Gegenwärtigkeit des Getragenwerdens, des lebendigen Stroms deines Atems, in der Wärme und des Mitgefühls deines Herzens spüren und wahrnehmen. Losgelassen ins Sein hinein, in die Gegenwärtigkeit deines Soseins. Bedingungen, Belastungen, gleich wie sie auftauchen, einfach wieder hergeben und loslassen. Die Tiefe deines Wesens kann so besser erspürt werden, indem du dich nur tragen lässt, dich beleben und wärmen lässt. Du brauchst nichts zu tun, nichts festzuhalten, dein Wesen ist immer da, immer verfügbar, immer durch dich.

Im Hintergrund setzt die Musik »Om« ein.

In diesem Zustand erlaube dir, Kontakt aufzunehmen mit dem – so wie viele meinen – Urklang Om. Des Oms, aus dem alles kommt und zu dem alles hinläuft. Lass dich einfach durch das Om unterstützen, weiter loszulassen, nachzugeben, so dass dieser Urklang dich einfach durchdringen und dir begegnen kann. Die nächsten paar Minuten bleibe ganz im Dialog mit diesen Klängen, mit deinem Atem, mit der Sicherheit des Bodens, mit der Wärme deines Herzens.

Und immer, wenn irgendetwas auftaucht, übergib es vertrauensvoll dem Om, das alles beherbergt, alles trägt und alles öffnet. Durch Loslassen und Gewährenlassen, durch Geschehenlassen.

Jede kleinste Bewegung erlaube ich mir, wieder in diesem Strom loszulassen. Und mein Offenwerden zuzulassen.

Mich im Sein zu lassen.

Alles loslassen, um mich vom Sein berühren zu lassen.

Der Strom des Seins öffnet sich durch mein Loslassen und Vertrauen.

Loslassen und Vertrauen.

Sein lassen und zulassen.

Die Musik läuft einige Minuten weiter.

Wenn du dann wieder dein Bewusstsein auf etwas richtest und allmählich zurückkommst, dann in der Gewissheit, dass unser Bewusstsein immer von diesem Strom des Seins umgeben und durchdrungen ist.

DU BIST EINZIGARTIG

Wer kennt das nicht in Gruppen: Jemand spricht von seinem Leid, und jemand anders hört zu und sagt dann: wie bei mir, ich kenne das auch. Wir wissen, geteiltes Leid ist halbes Leid. Fachlich ausgedrückt spricht Irvin D. Yalom im Handbuch der *Gruppenpsychotherapie*[10] davon, dass die Universalität des Leidens einen wichtigen Heilfaktor darstellt, d. h. dass wir uns identifizieren, innerlich auseinandersetzen und wahrnehmen können: So, wie es dem anderen geht, geht es auch mir. Manchmal ist es sogar so: Wenn ich das Gefühl habe, dem anderen geht es noch ein bisschen schlechter als mir, fühle ich mich gleich ein Stück besser. Das gehört auch dazu. Wir vergleichen viel, versuchen immer zu schauen: Wie ist mein Leben und wie ist das der anderen? Das ist bis zu einem bestimmten Grade sinnvoll, weil wir dadurch auch kreativ werden, uns selbst entwickeln können.

Ab einem bestimmten Ausmaß ist es aber destruktiv, wenn ich vergleiche und bei mir selbst immer nur das Defizit wahrnehme.

Wenn ich dann sage: Den anderen geht es immer besser, und ich bin nur mit den schwierigen Gaben des Lebens gesegnet, habe mich da und dort viel mehr abzumühen als der andere. Wenn wir in so eine Fixierung hineinkommen, macht uns das schon innerlich fertig, und das kann auch zu sekundären Krankheitserscheinungen führen. Deshalb raten spirituelle Lehrer neben dem Teilen von Leid mit anderen, unser persönliches Leben als unverwechselbar und einzigartig zu sehen. Das ist nicht im überheblichen Sinn gemeint. Du musst dir vorstellen, mit all dem, womit du genetisch ausgestattet bist – deine Eltern, deine Großeltern, die bestimmte Lebensstile gelebt und auch für ihre Nachfahren innerlich bereitgehalten haben – wenn du dir diese Komposition an Eigenschaften, an genetischen und sozialen Einflüssen vorstellst, die du in deinem Leben verkörperst oder darstellst, wird es vermutlich diese Art oder diese Mischung kein zweites Mal geben. Und das muss dir klar werden: Deine Einzigartigkeit, deine Unverwechselbarkeit ist auch etwas Besonderes im Sinne der inneren Entwicklung.

Deshalb versuche auch immer, deinen Entwicklungsweg, deine Art der Bewusstwerdung zu finden. Du kannst dich von anderen anregen lassen, aber gehe immer davon aus, dass du einzigartig bist, dass es dein eigener ganz spezieller Weg ist, den du zu gehen hast. Darum sagen wir oft in den Atemsitzungen: Es ist vollkommen egal, ob jemand ein Einheitserlebnis hat, von tiefer Liebe erfüllt ist oder ob jemand eine innere Szene von einer Auseinandersetzung mit seinem Arbeitgeber erlebt. Beides ist aus dem gleichen Stoff, aber es begegnet dir im Augenblick auf eine unverwechselbare Art und Weise.

Deshalb ist es ganz wichtig zu wissen: Ob du gerade in einer Krise bist oder gerade etwas Spezielles vorhast, sieh es immer auch als Geschenk, deiner unverwechselbaren Wesensnatur näherzukommen. Dir selbst näherzukommen, dich besser spüren zu können. Erlaube dir, alles, was geschieht, alles, was dir begegnet, als für deinen speziellen Weg sinnvoll zu erachten. Auch wenn es so in dieser Form anderen vielleicht nicht begegnet oder andere es so nicht zu verarbeiten haben.

Es gibt ja viele Themen, die uns begegnen. Damit ist man in jeder psychotherapeutischen Praxis konfrontiert: Um neun Uhr beklagt sich jemand über Kinderlosigkeit, um zehn Uhr ein anderer über den Stress mit den Kindern, um elf Uhr spricht jemand über seine Einsamkeit und um zwölf Uhr über seine Trennung usw. Es ist manchmal gar nicht so einfach zu verstehen, wie wir gestrickt sind, es ist eine spezielle Note, ein spezieller Geschmack. Nimm diesen Geschmack als Geschenk an. Nimm deinen Stempel, so wie du bist oder wie du ins Leben gestellt wurdest, als einzigartige Möglichkeit an, genauso Bewusstwerdung zu erlangen, deinen Weg gehen zu können.

Stell dir in einer Vision vor: Die ganze Erde liegt vor dir und Milliarden von Menschen, jeder in seiner unverwechselbaren Prägung, in seiner unverwechselbaren Natur. Und jeder beginnt an den Punkten zu arbeiten, die gerade für ihn und sein Schicksal von Bedeutung sind. Und für jedes Thema, das erlöst wird in dieser ganz speziellen menschlichen Ausprägung, wird ein kleines Licht aufleuchten. Du wirst plötzlich merken, wie alle die unterschiedlichen Lichter am Ende zusammenkommen, vielleicht zu einem großen Ganzen. Und dafür bist auch du mit deinem ganz speziellen Weg erforderlich. Dem Ganzen fehlt etwas, wenn du deinen Weg der Bewusstheit in deiner ganz speziellen Situation nicht gehst.

Wenn du versuchst, jemand anderes zu sein, jemand anderen darzustellen, dann fehlt an dieser Stelle dein ganz spezieller Beitrag zu dem Ganzen. Auch deine Art des Lebens, wie es für das Ganze erforderlich ist, würde dann hier ein Vakuum hinterlassen. Und deshalb versuche, dein Leben, spirituell gesehen, als etwas zu schätzen, das in seiner Einzigartigkeit, in seiner Ausprägung, in seiner Richtung, in seiner Art und Weise, wie du es verkörperst, wirklich speziell ist und seine eigene Gnade besitzt. Dann wirst du nicht mehr vergleichen, du wirst andere als Anregung nehmen können, du wirst sie sehen können als Menschen, die etwas Ähnliches erleben. Aber versuche nicht mehr, sie zu kopieren. So wird jeder spirituelle Weg seine eigenen Nuancen haben. Wie du meditierst, welche Erfahrungen du in der Meditation oder der Atemsitzung machst, wird einzigartig sein.

Am Ende können wir spüren: Es gehört all das zusammen, und es ist ein gemeinsamer Weg, obwohl es sehr unterschiedliche Wege sind, die jeder von uns geht. Und wenn du dir das bewusst machst, dann wirst du auch nicht mehr daran zweifeln, dass es Sinn hat, dass du auf der Welt bist. Manche kommen ja mit der Idee in Gruppen: »Es ist überflüssig, dass es mich gibt«, oder: »Ich störe ja nur auf der Welt.« Das sind Konzepte, die durch verschiedene schwierige Bedingungen so entstanden sind. Aber wenn wir lernen, unser eigenes Leben in dieser wunderbaren einzigartigen Weise auch anzuerkennen, dann werden wir nicht mehr nach dem Sinn des Lebens fragen, dann wird er von sich aus in uns spürbar werden können, ohne dass wir viel darüber reflektieren müssen.

Unsere Arbeit am Schatten soll uns dabei helfen, einerseits diese Einzigartigkeit unseres Lebens bewusst zu machen, Schritte dabei zu gehen, und andererseits gemeinsam hier einen Bogen zu schaffen für einen Weg, der uns so zusammenführt, dass wir merken, dass jeder in seinem Umfeld, in der Gemeinde, jeder auf der Welt auch dazu gehört und wir als Gesamtes uns wieder im All-Einen oder dem großen Ganzen wiederfinden können.

GEH VORAN UND BLEIBE DABEI

WENN DU ES EILIG HAST,
SETZE DICH NIEDER

Antonius von Padua sagt sinngemäß: Wenn du es eilig hast, setze dich. Was heißt das? Gerade wenn uns Hektik erfasst und wir keine Zeit haben, dann ist das Meditieren umso wichtiger. Weil du sozusagen im dichten Geflecht deines Alltags keine lockere Masche hast, durch die du das größere Ganze erspüren kannst. Und damit bleibst du unbeseelt von dieser Energie und abgetrennt von diesem Feld.

In dem Moment, wo du unbeseelt und unverbunden bist mit diesem Ort, wirst du auch Entscheidungen treffen, die neue Verstrickungen hervorrufen. Das heißt, die Maschen noch enger ziehen, noch mehr verstricken. Verstricken heißt, etwas noch mehr zusammenziehen. Dann können Probleme erst richtig entstehen. Und deshalb ist es in diesem Moment wichtig, Maschen zu lösen, zu schauen: Was liegt zwischen den einzelnen Gedanken und Konzepten.

Was ist zwischen meinen Empfindungen? Nicht: Was sind meine Empfindungen? Sondern: Was ist dazwischen? Was ist die kleine Lücke zwischen aufsteigenden und absteigenden Gedanken? Wenn wir in der Meditation in diese kleine Lücke hineintreten, werden die Maschen größer. Das hat auch zur Folge, dass unsere Handlungs- und Wahrnehmungsraster etwas weiter werden und wir mehr von dem wahrnehmen können, was geschieht.

Du musst dir das so vorstellen: Wenn ich jetzt etwa denke: »Was sage ich jetzt?«, dann läuft in mir ein Gedanke, und bevor ich ihn ausspreche, läuft ein anderer ab oder noch einer, und ich beziehe mich darauf. Was macht mein Bewusstsein? Es fokussiert sich auf den Gedanken. Wenn es sich aber auf den Gedanken fokussiert, kann es sich auf keinen anderen Gedanken fokussieren.

Manchmal sind es zwei oder drei Dinge, die uns beschäftigen, dann sprechen wir von Multitasking. Dass wir vielleicht Radio hören und daneben etwas schreiben oder vielleicht noch an etwas Drittes denken. Wir beschäftigen in dem Moment unser Bewusstsein, und wenn wir unser Bewusstsein beschäftigen und es sich auf einzelne Aspekte und Inhalte richtet, was geschieht mit unserem Bewusstsein? Es ist an diese Aktivitäten gebunden. Es wird besetzt. Selbstverständlich kann es auch nützlich, sinnvoll sein, etwas Gutes bewirken; wir denken über etwas Schönes nach, wir arbeiten, usw. Aber es hat in dem Moment keine Zeit, die Türen zu öffnen, um das Dahinterliegende und uns Umgreifende zu erspüren.

Und deshalb versucht die Meditation, sich von den einzelnen Bewusstseinsinhalten zu lösen, um das Bewusstsein weiter zu spannen. Erst wenn das geschieht, so glauben viele spirituelle Lehrer, werden wir unserer Wesensnatur wirklich bewusst und einen Zugang finden zu diesem größeren Ganzen, von dem aus jede Handlung, jeder Gedanke und jede Wahrnehmung mit einem neuen Glanz beseelt oder bereichert werden.

Wenn wir darauf verzichten, werden wir in einer horizontalen Ebene bleiben. Erst dieses Tiefergehen, die vertikale Transzendenz, wird uns ermöglichen, aus einem übergeordneten Gesichtspunkt heraus besser, tiefer und umfassender wahrzunehmen und damit auch die richtigeren Entscheidungen zu treffen. Weil sie beseelt sind von diesem Ort, der jenseits von den Bedingtheiten unseres menschlichen Daseins existiert. Dadurch werden die inneren Türen aufgehen. Deshalb sind die Übungen so wichtig.

Auch die entwicklungsgeschichtlich erworbenen Muster, die gewöhnlich unser Bewusstsein und unsere Wahrnehmungen in eine bestimmte Richtung drängen, werden flexibler. Um diese Filter zu erweitern, bedarf es unserer Disziplin und unseres Einlassens auf die tägliche Übung.

Wenn wir das aber tun, dann werden wir Schritt für Schritt mehr Geist, unmittelbaren Geist, wahren Geist in unserem Leben entdecken. Dann kann unser Leben flüssiger, besser, vertrauensvoller werden. Wir müssen weniger kontrollieren und können uns tiefer dem Fluss des Lebens überlassen.

Ein Beispiel: Jemand hat in der Schule immer wieder negative Bewertungen von einem Lehrer bekommen, und jetzt im Beruf geht er automatisch davon aus, dass sein Chef ihn nicht liebt und anerkennt. Er wird besonders viel tun, um diese Liebe und Anerkennung zu erreichen. Weil er immer wieder diesem Irrtum verfällt zu glauben, dass es, so wie es war, auch in der Zukunft immer so sein wird.

Durch die Bewusstwerdung solcher Motive können wir allmählich dorthin gelangen, dass wir sagen können: Das hat früher stattgefunden und ich kann es der Vergangenheit übergeben und damit auch loslassen. Späteren Autoritätspersonen oder Personen, die in irgendeiner Weise über mir stehen, kann ich freier und offener begegnen. Das gegenwärtige Erleben kann dadurch mehr Raum gewinnen und ich kann mich besser vom Bann der Vergangenheit lösen.

Es ist in der Tat so, dass manche Leute mit gesellschaftlich oder religiös ritualisierten Vorgangsweisen große Probleme haben. Das hängt oft damit zusammen, dass es vielleicht in ihrem Leben einmal bestimmte Rituale, Gesetze oder Normen gab, die sie sozusagen daran gehindert haben, sich lebendig und in ihrer Kraft zu spüren; gerade wenn es manchmal von außen autoritär aufgezwungen wurde. Und deshalb ist ein Sich-dagegen-Wehren häufig ein wichtiger Autonomieimpuls. »Ich weiß schon, was mir gut tut«, »Ich weiß, wie ich meinen Weg gehen kann.«

Wenn ich mich aber zu sehr auf das, was von außen kommt, verlasse, versperre ich mich nach innen. Das ist sicher ein wichtiger und zu beachtender Impuls. Und da kann es vorübergehend auch einmal günstig sein, auf solch ein Gerüst sozialer Formen zu verzichten.

DIE PHASEN DER MEDITATION

Wenn wir uns auf den Weg machen und regelmäßig am gleichen Ort, zu einer festgelegten Zeit meditieren, dann durchläuft der innere Fortschritt in der spirituellen Entwicklung mehrere Phasen: Die erste Phase in der Meditation ist, dass wir still werden wollen – und gerade dann wird es besonders laut. Dann sagen wir uns: Es hat ja keinen Sinn, wenn ich mich hinsetze, wenn ich so viele Geräusche in mir habe. Das ist eine erste wichtige Klippe: Ich fühle mich unwohl, die Beine spannen, das Herz verkrampft sich, dauernd ist irgendwas da und ich bin wie auf dem Sprung – ich könnte weglaufen.

Wenn wir in dieser Phase diszipliniert dabeibleiben, dann kommen wir in das nächste Stadium. Man darf aber nicht glauben, dass diese erste Phase, wenn es sich während der Meditation innerlich so spannungsreich anfühlt, etwas zu tun hat mit schlechter Meditation. Das ist gute Meditation. Weil du in dem Moment erst merkst, was alles in dir ist. Dir wird klar, wie viel Druck, wie viel

Spannung, wie viele Gedanken in dir sind. Deine Sinne sind wach geworden. Du wachst auf.

Jetzt kommt die nächste Phase. Jetzt werde ich etwas ruhiger, und was begegnet mir dann? Angst. Manche nennen es Angst vor dem Nichts. Manche fragen sich: Wer oder was bin ich dann noch, wenn ich nicht mehr denke, nicht mehr handle oder probehandle? Jetzt fühlen wir uns einer Kraft, vielleicht sogar einem Dämon ausgeliefert, dem »Wer bin ich noch, wenn ich nicht mehr das mache, was ich sonst 24 Stunden am Tag mache?«

Das ist eine große Herausforderung. Das »alte Betriebssystem« stirbt, es stirbt in dem Moment das, was mir geläufig ist. Das löst Ängste aus. Und es hindert uns auch, die Übung beizubehalten.

Wenn wir auch durch diese Angst hindurchgehen und sagen: Ich bleibe dennoch dabei, kommen wir zumeist auf eine dritte Ebene. Ich habe sie einmal selbst eindrucksvoll erlebt, aber auch bei jemandem, den ich spirituell begleitet habe. Ich komme in Kontakt mit dem, was die Existenzialisten als Ausgeliefertsein und Hineingeworfensein bezeichnen. Plötzlich fühle ich mich als Sandkorn im gesamten Universum, hineingeschleudert in die Existenz, hineingeschleudert in die ganz spezifischen Strukturen des Lebens, hineingeschleudert in die Ahnenreihe, aus der ich hervorgegangen bin. Ich konnte nichts dagegen unternehmen. Hier kommen auch schwierige Gefühle auf. Weil wir dieses absolute Ausgeliefertsein der persönlichen Existenz erleben.

Wenn wir auch diese Stufe der Meditation tapfer bewältigen, dann erst kommt das: Wenn man verweilt, also dabeibleibt und nicht aufgibt, erscheint ein Leuchten oder der wahre Geist.

Und dann kommt es, wie viele Leute berichten, zu diesem durchgängigen Gefühl eines Getragenseins, jenseits der Schwankungen unseres Lebens. Wir begegnen also diesem anderen Bezugsort. Nehmen ihn auf, verkörpern ihn in dem Augenblick und fühlen uns direkt verbunden.

Und das ist diese Schicht, von der viele sprechen, in der unser Geist zur Ruhe kommt. In der unser Herz sich spontan öffnet, Mitgefühl und Liebe nicht mehr an Bedingungen gebunden sind und in der unsere Lebensauffassung von tiefem Vertrauen begleitet wird.

Es gibt dazu immer auch kritische Fragen: Machen wir uns da nichts vor?

Ich kann darauf nur antworten: Wir haben ja diese anderen Schichten, die diese Belastungen in sich tragen, in dem Moment auch vergegenwärtigt. Wir haben sie ja nicht verdrängt. Das Ausgeliefertsein ist aufgetaucht, die Angst davor, dass ich dann nichts mehr bin, ist aufgetaucht, die vielen Geräusche meines Lebens. Und wenn ich das alles vergegenwärtigt habe, dann kann man schwerlich davon sprechen, dass ich es verdränge. Dann kann ich nur sagen: Darüber hinaus gibt es auch noch etwas. Auch das ist möglich zu identifizieren und zu vergegenwärtigen. Das macht die vorher genannten Belastungen nicht nichtexistent. Aber es bringt sie in einen neuen Zusammenhang, in eine Verbindung mit einem neuen Boden, und dadurch werden sie in einer neuen Weise innerlich beseelt und belebt werden. Man sollte Regelmäßigkeit, Stetigkeit, Ausdauer investieren, sodass sich die Meditation festigen kann, um so auch den Rhythmus, der für uns passt, einhalten zu können. Wenn wir diese Übung regelmäßig durchführen, wird das auf Dauer unser Leben vertiefen und erneuern.

Das Entscheidende ist: ausprobieren und praktizieren.

ÜBUNG

SICH BEWUSST ENTSCHEIDEN

Wenn man einen spirituellen Weg gehen will, sollte man sich ganz bewusst dafür entscheiden. In meinen Seminaren biete ich zu Beginn eine geführte Meditation an, eine Art Einverständniserklärung, sich für den Weg zum größeren Ganzen, Göttlichen, zur Inneren Weisheit – wie auch immer man ES nennen mag – zu entscheiden. Dieses Ja hat Auswirkungen auf das persönliche Leben, bewirkt Veränderungen und ein Aufbrechen alter, starrer Muster.

Die Teilnehmer liegen entspannt auf einer Matte, im Hintergrund ist Meditationsmusik zu hören.

Spüre, dass du zutiefst verbunden bist mit allem, was dich umgibt. Nimm deinen Atem wahr, der auf dem spirituellen Weg eine wichtige Rolle spielt. In der Integration von schicksalhaften Lebenserfahrungen wie auch im Sinne der Öffnung für das größere Ganze. Der Atem durchbricht Schranken, öffnet Grenzen und trägt das göttliche Licht in sich. Sei dir bewusst, dass dir der Atem verliehen wurde, um in Kontakt zu kommen mit deinem Leben und mit der universalen Energie, wie sie oft von spirituellen Lehrern beschrieben wird.

Das Herz spielt hier eine wichtige Rolle. Niemals bin ich nur für mich allein, sondern immer auch mit anderen. Das Herz ist der Ort von Begegnung, Öffnung und universaler Liebe. Ich bin mir bewusst, wenn ich mich für einen Weg entscheide, der die Öffnung des Herzens mit sich bringt, dass es viel innerer Arbeit bedarf, um die Blockaden zu lösen, um mich frei zu machen, um das Herz zu öffnen.

Zu allererst ist es aber nötig, das Herz für mein inneres Wesen zu öffnen. Immer wieder achte ich mein inneres Wesen stellvertretend für alle anderen Lebewesen. Stellvertretend für die Welt.

Erich Fromm schreibt in der *Kunst des Liebens:* »Es braucht Zeit. Wie ein Künstler Zeit braucht, um sein Kunstwerk zu vollenden.«[11] Es braucht Aufmerksamkeit, Ausdauer und unsere Konzentration darauf, Liebe in universaler Weise zugänglich zu machen, die nichts mehr ausschließt, sondern alles einbezieht. Eine Liebe, die dem Sein im Ganzen gilt.

Wir sind uns bewusst, dass unsere Schritte begleitet sind von mancherlei Krisen und inneren Turbulenzen. Dort, wo Öffnung stattfindet, muss gehobelt werden. Dort wo Durchlässigkeit entsteht, muss Verhärtung aufgebrochen werden. Nichts geschieht jedoch ohne unser Einverständnis.

Meister Eckhart sagt: »Gott steht vor der Tür deines Herzens. Auftun und hineingehen fallen zusammen.«[12] Es ist unser Ja, unsere Öffnung, unsere innere Bereitschaft, die es braucht, um ES (das Transzendente) zuzulassen.

Und wenn wir einmal hineingegangen sind durch diese Tür und ES hereingelassen haben, werden wir immer in irgendeiner Weise damit verbunden sein. Auch wenn wir uns abwenden.

Wir erlauben uns nun, unser innerstes Wesen, unseren innersten Kern aufzusuchen, um dort unser mögliches Ja zu diesem Weg, zu diesem Aufbruch, zu diesem Aufgebrochensein und -werden zum Ausdruck zu bringen.

Folge deinem Atem nach innen. Du kannst dir vorstellen, wie du immer tiefer gelangst, immer weiter zu dir selbst hingehst. In kleinen Schritten vielleicht, in deiner Vorstellung über eine Treppe nach innen. In kleinen Schritten zu dem Innersten des Innersten. Zu dem Tiefsten des Tiefsten, zu dem Weisesten des Weisesten. Zu dem Größten des Größten. Zu dem Kleinsten des Kleinsten. Dort, wo dein Wesen mit allem verbunden erscheint, dort, wo deine Wesensnatur, dein Wesenskern sich offenbart. Dort, wo das göttliche Licht dich durchstrahlt.

Spüre, wie du dich ganz deinem Atem überlässt, dich an der Hand nehmen und dich führen lässt, zu diesem tiefsten Kern in dir, was du jetzt im Augenblick erlebst. Morgen kann das woanders sein. Es, das größere Ganze in dir, ist einmal da und einmal dort. Es ist nicht einmal das und einmal jenes. Es ist gleichzeitig das und jenes. Immer, wo wir es (unser Innerstes), das Mehr in uns, antreffen, dort ist es. Immer, wo wir es erahnen, dort finden wir es, weil es überall ist und sein kann.

Schritt für Schritt erlaube dir, dem Innersten, wo es jetzt für dich erlebbar ist, näherzukommen. Und wenn du es an irgendeiner Stelle spüren solltest, lass dich dort nieder.

Wenn es vielleicht nicht ganz leicht fällt, es irgendwo zu erahnen, dann nimm irgendwo Platz in dir. Denn es ist – so sagen viele Erleuchtete – überall.

Und lass dich einfach dort nieder, wo du gerade bist. Schau dich dort um, nimm dort Fühlung auf.

Du bist dorthin gereist, um dir klar zu machen, ob du dein Einverständnis geben willst, geführt zu werden, da und dort vielleicht konfrontiert zu werden, geöffnet zu werden. Neben all deinen eigenen Bemühungen wird auch diese Qualität stärker hinzukommen, wenn du es bejahst. Stärker mit Energie, Dynamik und Kraft die Führung mit übernehmen. Dieses Innerste oder innere Wesen ist nicht streng. Es ist wie ein Lächeln in dir. Es ist geduldig, hat Zeit und ist offen; auch wenn du noch nicht ganz bereit bist, kann es warten, dir Zeit geben und dir Zeit lassen. Du brauchst gar nichts anderes zu tun, als einen Moment nachzuspüren, wie einverstanden du schon sein kannst, was vielleicht noch fehlt oder was schon da ist. Und es quasi mit einer inneren Geste oder einem inneren Satz dieser universalen Energie anzuvertrauen.

Nimm dir ein bisschen Zeit, um hier und jetzt für dich zu finden, was stimmt. Alles ist richtig, nichts ist falsch. Alles darf sein, so wie es für dich ist. Auch kann es morgen anders sein als heute.

Erlaube dir für ein paar Minuten, einfach ein Bild, einen Satz oder eine Geste zu finden, die das zum Ausdruck bringt.

EIN GESUNDES ICH

Ein Thema auf dem spirituellen Weg ist, das »Ego« zu transformieren.

Ich möchte kurz erläutern, was ich unter Ich und Ego verstehe. In meinem Buch *Vom Ego zum Selbst* gehe ich umfassend und detailliert darauf ein. Grundsätzlich gibt es drei Aspekte zu beachten. Erstens: Das Ego in spiritueller Hinsicht ist vom Ich in psychologischer Hinsicht zu unterscheiden. Zweitens: Ein spiritueller Weg braucht sogar ein gut funktionierendes Ich. Drittens: Das Ego schadet mir und anderen, weil es uns vom Lebensfluss, von der Lebendigkeit, vom Eingebettetsein ins größere Ganze trennt.

Wenn man jemandem – alltäglich gesprochen – ein starkes Ich zuschreibt, dann beschreibt man meistens einen Menschen, der sich seine Meinung zu sagen traut, auch gegen die Erwartung anderer; der tatkräftig für seine Ziele eintritt, der dialogfähig, und auch in der Lage ist, für sich selbst in einer guten Weise zu sorgen. Das ist auch das, was wir letztendlich in der Psychotherapie mit einem

Menschen, der sich möglicherweise abhängig fühlt vom Urteil anderer, seine eigenen Bedürfnisse nicht gut spüren kann, sie nicht vertreten kann, Schritt für Schritt erarbeiten, damit er sich selbst im Leben besser verankern kann.

Von daher wäre es sicherlich falsch, diese gesunde Struktur in uns beseitigen zu wollen. Des Weiteren dient das Ich dazu, unser Inneres und Äußeres unterscheiden zu können und es zu integrieren. Das Ich hilft uns auch, Dinge vorwegzunehmen, Pläne zu machen und unser Leben zu meistern. Wenn ich mir beispielsweise eine Fahrkarte am Bahnhof kaufen möchte, muss ich wissen, wohin ich fahren will, wann der Zug abfährt, wann er ankommt und wann ich umsteigen muss. Das sind alles nützliche Funktionen des Ich.

Das Ich wurde in der Strukturhypothese von Freud das erste Mal ausführlich als psychologische Kategorie beschrieben, in Unterscheidung zum Über-Ich, unseren moralischen Ansprüchen und den Triebkräften, dem Es. Das Ich vermittelt auch zwischen diesen Instanzen und hat die Aufgabe, Kompromisse zu finden zwischen den eigenen Bedürfnissen, meinen Idealen und den Anforderungen der Umwelt. Es ist sehr wichtig, dass wir das können. Wir würden im Alltag nicht zurechtkommen, wenn wir das nicht könnten. Auch zu erkennen, wer ich selbst im Unterschied zu den anderen bin, und gleichzeitig sich in andere einfühlen zu können. Das sind weitere wichtige Ichfunktionen, die uns befähigen, zu kommunizieren und in Beziehung zu treten. Das Ich hilft uns auch, für uns selbst zu sorgen und Gefühle zu regulieren. Psychotherapeuten, die über ich-strukturelle Störungen geschrieben haben, haben aufgezeigt, welche Komplikationen es mit sich bringt, wenn jemand dazu nicht in der Lage ist. Wenn jemand zum Beispiel in einem Theater sitzt und wütend ist, wo alle still den Schauspielern zuhören. Stellen wir uns vor, er könnte diese Wut auf das Stück nicht etwas zurückstellen, um später in der Pause darüber zu schimpfen. Manchmal ist vielleicht ein schnelles Buh auch angebracht, aber gemeint ist, dass wir auch die Situationen fühlen können, in denen wir was und wie zum Ausdruck bringen. Gefühle und Triebe aufschieben können, sie dann äußern, wenn es auch Gehör findet und angebracht ist. Das ist auch eine Ich-Leistung. Das Ich ist wie der Manager unserer Seele, der versucht, den Betrieb in Gang zu halten, und dazu beiträgt, damit wir im Alltag gut funktionieren können.

Wenn wir jetzt noch einmal zurückkehren zum Ich: Jemand, der sich seine Meinung zu sagen traut, der die Persönlichkeit verkörpert, der auch dialog- und kritikfähig ist, das sind Wesenszüge des Ich; auch Empathie, dass wir uns kraft unseres Spürbewusstseins in den anderen hineinfühlen können und wahrnehmen können, was im anderen vor sich geht. Die Fähigkeit zur Empathie ist eine wichtige Ich-Leistung, ohne die Gemeinschaftssinn oder der Aufbau eines sozialen Gefüges nicht denkbar wären.

Das Ich unterscheidet sich vom Ego, auch wenn es sich manchmal überschneidet. Dieses gesunde Ich wird dann zum Ego, wenn ich meine Bedürfnisse gegen die berechtigten Ansprüche anderer gewaltsam durchsetzen möchte; wenn ich andere manipulieren und kontrollieren möchte, um für mich das Beste herauszuholen, und die eigenen Interessen in den Vordergrund stelle; wenn Prestige und Ansehen überdimensional wichtig sind; wenn ich in einer Gruppe, wenn ich spreche, nicht mehr Rücksicht nehme auf die anderen, nicht mehr in der Lage bin zu sehen, dass auch andere einen Beitrag bringen wollen; wenn ich nur noch meinen eigenen Kopf durchsetzen möchte, dann rutscht dieses vorher noch als Charakterstärke beschriebene Verhalten langsam hinüber zu einem egozentrischen Verhalten.

WAS BEDEUTET EGO?

Egozentrisches Verhalten oder egozentrische Einstellungen sind, wenn man nur noch um sich selbst kreist und das größere Ganze nicht mehr im Blick hat. Wenn ich nur noch darauf aus bin, die anderen als Funktion für meine Bedürfnisbefriedigung und für meine Anliegen zu verwenden. Dann kommt es nicht mehr zu einer Kommunikation, sondern zu einer Funktionalisierung von anderen. Und an dieser Stelle haben wir es mit Ego zu tun. Ego zeigt sich auch, wenn wir verbissen, hart, abwertend, eifersüchtig und neidisch sind. Noch eine andere Differenzierung ist hier wichtig, und zwar die psychopathologische Kategorie des Narzissmus.

Bei narzisstischen Erkrankungen, wo das Ego am stärksten ausgeprägt ist, spreche ich nicht mehr von Ego im spirituellen Sinn, das es loszulassen oder aufzulösen gilt, sondern dort geht es um Behandlung, um Therapie. Weil das Erkrankungen der Seele sind, Erkrankungen unserer Persönlichkeit, die nicht mehr in diese spirituelle Sichtweise einbezogen werden sollen. Hier soll man vorwiegend therapeutisch vorgehen. Natürlich könnte man sagen: In solchen Zuständen ist das Ego in Reinform vorhanden, aber ich würde hier nicht mehr von Ego sprechen, sondern von narzisstischen Erkrankungen, die einer Behandlung bedürfen.

Otto F. Kernberg hat viel darüber gearbeitet und das in seinem Buch *Narzissmus, Aggression und Selbstzerstörung* sehr gut beschrieben. Wir kennen in den extremsten Ausprägungen antisoziale Persönlichkeitsstrukturen, die weder Schuld- noch Verantwortungsempfinden besitzen. Solche Menschen bringen andere um, sitzen dann kalt lächelnd im Gerichtssaal und man hat das Gefühl, es berührt sie gar nicht. Das ist tatsächlich so, dass dies gar nicht an sie herankommt, sodass die Verantwortung für das, was sie getan haben, innerlich übernommen werden könnte. Im spirituellen Kontext, wenn wir von Egoaspekten sprechen, setzen wir voraus, dass jemand dazu noch in der Lage ist.

Grundsätzlich geht es um folgende Unterscheidung: Erstens haben wir die gesunden, wichtigen und manchmal auch unzulänglichen, durch Therapie nachsozialisierten Ichstrukturen, die dazu dienen, unser Leben zu bewältigen und nach außen gut kommunizieren zu können. Zweitens gibt es das Ego, das alles tut, um für sich selbst das Beste herauszuholen, hart, abwertend, mit Vorurteilen behaftet, das die Kontrolle übernehmen möchte und den anderen nicht im Blick hat und sich gegen den anderen durchsetzen möchte.

Horst Eberhard Richter hat sehr schön dargestellt, wie in einer egodominierten Gesellschaft Beziehungen auseinanderbrechen, ein Klima sozialer Kälte entsteht, das nicht mehr auf Wertschätzung, Kooperation und Offenheit ausgerichtet ist und nur noch Gewinner und Verlierer zurückbleiben.

Wenn wir uns nun mit unseren eigenen Egoanteilen beschäftigen, ist es wichtig, hier nicht zu hart mit uns ins Gericht zu gehen, denn dann verstärken wir eher das Ego, als es weicher werden zu lassen. Dabei ist auch zu berücksichtigen, dass Egoaspekte oftmals auch mit Ängsten zu tun haben.

Wir müssen beginnen, in einer guten und mitfühlenden Weise einen Blick darauf zu werfen: Beim Ego geht es immer um Kontrolle, besser sein, für mich das Beste rausholen und immer auch gegen andere, im Sinne meiner eigenen Interessen, die gegen andere gerichtet sind. »Ich akzeptiere nicht, wenn ich von anderen kritisiert werde«, oder: »Wenn die anderen nicht so funktionieren, wie ich mir das vorstelle, dann muss ich halt etwas dagegen unternehmen.«

Das sind Egomomente, da, wo wir uns manipulativ, verbissen, hart, abwertend verhalten. Es ist ein langer Weg, bis wir darauf kommen, an welchen Stellen das Ego sich einnistet. Aber es zeigt sich immer, wenn wir innerlich hart werden, innerlich uns einengen, innerlich hektisch werden. Das sind kleine Zeichen, die uns bei der Unterscheidung helfen.

Ein anderer unbewusster Egoaspekt, der meistens unerkannt bleibt, ist: genau das Gegenteil, nämlich sein Licht unter den Scheffel zu stellen. Auch das sind Egoaspekte. Weil ich nicht in der rechten Weise mich sehe und damit nicht achte, was ich mitbekommen habe. Manchmal ist eine begleitende therapeutische Aufarbeitung auch notwendig, weil das Ego doch aus früheren Erfahrungen stammt, zum Beispiel aus einer Welt, wo ich anderen misstraue, sie kontrollieren oder bestimmen muss. Dies passiert meistens auch aus Ängsten oder Unsicherheiten heraus. Grundsätzlich kann man davon ausgehen, dass Einstellungen, Verhaltensweisen oder Atmosphären, die vom Ego dominiert sind, immer mich selbst wie auch andere in gewisser Weise schädigen und zu einer Atmosphäre der Verengung und zu einem Zustand der Eingeschränktheit führen. Ich grenze mich mehr ab als notwendig – auch ein Aspekt des Egos –, wenn ich mich vom Miteinander, dem Kooperativen und dem Zusammensein verabschiede.

Es wird immer Unschärfen geben: Gehört das noch in den Ichbereich, oder ist es schon etwas, das in den Egobereich hineingehört? Oder ist es etwas, das schicksalhaft, durch vergangene Belastungen aufgebaut wurde und eher durch therapeutische Interventionen und weniger durch Loslassen bereinigt werden kann?

Aber es gibt auch den Fall, bei dem ich bewusst erkenne, dass bestimmte Einstellungen oder Verhaltensweisen mir und anderen nicht guttun, und ich sie dennoch habe. Manches, das so stark ist, dass ich es durch Loslassen nicht befreien kann; dort gilt es, dann emotional daran zu arbeiten. Es gibt aber auch Bereiche, wo wir durch ein Stück gesunder Disziplin, nicht fremdbestimmter Disziplin, uns vielleicht auch davon enthalten können und uns langsam in einen Transformationsprozess hineinbewegen können. Wenn ich in Situationen erkenne: Jetzt ist das Ego zu sehr im Spiel, dann gehe ich einen Schritt zurück und rede nicht weiter, bis ich mich innerlich wieder spüre und wahrnehme und vielleicht dann das Richtige sagen kann. Das wird dann mit der Zeit ein innerer Prozess.

Wenn wir Egoaspekte für uns herausarbeiten, dann sollten wir mit uns mitfühlend und barmherzig umgehen. Anerkennen, dass es sich hier um Muster handelt, die nur durch kleine Schritte und durch einen längeren Prozess auflösbar sind. Dazu gehört auch, Rückfälle in Kauf zu nehmen. Nur durch einen solchen mit Herzensgüte und innerer Wärme begleiteten Vorgang kann es gelingen, den einen oder anderen Egoaspekt aufzulösen.

Wir sollten uns auch davor hüten, zu sehr anderen Egoaspekte zuzuschreiben. Hier lässt sich eine Parallele zum Schatten darstellen. Statt zu sagen: »Der hat aber viel Ego, der ist noch lange nicht soweit«, sollten wir den Blick eher auf uns selbst richten als auf die anderen. Jeder hat seinen Prozess zu durchlaufen und durchzugehen.

DER ERSTE SCHRITT ZUR VERÄNDERUNG

Die Art von aufmerksamer Beobachtung und Wahrnehmung, wo mein Ego besonders in Aktion tritt, löst schon etwas. Allein wenn wir uns das bewusst machen, uns Zeit dafür geben, wenn – metaphorisch gesprochen – der Kosmos mitbekommt, dass wir uns damit beschäftigen, wird er uns in dieser Transformation unter-stützen.

Wenn wir uns mit unseren Schwächen, unseren Schwierigkeiten oder Egoaspekten auseinandersetzen und vielleicht offenbaren, dann ist oft auch Schamgefühl dabei. Es ist wichtig, dass dem durch mitfühlende und offene Art und Weise begegnet wird.

Transformation geschieht dadurch, dass du vor Zeugen, die sich selbst in einen offenen liebevollen Zustand begeben, das noch einmal ausdrückst. In den Seminaren werden dafür Kleingruppen gebildet, um die Erfahrungen noch einmal gemeinsam zu reflektieren. Indem ich mit den anderen über meine Erfahrungen und Handlungen rede und darüber, wo es vielleicht noch Belastungen und Schwierigkeiten oder auch Fragezeichen gibt, übernehme ich dafür auch ein Stück weit die Verantwortung.

Ein Egotransformationsprozess, wird er bewusst begonnen, wird mit der Zeit umfassender und auch an Fahrt gewinnen. Dann sehe ich kritische Situationen etwas deutlicher vor Augen, aber nicht mit erhobenem Zeigefinger, sondern im Sinne einer Sensibilisierung, dass mir da und dort schneller auffällt:

Stehe ich mit meinem Ego in Kontakt? Was gilt es zu transformieren oder loszulassen? Die mitfühlende Haltung, der bewertungsfreie Raum und auch die Barmherzigkeit mir selbst gegenüber sind dabei außerordentlich wichtig.

Ego heißt nichts anderes, als Blockaden zu errichten, gegen die innere Weisheit oder das größere Ganze. Egotransformation heißt, weicher und durchlässiger zu werden. Deshalb werden Menschen, die am Ego arbeiten, mit einem wunderbaren Geschenk bedacht: Ihre Intuition nimmt zu, weil sie durchlässiger werden, weil sie sich mehr öffnen, weil sie dann bereiter sind, sich auf so einen Prozess einzulassen.

Das eine oder andere an Erkenntnis, an Erfahrung wird uns schneller zuteil. Du wirst in deinem Beruf vielleicht intuitiver wahrnehmen können, dich deiner Umwelt gegenüber sensibler verhalten. Egotransformation hat nichts Schwieriges oder Dramatisches an sich. Am Ende werden wir leichter, freudvoller, friedvoller, energiereicher und lebendiger. Das ist eine tiefe Erfahrung, die ich immer wieder machen durfte in meiner eigenen inneren Auseinandersetzung mit Egoaspekten.

Wenn ich etwas zugelassen und losgelassen habe, wenn ich etwas erkannt habe und nachgeben konnte, dann lief es besser und etwas leichter als vorher.

Je mehr das Ego sich verkörpern will, desto holpriger wird der Weg. Denn durch das Ego verabschieden wir uns ein Stückchen aus dem Lebensfluss und aus einem ganzheitlichen Lebensprozess.

Wir sollten immer davon ausgehen, dass diese Arbeit ein ganzes Leben lang dauert und nicht etwas ist, das man einmal erledigt hat und das dann immer bleibt. Es gibt immer wieder Rückschritte, Rückfälle und Probleme. Es ist nicht das Ziel, egofrei zu werden. Das wäre ein überhöhter Anspruch. Das Ziel ist, Bewusstsein für das Ego zu erlangen.

Bewusstes Hinschauen ist schon Transformation.

DIE INNERE STIMME — DER KOMPASS IN DIR

Wir haben wirklich ein gutes Instrument, eine Goldmine oder einen Kompass in uns, der uns bei existenziellen Entscheidungen helfen kann oder auch in der Führung unseres Lebens Beistand leistet: die innere Stimme. Es ist aber nicht ganz einfach, zu dieser Goldmine vorzudringen: erstens sie zu hören, bei dem Geräuschpegel, der in uns ist, und zweitens, dann der nächste Schritt, ihr auch zu folgen.

Was braucht es, um eine innere Stimme zu hören? Es braucht eine bestimmte Art von Stille. Ein Innehalten, eine Ruhe, ein Sich-Zeit-Lassen. Wenn wir hektisch sind oder Dinge automatisiert oder schnell durchführen, hat diese innere Stimme keine Chance, sich zu melden; sich Zeit geben und in die Stille gehen, das sind zwei wichtige Voraussetzungen, um dieser inneren Stimme auch Gehör zu verschaffen.

Es gibt einige Aspekte, auf die wir achten sollten, wenn wir das Gefühl haben, unsere innere Stimme sei verlorengegangen.

Erstens: Wenn wir das Gefühl haben, unsere innere Stimme nicht hören zu können, dann ist es am besten, Ja dazu zu sagen, diese Situation einfach anzuerkennen und sich innerlich darauf einzulassen. Wenn wir dem zustimmen, dann werden wir automatisch etwas weicher und können uns innerlich wieder etwas öffnen. Dadurch kann die innere Stimme wieder an Raum gewinnen. Von Einschränkungen und destruktiven Mustern beeinflusst zu sein, gehört auch zu unserem Leben, und wir sollten nicht beginnen, uns in solchen Situationen abzuwerten. Der erste Schritt ist, diesen Zustand zu bejahen und zu sagen: Ich nehme mich und die Situation so an.

Der zweite wichtige Punkt ist: Meistens hat das Nichthören der inneren Stimme oder das Nichtfühlen des inneren Kompasses mit einem Wust an Vorstellungen und Gedanken zu tun, die im Augenblick in uns präsent sind. Meistens verbunden mit einem Gefühl des Getriebenseins, der Hektik. Wenn du es eilig hast, setze dich, haben wir schon gesagt. Wenn du merkst, du bist unter Druck, nimm dir Zeit für dich. Versuche in dem Moment, die Kultur der Stille für einige Augenblicke zu praktizieren.

Mach eine Pause, geh spazieren, setz dich in einen Park. Einfach innerlich zur Ruhe kommen. Die Beruhigung der Geisteswelt und der Gedankenwelt ist ein wichtiger Weg, um die innere Stimme wieder besser hören zu können. Nimm dir Zeit, auch wenn es nur fünf oder zehn Minuten sind. Einfach dich hinsetzen und in einer langsamen Art und Weise mit dir umgehen. Durch diese Entschleunigung kann das, was du im Inneren fühlst, besser wahrgenommen werden.

Nach der Bejahung des Zustandes, nach dem Innehalten, ist der nächste wichtige Punkt, den uns spirituelle Lehrer immer wieder empfehlen: alles, was sich auf die Vergangenheit bezieht oder auf die Zukunft, loszulassen und direkt in die Gegenwart zu kommen. Das heißt, Fragestellungen wie: »Warum hat sich das so ergeben?«, oder:

»Wohin möchte ich?«, sollten wir ruhen lassen und ganz in die Gegenwärtigkeit kommen. Denn in der Gegenwärtigkeit ist Öffnung und Transformation am ehesten möglich. Um in die Gegenwärtigkeit zu gelangen, hilft es uns, auch den Atem bewusst wahrzunehmen und uns innerlich auf das zu konzentrieren, was wir im Augenblick spüren. Bis hin zu dem, was wir sinnlich und körperlich wahrnehmen – alles, was den Augenblick betrifft. Und wenn du merkst, dass Fragen auftauchen oder irgendwelche Pläne für die Zukunft, lass sie los! Innehalten und in die Gegenwärtigkeit kommen hilft dir, dich wieder in die Tiefe zu bringen. Erlaube dir, diesen Zustand zu üben. Wenn du das Gefühl hast, abgeschnitten zu sein, kehre einfach in die Gegenwärtigkeit zurück.

Der vierte, wichtige Punkt neben der Bejahung deines Zustandes, neben dem Innehalten, neben der Gegenwärtigkeit ist, dir selbst gegenüber mitfühlend zu sein. Stell dir vor, wie du dein Herz öffnest und wie milde Energie in deinen Innenraum fließt. Du nimmst dich an, nimmst dich in den Arm und verhältst dich in diesem Augenblick dir gegenüber fürsorglich. Es ist außerordentlich wichtig, dass wir gerade in solchen Augenblicken, wo wir es mit uns schwer aushalten, wo wir uns in unserer eigenen Haut nicht wohlfühlen, wo wir am liebsten vor uns selbst davonlaufen würden, diese Praxis des Mitgefühls mit uns selbst üben und uns auf diese Praxis auch einlassen. Dann wird diese leise innere Stimme, von der wir noch nicht genau wissen, was sie mit uns vorhat, auch besser für uns hörbar und spürbar sein.

Das Anerkennen des Zustandes, das Innehalten, in die Gegenwärtigkeit kommen und die Selbstfürsorge und die Selbstliebe sind sehr wichtige Elemente, um diesen Zustand der inneren Führung so zu unterstützen.

Wenn wir dann aber auf die innere Stimme hören, merken wir manchmal, dass mehrere Stimmen in uns sind. So vielleicht eine resignative Stimme, eine Stimme des angepassten oder rebellischen inneren Kindes, eine elterliche Stimme, usw. Welche von den vielen Stimmen, die in uns sind, ist nun die eigentliche innere Stimme? Es ist gar nicht so einfach, das herauszufinden.

ÜBUNG

WELCHE DER STIMMEN IST DIE RICHTIGE?

Diese kleine Übung soll uns ermöglichen, die Stimme herauszufinden, die für uns in diesem Moment diejenige ist, die uns im Sinne von Heilung, Inspiration und Wachstum führt und unterstützt. Ich zeige immer eine Technik aus der Gestalttherapie, die wir durchaus praktizieren können, wenn es mehrere Stimmen in uns gibt und wir nicht genau wissen, welches die Stimme ist, die uns guttut.

Angenommen, wir haben drei Stimmen in uns. Wir stecken vielleicht in einer schwierigen Situation und wissen nicht, was wir tun sollen, wo der richtige Weg lang geht. Es ist wichtig, alle Stimmen wahrzunehmen – auch jene, die uns vielleicht etwas nach altem Muster einflüstern wollen, was vielleicht am Ende zu einem Umweg führt oder destruktiv wirkt. Auch diese Stimmen sollten wir achten und respektieren, weil sie einmal in unserem Leben wertvolle Dienste geleistet haben. Manches Muster war ja auch eine gute Überlebensstrategie, um durch die Schwierigkeiten des Lebens kommen zu können.

Wenn ich nun in einer Situation Hilfe oder Unterstützung haben möchte und mehrere Stimmen in mir habe, wobei jede etwas anderes sagt, dann bringe ich die Stimmen in einer Art systemischer Aufstellung zum Ausdruck.

Ich suche mir für jede Stimme einen Gegenstand, wie beispielsweise Stühle oder Kissen, und platziere sie im Raum. Danach gehe ich zu den verschiedenen Stellen und spüre, was von innen kommt, ohne es gleich zu bewerten. Dadurch kann ich herausfinden, welche Stimme die zurzeit richtige für mich ist.

Ich nehme z. B. für jede Stimme ein Kissen, lege es auf den Boden und sage: Du bist die Stimme Nummer eins, du die Nummer zwei und du die Stimme Nummer drei. Dabei ist es günstig, jeder Stimme eine bestimmte Überschrift zu geben.

Dann stehe ich auf und gehe zu der ersten Stimme. Jetzt mache ich nichts anderes, als diese Stimme aus mir heraus sprechen zu lassen und wahrzunehmen, wie ich mich dabei fühle, wie ich mich körperlich spüre und was ich in mir empfinde.

Dann gehe ich zur zweiten Stimme und versuche das Gleiche zu tun. Wichtig ist dabei, dass ich vor allem auf einer tiefen körperlichen und gefühlsmäßigen Ebene spüre, wie es mir mit dieser Stimme geht. Also: Was macht diese Stimme mit mir? Wie fühlt es sich im Bauch, im Herzen, im Kopf an?

Dann mache ich das Gleiche auch mit der dritten Stimme. Auch hier versuche ich wieder wahrzunehmen: Wie fühle ich mich, wenn ich mit dieser Stimme in Kontakt bin?

Am Ende spürst du noch einmal hin: An welcher Stelle, bei welcher Stimme habe ich mich etwas friedlicher gefühlt, habe ich mich etwas weicher gefühlt, habe ich mich entspannter gefühlt, habe ich mich innerlich offener gefühlt und liebevoller? Wenn du dann merkst, von diesen drei Stimmen gibt es eine, bei der dieser Zustand etwas stärker war – innerlich offener, entspannter, liebevoller mit mir – dann kannst du davon ausgehen, dass diese Stimme wahrscheinlich im Augenblick am ehesten für deine innere Entwicklung und auch für einen guten Bewusstseinsprozess steht. Dabei ist aber wichtig, dass du die anderen beiden Stimmen nicht abspaltest oder verdrängst, sondern achtest.

So mache ich das in einer Entscheidungssituation, dass ich noch einmal zu dieser Stimme gehe, die für mich in dem Moment die ist, bei der ich mich am ehesten wohlgefühlt, entspannt und weich gefühlt habe. Ich bedanke mich bei den beiden anderen Stimmen, die vielleicht aus alten Mustern kommen und sage: Ich weiß, du hast mich damals da oder dort unterstützt und geführt. Vielleicht verneige ich mich vor diesen Stimmen, sodass ich sie nicht abspalte oder einfach wegtue, sondern auch deren Kraft und Qualität anerkenne.

Ich mache ähnliche Übungen auch mit schizophrenen Patienten, wenn ein inneres Stimmengewirr da ist, sich jemand ganz schwer tut, herauszufinden: Was gehört wirklich im Innersten zu mir, und was sind Vorstellungen, Fantasien, was sind laut gewordene Gedanken?

Und auch hier streue ich immer wieder eine kleine Übung ein und sage: Nimm diese drei, vier Stimmen, die in dir da sind, und nimm wahr, wie du dich fühlst, wenn du bei der einen, der anderen und der dritten und vierten Stimme bist. Und dann gibt es manchmal einen Moment, wo ein Patient sagt: Da fühle ich mich am wohlsten. Dort ist der Ort, wo ich mich rund fühle, wo ich mich ganz fühle, wo ich besser mit mir in Kontakt bin. Und dann ist es immer wieder wichtig, dass wir die anderen nicht abwerten, sondern anerkennen, bejahen und trotzdem uns dann auf diese beziehen, die uns das Gefühl der inneren Freiheit und der inneren Offenheit verheißt.

Wir werden sehen, wenn wir diesen Weg gehen, dass wir in jeder Situation oder bei jeder Gelegenheit immer wieder das für uns entdecken, was als nächster Schritt wichtig ist.

In schwierigen Situationen ist das sicher nicht einfach, weil wir da manchmal in eine innere Regression kommen und erst einmal Zeit brauchen, bis wir uns wieder auf unsere Kräfte und unsere Möglichkeiten besinnen können. Aber diese eine Übung kann uns helfen, immer wieder dem Weg zu folgen, begleitet von der Inneren Weisheit, der inneren Stimme. Wir können sie als etwas sehen, das unsere Entwicklung unterstützt, unser Ganzsein fördert, uns auf einer tieferen Ebene uns selbst spüren lässt und uns im Umgang mit uns selbst und anderen offener, mitfühlender und achtsamer sein lässt.

DIE EIGENE ERFAHRUNG ZÄHLT

Inwieweit ist es möglich, das größere Ganze oder All-Eine in uns zu erspüren und wahrzunehmen? Wenn wir uns auf dieses Thema einlassen, dann sei vorausgesetzt, dass es dabei nicht um religiöse Dogmen geht, sondern ausschließlich um persönliche Erfahrungen. Sie sind für uns das Wichtigste und auch die Autorität, auf die wir uns beziehen.

Mystiker der verschiedenen Religionen waren ja auch deshalb oft nicht so sehr beliebt, weil sie immer auf die eigene Erfahrung geschaut und diese als die höchste Autorität angesehen haben, und weniger äußere Dogmen und starre Lehrsätze. Das hat sogar in den unterschiedlichen spirituellen Gemeinschaften immer wieder zu Krisen geführt, sobald sich Ideologien gebildet haben.

Wir können immer wieder folgende Struktur beobachten: Wenn persönliche Erfahrung verstanden und beschrieben wird, entwickeln sich daraus Konzepte und im nächsten Schritt feste Weltbilder, die sich dann mit der Zeit zu Ideologien verfestigen. Deshalb ist immer der wichtigste Weg im Umgang mit dem, was wir vielleicht das Göttliche oder das größere Ganze nennen: den Blick nach innen wenden, still werden, die Gedankenwelt beruhigen, um durchlässiger und offener für die Erfahrung zu werden. Wir müssen zurückkehren zur ganz konkreten Erfahrung.

DIE ANDERE DIMENSION

Bei Meister Eckhart können wir lesen: »In dem Augenblick, in dem der menschliche Geist bereit ist, geht Gott in ihn ein, ohne Verzögerung und ohne Zögern. Du musst ihn nicht eigens suchen, weder dort noch hier. Er ist ja nicht weiter weg als vor der Tür des Herzens.«[13]

Spiritualität, so wie wir sie verstehen, hat nichts mit Dogmen, sondern mit Erfahrung, Anschauung und Fühlen zu tun. Jeden Moment unseres Lebens können wir den Geschmack des Ganzen wahrnehmen, manchmal überraschend, manchmal vielleicht auch durch unsere Übungen unterstützt, und manchmal auch in Momenten, wo wir weder ein noch aus wissen.

Gerade in Engpässen haben Menschen oft solche Art von Öffnungserlebnissen, weil alles, was wir besitzen, alles, was wir haben, in dem Moment, wo wir in einer schweren Krankheit oder tiefen Krise stecken, nicht mehr so viel zählt. Wir sind dann oft mehr oder weniger bereit, ein Stückchen loszulassen. Das ist eine wunderbare Voraussetzung für den Kontakt mit dem, was als größeres Ganzes oder als das Unendliche bezeichnet wird. Spiritualität in dem Sinne meint nichts anderes, als dass wir den Bezug zu dieser Dimension der Unendlichkeit aufnehmen und versuchen, uns darauf einzulassen. Auf eine Unendlichkeit, in der wir uns vielleicht, wenn wir aus einer anderen Perspektive hinblicken, verloren fühlen könnten.

Doch Spiritualität hat damit zu tun, in dieser unbeschreiblichen Weite, die das größere Ganze für uns darstellt, einen Weg zu gehen, auf dem wir uns darin nicht verlieren, sondern aufgehoben und geborgen fühlen. Auch wenn wir es nicht erfassen können und mit unserem Geist nicht verstehen können. Denn Spiritualität will Vertrauen in diese für uns nicht fassbare Dimension des Lebens herstellen, ja, unterstellen.

Vertrauen zu unterstellen bedeutet: Ich gehe einmal davon aus, auch wenn es mir nicht in jedem Moment zugänglich ist, dass ich mich darin auch beheimaten und in einem größeren Sinnzusammenhang verstehen kann. Jede spirituelle Praxis, jedes Auftun unsererseits mag vielleicht nicht dazu führen, dass wir das alles verstehen, aber es mag dazu führen, dass wir fühlen, an einem Ort, dem wir uns anvertrauen können, anzukommen. Das gibt uns auch Sicherheit und eine gewisse Art von Stabilität und Geborgenheit.

Margot Käßmann, die frühere Vorsitzende des Rates der Evangelischen Kirchen Deutschlands, hat nach dem Selbstmord eines deutschen Fußballspielers in einer sehr bewegenden Rede zum Ausdruck gebracht, dass es um das Vertrauen geht, dass wir nicht tiefer fallen können als – in ihren Worten – in die Hände Gottes. Und dieses Vertrauen ist der Punkt, an dem wir hier arbeiten. Vertrauen zu dem Unbeschreiblichen.

Die Kritik am Religiösen ist wichtig, weil das Religiöse manchmal funktionalisiert wird für Machtstreben, Missbrauch und Übergriffe. Das Vertrauen, von dem hier die Rede ist, wird nicht verantwortungsvoll und respektvoll angenommen, sondern für die eigenen Belange ausgenützt. Der Philosoph Peter Sloterdijk spricht auch von der Fetischisierung der Religion.

Ein zweiter Punkt, der oft damit verknüpft ist und den wir nicht unterschätzen sollten: Spiritualität fördert unser Wohlergehen, fördert auch unsere Lebendigkeit und unser Einlassen in den Fluss des Lebens. Doch wir dürfen Spiritualität dabei nicht als »Sponsor« missbrauchen und glauben, dadurch besser unsere Ziele zu erreichen. Heute wird ja in empirischen Untersuchungen auch die Wirkung und der Nutzen der Meditation untersucht, ein sehr wichtiges Bestreben.

Manchmal schießt man aber dabei über das Ziel hinaus, weil die spirituellen Techniken und Praktiken aus dem Kontext herausgelöst werden und man versucht, das religiöse Moment zielgerichtet einzusetzen. Und da kann es sein, dass eine Grenze überschritten und alles zu sehr funktionalisiert wird. Wir dürfen Spirituelles nie ohne den Gesamtkontext, in den es eingebettet ist, sehen. Es geht letztlich um den inneren Bezug zu einer Dimension oder Größe, die wir gewöhnlich nicht zu erfassen vermögen. Es gibt mehr, als wir sind; wir sind mehr als Persönlichkeit, Lebensgeschichte oder ein Ensemble aus Rollen.

Und um mit diesem Mehr in Kontakt zu treten, praktizieren wir die Übungen, die Meditation und auch das Holotrope Atmen. Wir meditieren und lassen los. Wir atmen und gehen hinein. Wir probieren alles und geben auch nicht auf. Auch wenn alte Probleme wiederkehren und wir dem Gefühl nach oft wieder ganz am Anfang stehen.

Wenn wir auf den obigen Satz von Meister Eckhart hören, verlieren wir diesen Kontakt nicht, wir schauen nur häufig weg davon. Oft stehen wir einfach nur unter dem Bann einer Situation. Und da sollten wir uns daran erinnern, dass es auch diese anderen Momente gibt. Wir wollen die schwierigen Momente nicht mit den schönen Momenten ersetzen, das wäre Verdrängung oder Idealisierung oder Harmonisierung. Wir wollen diese aber auch nicht vergessen. Wir wollen uns sagen: auch wenn ich mich morgen oder sonst wann in einem Engpass fühle, dann gab es vor diesem Engpass eine Zeit und es wird eine Zeit danach geben.

Wir beginnen die Probleme, die wir haben, Schritt für Schritt auch durch unser Einlassen auf diese größere Dimension, angesichts der Größe der Dimension etwas zu relativieren. Das heißt nicht, dass wir sie nicht ernst nehmen; wir sollen sie würdigen, achten, darauf eingehen, alles ausdrücken, was damit verbunden ist, und diese Engpässe auch durchleben. Wir relativieren sie aber, weil wir durch die Sicherheit des Bezugs auf das größere Ganze diese Engstelle oder diesen Engpass nicht mehr als so absolut betrachten. Deshalb können wir, ausgestattet mit den Kräften, die wir durch den Bezug zum größeren Ganzen haben, besser dort hindurch gehen.

Das hat aber auch den Sinn, uns selbst in unserer Größe zu relativieren, unser Ego zu transformieren. Wir wissen ja, wie schnell sich das Ego aufblähen kann, auch im Zusammenhang mit spirituellen Erfahrungen. Wir kommen uns dann als etwas Besonderes vor und erkennen nicht mehr, dass dieses größere Ganze in allen anderen genauso beheimatet ist. Im Englischen gibt es ein schönes Sprichwort, um dies zu illustrieren: *a big fish in a small pond,* also ein großer Fisch in einem kleinen Teich. Wir nehmen diese Größe nur in unserem eigenen Horizont wahr und können nicht mehr die Relativität dazu erkennen.

Deshalb ist immer auch Egotransformation im Hinblick auf spirituelle Erfahrungen wichtig, Demut angesichts dessen, was uns bewegt und berührt. Sie ist ein außerordentlich wichtiger Punkt in unserer spirituellen Entwicklung und Übung. Wir gehen Schritt für Schritt und ausdauernd weiter und lassen uns nicht beirren durch zwischenzeitliche Missstimmungen. Immer wieder stellen wir die Brücke zu diesem größeren Ganzen her, indem wir innehalten und unsere Übungen machen. Fragen wie: Wohin zieht es mein Herz? Kommt durch mein Denken und Handeln mehr Liebe ins Leben? An welchen Stellen meines Lebens gibt es noch etwas in Ordnung zu bringen? – Sie alle sind wichtig. Wir brauchen nicht davon auszugehen, dass wir als Menschen dieser Verletzlichkeit und Versehrtheit jemals entweichen können. Wir werden immer wieder in unserem Leben vor Probleme gestellt, das bleibt nicht aus. Wir werden immer unsere Probleme haben.

Wir können durch unsere spirituelle Verwirklichung nicht vor unseren Problemen davonlaufen, sondern lediglich akzeptieren und anerkennen, dass wir menschlich sind, sterblich, nicht von Krankheit und Problemen verschont. Letztendlich können wir nur durch die Dimension des größeren Ganzen eine andere Atmosphäre, eine andere innere Bezogenheit, eine andere Ressource zur Verfügung haben, um mit dem, was uns an Schicksal oder Problemen berührt oder uns begegnet, auch in anderer Weise umgehen zu können. Das ist das, was wir tun können. Und das ist das, was uns durch unsere Arbeit möglich erscheint: einen anderen Zugang zu finden und einen anderen Bezug zu haben. Den Bezug zum Unendlichen, den wir nicht erfassen, aber dem wir uns anvertrauen können.

Wir können es nicht begreifen, aber wir können uns anvertrauen. Das widerspricht sich nicht.

Spiritualität, in diesem Sinn verstanden, braucht keine ganz besondere Religionsform. Sie ist frei von Dogmen, bezieht sich auf das Fühlen und Anschauen, bezieht sich auf die persönliche Erfahrung und nicht auf Lehrsätze. Lehrsätze können uns helfen, Übungen durchzuführen. Aber worauf es ankommt, ist, dass wir uns innerlich auf die persönliche Erfahrung einlassen. Ganz egal, in welcher Richtung wir uns zu Hause fühlen und welche Schritte wir auf unserem spirituellen Weg machen.

UNSER SCHICKSAL BEJAHEN UND UNSERE LEBENSAUFGABE FINDEN

DIE SUCHE NACH DEM FUNKEN

Gottfried Wilhelm Leibniz, einer der wichtigsten Vordenker der Aufklärung, und C. G. Jung sprechen davon, dass uns ein Funken des Kosmos oder des Göttlichen innewohnt. Martin Buber bezieht sich in seinen chassidischen Schriften auf einen Schöpfungsmythos, der ausführt, wie sich dieser Funke überall in der Welt tief in das Innerste von allem und allen versenkt hat.[14]

Er beschreibt, dass man glaubte, das Licht Gottes sei in Schalen und Gefäßen aufgehoben worden, bevor der Kosmos und die Welt geschaffen wurden. Die Energie und die Kraft dieses Lichtes Gottes waren so stark, dass diese Schalen und Gefäße zerbarsten und die Splitter dieser Gefäße und Schalen sich überall verteilten. An jedem dieser Splitter war ein kleiner Funke von diesem Licht Gottes angeheftet. Und diese Funken haben sich tief in allem verborgen und sind tief in alles hineingesunken, sodass wir diese Funken überall finden können: ob in anderen Menschen, in der Schöpfung oder auch in unseren Tätigkeiten. Überall gibt es so etwas im Grunde der

Existenz: ein Licht, das alles durchstrahlt. Und unsere Aufgabe ist es, dieses Licht zu bergen oder uns auf die Suche nach diesem Licht zu machen.

Meiner Ansicht nach ist das ein sehr schöner Mythos, der wunderbar beschreibt, was auch unseren Weg darstellt. Wir sind auf der Suche nach diesem Funken. Und dafür brauchen wir eine bestimmte Ausrichtung oder Haltung, um ihn besser erkennen und finden zu können.

Viele spirituelle Lehrer gehen davon aus, dass die Gegenwärtigkeit eine Eingangstür ist. Eine Eingangstür zu diesem tiefer liegenden Licht, diesem tiefer liegenden Funken oder zu dem größeren Ganzen. Weshalb die Gegenwärtigkeit? In der Regel ist es so, dass wir alles durch die Schemata unserer schon gelebten Erfahrungen wahrnehmen, aber auch durch die Befürchtungen, Ängste oder Erwartungen an die Zukunft. Manchmal ist unser Blick verstellt, wenn wir etwas auf uns wirken lassen. Wir gehen vielleicht achtlos an bestimmten Dingen vorbei, obwohl sie für uns, wenn wir genauer hinschauen, wenn wir uns in der rechten Weise einstellen, vielleicht wertvolle Inhalte in sich bergen. Deshalb ist das Zurückkommen in die Gegenwärtigkeit in vielen spirituellen Richtungen so außerordentlich wichtig. Sie ist auch ein Hauptaspekt bei dem Konzept der Achtsamkeit. Dieses Konzept ist mittlerweile in aller Munde. Im ganzen Psychotherapiefeld taucht es auf.

Das Konzept der Achtsamkeit hat vor allem Jon Kabat-Zinn[15] entwickelt, der seinen Seminarteilnehmern eine Übung angeboten hat, mit deren Hilfe sie dieses in guter Weise praktizieren konnten. Er hat allen eine schrumpelige Rosine gegeben, an der wir normalerweise achtlos vorbeigehen würden. Er hat die Leute gebeten, sich vollkommen auf diese Rosine zu konzentrieren, um sie ganz in sich aufzunehmen. Er fragte: Wenn ihr eure Sinne öffnet, wenn ihr eine gute Beziehung zu dieser Rosine aufbaut, ihr sie innerlich ohne Bewertungen wahrnehmt, was wird euch dann gegenwärtig?

Als die Leute dann über ihre Erfahrungen gesprochen haben, tauchten plötzlich viele Dinge im Erleben dieser Erfahrung auf, die man niemals vermutet hätte bei einer kleinen schrumpeligen Rosine. Das ist ein schönes Beispiel dafür, dass wir manchmal an alltäglichen Situationen achtlos vorübergehen.

Dabei würde es sich lohnen, dass wir dem offen begegnen, nicht aus der Vergangenheit heraus oder an zukünftigen Erwartungen orientiert, sondern rein auf die Gegenwart bezogen. Sich Zeit zu lassen, innezuhalten, vielleicht nicht gleich zu reagieren, obwohl es uns zu schnellen automatischen Reaktionen drängt, nicht zu sagen: »Diese Rosine stört mich, ich werfe sie gleich weg«, sondern erst einmal ein wenig zu warten.

Wenn wir uns ein bisschen Zeit lassen und hinspüren, unser Fenster der Gegenwärtigkeit öffnen, dann werden wir merken, dass wir mancherlei bezaubernde Dinge normalerweise außer Acht lassen. Weil wir gar nicht in dieser inneren Einstellung sind, sie wirklich offen und mit dieser inneren Hingabe auch wahrzunehmen.

Achtsamkeit meint auch, das wirklich zu tun, was ich tue. Wenn ich beispielsweise jemandem begegne, heißt das, meine volle Aufmerksamkeit auf ihn zu richten, sodass wir wirklich ganz in den Kontakt gehen. Es ist immer wichtig, das wahrzunehmen, mich auf das zu konzentrieren, mich auf das einzulassen, was mir im Moment gegenwärtig wird. Immer wieder ausprobieren und üben.

Wir machen das auch bei unseren Atemerfahrungen, wenn wir sie nachbesprechen, wenn wir sagen, wir erinnern uns nicht, was gestern geschehen ist, sondern wir schauen auf die Atemerfahrung, so wie sie sich jetzt und heute für mich darstellt. Dann werden wir bemerken, dass ein und derselbe Gegenstand uns zu verschiedenen Zeiten Neues offenbart, uns neue Geheimnisse eröffnet. Also schaut hin, was sich in diesem Augenblick ereignet. Das ist außerordentlich wichtig, um diesen innewohnenden Funken aufzuspüren. Also die Gegenwärtigkeit und die Achtsamkeit sind wichtige Eingangstüren dorthin. Spiritualität, Religiosität, Mystik, Menschliches und Weltprofanes sind nicht voneinander zu trennen. Weil der Funken sich ja überall eingelassen hat. Wenn Spiritualität überhöht und nur von Glaubensdogmen heraus betrachtet wird, dann werden wir dieses innewohnende Licht nicht aufspüren können. Deshalb konzentrieren wir uns auf das, was ist.

Das, was geschieht, können wir in seinem Wesen grundsätzlich nicht verändern. Es geht zunächst darum, es anzuerkennen und Ja dazu zu sagen. Wenn wir es abwehren oder gleich bekämpfen, werden wir nicht herausfinden, was diese Situation uns sagen möchte. Es ist auch ein wichtiger Punkt, die Dinge nicht anders haben zu wollen, als sie sind, sondern ihnen zuzustimmen, so wie sie sind.

Das bedeutet nicht – und das darf nicht missverstanden werden –, dass ich alles für richtig halte. Wir können mit dem, was uns begegnet, auch streiten, in Konflikt kommen, es auch austragen, aber ich komme nicht umhin, zunächst einmal anzuerkennen, dass es so ist, wie es ist.

Auch das ist in dem Konzept der Achtsamkeit ein wichtiger Punkt. Und dann vor allem auch: sich Zeit zu lassen, sich selbst und auch Lösungen und Entwicklungen reifen zu lassen. Manches geht einfach nicht schnell und wir müssen dem Zeit geben, und deshalb ist das Innehalten, immer wieder in uns selbst Nachspüren, so etwas Wichtiges.

Graf Dürckheim hat den Begriff des Spürbewusstseins eingeführt[16] – für mich ein schöner Begriff, weil er gleichzeitig das Etwas-bewusst-Machen und das Spüren in Zusammenhang sieht. Wenn wir in unseren Körper hineinspüren und uns bewusst machen, was wir mit unseren Sinnen im Augenblick wahrnehmen, dann können wir leichter das erkennen, was hinter dem Feld der gewöhnlichen Gedanken liegt. Also lernen wir, gegenwärtig zu werden und loszulassen, um dem Neuen begegnen zu können.

EINEN ZWEITEN BLICK WAGEN

Das ist der letzte Aspekt, der für die Achtsamkeit und als wichtige Eingangstür für diesen Funken oder das größere Ganze von Bedeutung ist. Dass wir immer wieder in der Lage sind, die ersten Reaktionen, den ersten Blick, den wir auf etwas haben, loszulassen, um im zweiten Blick etwas tiefer zu gelangen. Wir gehen ja oft davon aus, dass die erste Reaktion die beste aller möglichen Reaktionen ist. Aber manchmal oder in vielen Fällen sogar ist die erste Reaktion diejenige, die aus unseren kompensatorischen oder neurotischen Bedürfnissen heraus entsteht.

Dieses automatische Reagieren nutzt uns im Alltag als Fähigkeit, schnell bestimmte Situationen zu bewerten bzw. zu wissen, was richtig oder falsch ist, um augenblicklich reagieren zu können. Das hilft uns da und dort, aber viele Reaktionen sind aus dem Stoff früherer Erfahrungen gestrickt, orientieren sich an der Partitur unseres bisherigen Lebens oder dem Profil an Belastungen, durch die wir geprägt wurden, sind also vergangenheitszentriert. Erst wenn wir einen Schritt zurückzutreten und etwas innehalten, können wir einen zweiten Blick auf die Situation wagen. Dieser zweite Blick ist meistens etwas tiefer, er lässt uns besser erspüren und ergründen, was dahinterliegt.

Der zweite Blick ist meistens ein Lichtblick im wahrsten Sinne des Wortes. Oder der Blick, durch den wir leichter auch den Funken herausfinden und spüren können. Deshalb ist unsere gemeinsame Arbeit immer auch eine Schulung unseres Geistes, wir lernen, nicht sofort aus Gewohnheiten und alten Mustern heraus zu reagieren, sondern den Geist in guter Weise so zu disziplinieren, dass wir Freiräume schaffen, dass wir die Vorhänge zur Seite schieben können, den Schleier etwas lüften und tiefer von dem wahrnehmen, was in uns ist und was uns begegnet.

Auch die Psychotherapie will ja am Ende nichts anderes. Sie will den Blick weiten, den Spürsinn verfeinern und Zugang schaffen zu den echten Bedürfnissen, um sich von den kompensatorischen oder neurotischen Bedürfnissen allmählich zu lösen und mehr Freiheit und Autonomie zu gewinnen. Dann stehe ich nicht mehr so sehr unter dem Einfluss dieser alten Muster. Hier sind sicher Spiritualität und Psychotherapie sehr gute Partner; Psychotherapie dort, wo es um emotionale Fixierungen geht, und Spiritualität da, wo es grundlegend darum geht, unseren Geist zu beruhigen und hier Freiräume zu schaffen, um das größere Ganze oder das Feld, das hinter den Konzepten und Mustern liegt, überhaupt erst wahrnehmen zu können. Deshalb wird sich am Ende die Übungspraxis lohnen.

Spiritualität ohne praktische Übung, ohne Ausdauer kann nicht wirklich fruchtbar werden. Wir sollten uns damit anfreunden, dass Meditation, Bewusstseinsarbeit, die Suche nach diesem Funken, die Beruhigung des Geistes, dass das auch Arbeit bedeutet und uns nicht einfach gegeben ist. Wir müssen unseren automatisierten inneren Bedürfnislagen und auch Gedankenfeldern etwas entgegenstellen – und zwar Ruhe, Stille, Öffnung und die Konzentration auf das, was uns begegnet. Das braucht unsere aufmerksame Bemühung, unsere konzentrierte Aktivität und unsere Ausdauer.

Wenn wir bereit sind, das zu investieren, nicht in einer selbstdestruktiven Disziplin, wo wir etwas gegen unsere Stimmigkeit unbedingt durchsetzen wollen, sondern als eine Disziplin, die eher auf eine sanfte Art in die Fokussierung geht, dann wird es auch wirklich Früchte tragen.

WAS IST UNSER SCHICKSAL?

Das, was wir in einem freieren Sinne unter Schicksal verstehen, lässt sich nicht ganz mit unserem persönlichen herkömmlichen Verständnis davon vergleichen, da es unser alltägliches Fassungsvermögen überschreitet. An der Schnittstelle zwischen Personalem, Transpersonalem und Spirituellem können wir manche Dinge vielleicht besser verstehen und einordnen, wenn wir diesen größeren Bezug in der Sicht auf Lebensverläufe und Lebensereignisse mit anwenden. Ich glaube, dass jeder von uns Ereignisse oder Erfahrungen kennt, bei denen man das Gefühl oder den Eindruck hat, man könne es besser verstehen oder annehmen, wenn man diese größere Perspektive mit einbezieht.

Manchmal, wenn wir Lebensabläufe rückblickend betrachten, wird uns das eine oder andere klar, weshalb etwas sich so und nicht anders ereignet hat. Natürlich ist es nicht ganz einfach, wenn wir in eine unerwartete schwierige Situation hineingeraten, möglicherweise einen schwerwiegenden Lebenseinschnitt zu bewältigen haben, der uns all unsere Kraft kostet. In diesem Moment ist es nicht ganz so leicht herauszuspüren, was das für uns bedeuten könnte, und den Blick von der Zentrierung auf das damit verbundene Leiden wegzunehmen – und uns dafür zu öffnen, was im Grund daran mitwirkt, dass wir in diese Situation gestellt sind. Ich halte nichts davon, alles als Karma, als Schicksal zu betrachten, in dem die Beteiligung unserer Person sozusagen hinweggefegt wird und wir nur noch den Dingen ausgeliefert sind, fatalistisch, schicksalsergeben der Dinge zu harren haben.

Für mich ist das Schicksal erstens mit einem größeren Sinnzusammenhang verbunden: Wenn wir tiefer blicken, können wir vielleicht mehr von dem entdecken, was es für unser gesamtes Leben oder einen Lebensabschnitt für eine Bedeutung haben könnte.

Und zweitens ist Schicksal nicht unbedingt mit einer eindeutigen Wertung verknüpft. Genau das tun wir in der Regel aber. Wenn wir von Schicksalsschlag sprechen oder davon, dass das Schicksal in das Leben eingegriffen hat, dann gehen wir meistens davon aus, dass es etwas ist, das uns behindert, uns Leid bringt und uns möglicherweise schädigen könnte. Und ich glaube, es hat sich so eingebürgert, dass wir diese negative Sicht automatisch damit verknüpfen. Es ist wichtig, sich davon zu befreien.

Wir sollten einfach auch mit einbeziehen, dass wir in unserem individuellen Leben – wenn wir es nur beschränken auf unseren überschaubaren biografischen Entwurf –, natürlich das eine oder andere nicht verstehen können oder als Zufall betrachten. Wichtig ist deshalb das, was wir hier immer wieder praktizieren: Wir versuchen, unsere Person im Kontext des größeren Ganzen zu begreifen, auch wenn wir das größere Ganze kraft seiner Definition, dass es uns übersteigt, dass es unser Fassungsvermögen sprengt, natürlich nicht hinreichend werden deuten können. Aber wir können den Bezug dazu herstellen.

Spiritualität meint nichts anderes, als von einer übergeordneten Wirklichkeit auszugehen und dass wir in der Lage sind, durch Übungen, durch bestimmte Haltungen und Einstellungen mit dieser größeren Wirklichkeit auch in Beziehung zu treten.

Damit dies gelingt, empfehlen die spirituellen Richtungen, die Gedankenwelt zu beruhigen, still zu werden, innezuhalten, sich Zeit zu lassen, sich selbst erst einmal anzuerkennen und zu achten, so wie man ist, Mitgefühl sich selbst gegenüber zu üben, die Konzepte, die in uns da sind, vertrauensvoll zur Seite zu legen, unseren Geist zu öffnen und uns dann auf das einzulassen, was uns begegnet. Dann können wir möglicherweise besser herausfinden, welchen Sinn ein Ereignis in unserem Lebenszusammenhang hat.

Ich erinnere mich noch gut an meine eigene Kindheit: Ich bin in einer sehr einfachen Familie aufgewachsen, da gab es kaum Lesestoff, sondern Boulevardzeitungen und Heftromane, Jerry Cotton. Ich habe das auch mitgelesen, als 8-Jähriger, hatte aber immer das Bedürfnis, mehr zu erfahren. Ich musste eine Stunde zu Fuß gehen, um in die Ortsbibliothek zu kommen, um da irgendwas ausleihen zu können. Ich habe immer sehr mit dieser Situation gehadert und hatte immer Klassenkameraden vor Augen, die in eine Familie hineingeboren worden waren, in denen es große Bibliotheken gab. Ich war einmal in einer solchen Familie eingeladen und mich hat schier die Sehnsucht zerfressen. Ich habe später verstanden, dass aber genau dies sowie auch andere Umstände meines Lebens wichtig waren. Es hat mich angetrieben.

Und das andere: Ich habe schon als 8- bis 10-Jähriger bei Leuten gesessen, die Außenseiter der Gesellschaft waren: Alkoholiker, Heroinsüchtige oder andere, die von allen abgelehnt wurden. Ich habe mich dafür interessiert, weshalb die Menschen so sind, wie sie sind. Das hat mich angezogen.

Und ich habe später sehr gut verstanden, als ich mich auf einen Selbsterforschungsprozess eingelassen habe, dass eigentlich beide Situationen mir förderlich waren. Die zweite hatte damit zu tun, dass es auch in unserer Familie ziemlich viele Spannungen und Schwierigkeiten gab, und ich dem auf die Spur kommen wollte. So habe ich mich erst einmal außerhalb der Familie begeben, um zu erkunden, was innerhalb der Familie los war.

Und später habe ich sehr wohl verstanden, dass meine heutige berufliche Situation oder das, was mein Leben mit geprägt hat, auch aus diesen Defiziterlebnissen heraus gefördert worden ist. Natürlich habe ich aus diesen Situationen heraus auch einige neurotische Blockierungen und Muster entwickelt, die mir das Leben schwer gemacht haben, und die mich nicht verstehen, sondern eher leiden haben lassen.

EINE HYPOTHEK IN KAPITAL VERWANDELN

Einschneidende Ereignisse können immer zweierlei bewirken: Sie fördern uns, sie bringen uns in unserem Leben weiter, aber gleichzeitig können sich daraus auch Muster und Strukturen bilden, die uns vielleicht von unserer Entfaltung sogar abhalten.

Wenn ich mich zurückerinnere, bewirkten die genannten Lebenserfahrungen sehr viel Unruhe und Unsicherheit in mir, und ich entwickelte auch Komplexe, die ich nur schwer öffnen oder verarbeiten konnte. Und das macht das Ganze ein bisschen unberechenbar. Geht es jetzt in eine Richtung, in der Selbstzerstörung und Selbstzerstreuung im Vordergrund stehen, oder geht es in eine förderliche Richtung? Indem wir uns aber innerlich damit auseinandersetzen, wird das, was uns als Hypothek zuteil geworden ist, verwandelt werden können in Kapital, verwandelt werden können in eine Ressource.

Aber es geht nicht ohne unser eigenes Zutun. Wir haben uns damit auseinanderzusetzen. Wir haben herauszuspüren: Was hat das Leben mit uns vor? Welche Bedeutung haben die Spannungen,

Blockierungen und inneren Komplexe, woran habe ich zu arbeiten? Und ich glaube, wenn wir das tun und gleichzeitig in eine Haltung gehen, in der wir alte Vorstellungen loslassen können, in der wir Mitgefühl üben können mit uns selbst, in der wir durchlässig sind für uns selbst, dann können plötzlich diese unterschiedlichen Bausteine des Lebens zusammenwachsen und etwas bilden, das unserem Leben eine sinnvolle und wichtige Form gibt.

Und wir haben in diesem Moment auch immer wieder die Wahl. Die Diskussion über die Willensfreiheit mag schon eine gewisse Berechtigung haben, aber jeder von uns weiß, dass wir in Momenten, wo wir Entscheidungen treffen, manchmal in unserem Inneren genau spüren, etwas wäre richtig, und wir tun es trotzdem nicht, weil ein automatisiertes Handeln oder ein Muster auftaucht, das uns in eine andere Struktur hineinzwingt. Wir wissen genau, wir könnten diese Lücke spüren, könnten sie öffnen, könnten sie erweitern, um zu dem zu finden, was wirklich weiterbringt. Unsere innere Bereitschaft, unsere Öffnung für den Weg der Bewusstwerdung ist die absolute Voraussetzung dafür, dass sich die Dinge wandeln können und dass die Innere Weisheit in uns wirkt.

Natürlich kann man sich bei großen Schwierigkeiten betäuben, ablenken, wegschauen und die Dinge nicht an uns heranlassen. Dann verfestigt sich das und wir bauen die nächste Schutzschicht auf. Um mit dieser inneren Mauer leben zu können, brauchen wir vielleicht Mittel, zum Beispiel Alkohol oder Drogen.

Erfahrungsgemäß bricht irgendwann auch dieses System zusammen und es bieten sich vielleicht neue Chancen, uns mit uns selbst auseinanderzusetzen.

Wir sind immer persönlich an unserem Schicksal beteiligt durch unseren Willen, durch unsere Intention, durch unsere Bereitschaft, uns auf den Prozess einzulassen.

So gesehen ist Schicksal – Kismet, Fata oder Karma, wir können verschiedene Begriffe dafür verwenden – immer ein Zusammenwirken unserer Person, unserer eigenen Möglichkeiten, mit dem, was auch durch das größere Ganze sich in uns manifestiert und zum Ausdruck bringen möchte.

Natürlich glaube ich, dass es Potenziale gibt, die in einer bestimmten Person von Beginn an vorhanden sind und die nach einer gewissen Verwirklichung und Erfüllung drängen. Aber es ist nicht gesagt, ob es dazu auch wirklich kommt. Es braucht immer auch unseren Willen dazu. Mein Buch *Dimensionen der menschlichen Seele* habe ich in einer Vision, zehn Jahre, bevor ich damit angefangen habe, bereits gesehen. Und ich wusste, dass ich etwas tue, was für mich schon entschieden war. Aber trotzdem glaube ich nicht, dass es sich von selbst ereignet hätte, sondern dass das Eigene mit dazu treten musste, damit das, was sich innerlich befördern wollte, auch wirklich zum Ausdruck kam. So wird immer beides sein: Wir werden als Person und das größere Ganze wird als die Innere Weisheit in uns so wirken, dass wir am Ende nicht mehr von unabhängigen Instanzen sprechen, sondern von einem sich zusammenfügendem Ganzen.

Wir können immer wieder innerlich auf diesem Weg durch unser eigenes Bemühen einen guten Beitrag leisten. Gurumayi sagt nicht zu Unrecht: »Gnade wird dir dann zuteil, wenn du dich darum bemühst. Ohne dein eigenes Bemühen, ohne dein Zutun wird sich die Gnade und die Wirksamkeit des Göttlichen in dir nicht wirklich hervorbringen lassen.« Deshalb lasst uns immer daran arbeiten.

Es geht um nichts anderes, als dass unsere Person im Zusammenhang mit dem größeren Ganzen eine gute Einbettung findet und dass wir dem übergeordneten Willen eine Chance bieten, sich zu verwirklichen.

Deshalb bitte ich euch, wenn ihr von Schicksal sprecht, immer zwei Punkte zu berücksichtigen: Der erste hat zu tun mit einem Bezug zu einer Wirklichkeit, die uns wohl mit umfasst und durchdringt, aber über uns hinausgeht. Und der zweite heißt: Wenn wir von Schicksal sprechen, sollten wir alle Wertungen beiseitelassen und es als eine Kraft sehen, die aus dem Zusammenwirken des Universalen mit der Person uns zu einer beständigen Differenzierung und Verwirklichung führen möchte.

Und so gesehen können wir in allem Schicksal erkennen, weil in allem alles mitwirkt. Weil in allem die schöpferische Kraft des größeren Ganzen anwesend ist, in guter Kooperation mit uns selbst. Und für uns ist es nur wichtig, dass wir dieser Entwicklungskraft, die uns selbst mit einfasst, nicht im Wege stehen, sondern ihr mehr und mehr Raum geben, durch uns zu dringen und sich verwirklichen zu lassen. Der Sinn schicksalhafter Erfahrungen kann bei jeder Gelegenheit erschlossen oder herausgefunden werden. Nur sind wir manchmal so sehr mit einzelnen Gegebenheiten verstrickt, dass wir den Sinnzusammenhang nicht begreifen können.

Trotzdem sollten wir Folgendes mit berücksichtigen: Angenommen, ich erfahre, meine Frau will sich von mir trennen oder ich werde im Job entlassen oder ich bekomme die Diagnose einer schweren Krankheit. Plötzlich bin ich herausgeschleudert aus einem bis dahin vielleicht ganz gut gelebten Leben.

Wenn jetzt jemand zu mir kommen und sagen würde: Das wird schon sein Gutes haben, oder: Das ist Karma – was würde passieren? Ich würde mich verschließen, abwenden. Das heißt, wir sind hier in einer existenziellen Situation, in der auch Menschliches stattfindet: Kränkung, Leid, Überfordertsein, Ausweglosigkeit. Und natürlich ist es jetzt sehr wichtig, uns auf dieser Ebene mit dieser Situation auseinanderzusetzen, die Gefühle, die wir erleben, Schmerz, Traurigkeit, Ärger, zuzulassen und auszudrücken – wie es ja in den Atemsitzungen geschieht: die Frau, die mich verlassen will, zum Teufel zu schicken, oder den Arbeitgeber mit meiner inneren mörderischen Wut umbringen zu wollen, wie auch immer. Und es ist ungeheuer wichtig, auf dieser Ebene sich zunächst voll und ganz mit dieser Situation auseinanderzusetzen. Denn nur dann, wenn wir solche Situationen in uns auch achten, diese existenzielle Gefährdung auch zulassen können, wissen wir, dass wir wieder runder werden können. Wenn wir zu früh abheben in spirituelle Erklärungen, warum das nun so ist, wird alles nur vordergründig befriedet, hängt uns aber nach und wir fühlen uns schal.

Diese Auseinandersetzung dauert manchmal sehr lange, aber dann gibt es irgendwann einen Zeitpunkt, wo sich die Situation beruhigt, denn es gibt nach Krisen immer auch eine Zeit danach. Aber Karfreitag ist nicht Ostersonntag. Und wer den Ostersonntag vorzieht, der macht den Karfreitag zunichte. Deshalb ist es wichtig, sich voll auf diesen inneren Prozess der Auseinandersetzung einzulassen, wie dies beim Holotropen Atmen geschieht.

Wenn ich aber dann das Gefühl habe, es hat sich beruhigt und ich habe meine Konflikte ausgetragen, dann trete ich einen Schritt zurück. Ich gehe in die dritte Position, versuche tieferzugehen, ich stelle mir vor, wie ich meinen Scheitel öffne, mein Herz öffne, mein Zentrum spüre, den Boden fühle, der mich trägt, und ich nehme diese Situation noch einmal nach innen und frage nach, was sie mir sagen will. Was bedeutet sie für mein Leben? Wohin will sie mich führen?

Vielleicht gibt es eine Antwort, vielleicht bleibt die Frage auch unbeantwortet. Aber allein, dass ich sie stelle, öffnet mich zum größeren Ganzen hin, auch wenn keine schlüssigen Antworten kommen. Möglicherweise kommen aber doch Prozesse in Gang und ich spüre plötzlich, dass ich mich jetzt besser annehmen kann, dass ich mich vielleicht aus der Verstrickung meiner Familie besser lösen kann. Das nimmt nichts von dem Schmerz, den wir erlebt haben, den wir als solchen auch würdigen sollen, aber wir sehen plötzlich aus dieser dritten Position, dass wir nicht mehr alleinig Opfer oder Ausgelieferte sind.

Sicher darf ich auch Opfer sein, aber wenn ich einmal aus der Rolle heraustrete und alles aus einem anderen Blickwinkel betrachte, dann wird mir etwas verständlich – wohin das Leben mich durch diesen Umstand führen wollte.

Wir können immer wieder solche übergeordneten Strukturen entdecken. Ich sage damit aber nicht, dass sie immer da sind und alles dadurch erklärbar ist; auch nicht, dass die Welt im Gesamten ein sich nur positiv entwickelndes Ganzes ist. Ich erkläre damit nicht Hunger, Krieg, Schicksal und unmenschliches Leid.

Ich sage nur, worauf ich mich beziehen kann, dass ich in solchen Situationen ein tiefes Verständnis für Lebensereignisse gefunden habe, das für meine innere Entwicklung bedeutsam war und mich so zu mehr Offenheit, Liebe und Achtsamkeit dem Leben gegenüber führte. Das ist die einzige Aussage, die ich damit mache.

DIE SELBSTHEILUNGSKRÄFTE IN DIR

Wenn jemand Bronchitis hat oder eine andere körperliche Erkrankung, wird er sich in der Regel ins Bett legen, sich wärmen, um die körpereigenen Kräfte für die Gesundung wirken zu lassen. Natürlich helfen wir auch mit Medikamenten nach, wenn unsere Abwehrsysteme vielleicht schon geschwächt sind oder der Körper nicht mehr die volle Kraft hat, um die Krankheit zu besiegen. Wir alle gehen davon aus, dass Selbstheilungskräfte in uns wirken und dass es unserem Körper ein Anliegen ist, dass wir wieder gesund werden. Es ist unserem Inneren nicht egal, ob wir krank sind oder dahinsiechen, sondern es möchte immer etwas dafür tun, dass wir besser leben können, dass wir uns wieder lebendig fühlen, um uns ins Leben einzubringen. Diese Selbstheilungskräfte sind nicht nur auf den Körper bezogen, sondern wirken auch in unserer Seele und unserem Geist. Es ist wichtig zu schauen: Wo möchten sie mich hinführen, was möchten sie mir sagen? Darin liegt ein großes Potenzial, wenn wir sie recht verstehen, wenn wir richtig damit umgehen.

Über die Welt und ihre Entwicklung, sei es im Finanzbereich, im Ressourcenbereich oder im ökologischen Bereich, gibt es viele apokalyptische Aussagen. Gehen wir einmal in unserer Vorstellung davon aus, dass es diese selbstorganisierenden Kräfte nicht nur im kleinen Rahmen oder in uns selbst gibt, sondern dass sie auch in einem größeren Rahmen wirksam sind. Und dass dieser größere Rahmen, dieses Größere, das wir gar nicht begreifen können, auch interessiert daran ist, dass Entwicklung geschieht. Dann haben wir es vielleicht mit einer Qualität zu tun, deren Ausmaß und deren Stärke uns vielleicht gar nicht bewusst sind. Diese Kräfte brauchen auch ein Milieu, damit sie wirken können.

Wenn wir Situationen befragen, ob sie für uns sinnvoll sind, achtsam hinspüren, bereit sind, wenn notwendig, auch Konflikte zu klären und loszulassen und eine innere Einstellung dazu finden, die offen, annehmend und zustimmend ist, dann kann in diesem Milieu diese Kraft prägnant werden und sich zeigen. Das ist natürlich auch im Größeren der Fall. Je mehr Menschen Bewusstheit erlangen und sich verständigen, hinspüren und wahrnehmen, desto mehr kann auch im Großen diese Kraft wirken. Wenn ich mich krank fühle und schnell die Symptome bekämpfe, weiterarbeite oder Alkohol trinke, wegschaue oder mich in anderer Weise betäube, dann werden die Kräfte zurückgedrängt, wandern ins Unbewusste. Ich baue eine Mauer gegen diese Kräfte auf. Die Kräfte können dann gar nicht durchdringen zu mir. So ist es im Kleinen wie im Großen.

Deshalb ist es sehr wichtig, um Zugang zu den universalen Selbstheilungs- und Wachstumskräften, Zugang zu einer Kraft, die größer ist als wir, zu gewinnen, sich danach auszurichten, eine bestimmte Einstellung zu pflegen, Übungen zu machen und uns dafür zu öffnen.

Das ist Voraussetzung dafür, dass diese Kräfte in einer guten Weise auf uns wirken können. Sonst wirken sie vielleicht auch, aber eher in einer unerkannten subtilen Weise, was uns durch die eine oder andere Krise führen muss, um wach zu werden. Deshalb sagen viele spirituelle Richtungen auch: Es geht um das Aufwachen. Und manchmal muss das größere Ganze uns nachhelfen, dass wir wach werden. Das kann manchmal eine schwerere Krise oder Krankheit sein, um sich überhaupt bewusst zu werden, was im Leben wichtig ist, um die Prioritäten neu zu ordnen.

Deshalb sind Übungen wie die Meditation, das Innehalten, bewusst das Herz zu öffnen und Mitgefühl zu praktizieren oder sich immer wieder zu fragen: Was möchte meine innere Stimme, was möchte mein Herz? so wichtig. Kommt durch meine Gedanken, meine Handlungen mehr Liebe ins Leben? Fördere ich, wie ich mit mir selbst und anderen umgehe, diese Entwicklung? Das sind die Milieufaktoren, in denen die universalen Heilungs-, Wachstums- und spirituellen Kräfte wirken können.

Diese psychospirituellen Energien können dann am besten ihr Werk tun, wenn wir unsere Türen öffnen, wenn wir unsere Übungen machen und wenn wir immer wieder bereit sind, an unserer Bewusstheit zu arbeiten. Dass es nicht immer so gelingt, wie wir uns das vorstellen, das gehört zum Menschsein. Wer sich auf Spiritualität einlässt, muss auch das Menschliche, das heißt das Unvollkommene, Unfertige, Versehrte und Kranke mit bejahen. Das sollten wir nicht als minderwertig oder als minder entwickelt abtun.

Es sind nicht die großen Schritte, auf die es ankommt, es sind diese kleinen Schritte. Und dann werden wir sehen, dass wir öfter und intensiver mit dem größeren Ganzen verbunden sind. Dann werden mir plötzlich Sinnzusammenhänge klar und ich verstehe schneller, was mit mir und im Kontakt mit anderen passiert. Das ist ein Zeichen dafür, dass diese Kraft ihre Wirkung im Augenblick hat und wir ihr diesen Raum zur Verfügung stellen.

Wir merken es auch an einem anderen Aspekt, wenn wir manchmal bestimmte körperliche Phänomene haben. Ihr kennt das vielleicht, wenn man vom Scheitel weg bis unten hin so ein Gefühl hat, von einem kleinen Schauer leicht durchrieselt zu werden. Das ist auch ein Zeichen, in Verbindung zu sein mit dieser größeren Kraft, mit dieser unbeschreiblichen und für uns nicht ganz fassbaren Unendlichkeit.

Dürckheim nennt es auch *tremendum*[17]. Dieses leichte Zittern ergreift uns und nimmt uns mit. Es gibt uns das Gefühl, dass das, was uns trägt, uns durch und durch geht bis in die Knochen hinein.

Es gibt Augenblicke, Abraham Maslow[18] würde sagen: *peak experiences,* also Gipfelerlebnisse, wo wir für einen Moment den Geschmack des Seins wahrnehmen, der dann auch wieder verschwindet. Aber das sind Zeichen dieser anderen Dimension, die in uns anwesend ist und in uns wirkt. Auch dieses Gefühl, dass etwas Größeres als wir selbst uns innerlich berührt, mitnimmt und führt, kann in solchen Momenten auftreten. Energie kann frei werden. Wir fühlen uns plötzlich belebt, beseelt. Wir können ganz anders mit uns umgehen.

Mir erzählte vor Kurzem eine Patientin, dass sie plötzlich den Eindruck hätte, dass alle Fähigkeiten, die in ihr sonst brachliegen, für einen Moment spürbar waren. Und das war ein unbeschreibliches Gefühl von Glück und innerer Freude. Das ist dann wieder verschwunden, aber sie hat für einen Moment gespürt, was möglich ist und was in uns potenziell vorhanden ist.

Sogar in Krisenmomenten kann dies so sein. Jemand, der mir erzählt hat, dass seine Beziehung in die Brüche gegangen ist, und der auch seine Arbeitsstelle verloren hat, sagte: Heute morgen hatte ich in mir ein Gefühl des Friedens und der Liebe. Völlig unerklärlich aus dem heraus, was ihm im Äußeren passiert war.

Durch diesen Zustand war diese Person dann in der Lage, Schritt für Schritt das, was in Trümmern lag, in neuer Weise wieder zu ordnen, eine neue Beziehung, eine neue Arbeit zu finden. Das ist nicht immer so, aber es zeigt uns nichts anderes, als dass, wenn wir uns in Krisenmomenten auch öffnen für diese Kraft, sie zu uns kommen kann und auch mit uns sprechen und uns führen kann. Wir merken es manchmal auch an Entwicklungen, wenn wir lange etwas probiert haben, und es ist nie gelungen, und plötzlich geht etwas auf.

Darum lohnen sich die Investitionen in deinen Weg. Bleib dran, lass dich nicht von Rückschlägen irritieren.

Die Innere Weisheit, diese Kraft, diese andere Dimension wirkt immer ein bisschen antizyklisch. Es ist nicht abschätzbar, wann und wodurch sie sich manifestiert. Es sind immer auch überraschende, mysteriöse Momente. Darum heißt es ja auch Mysterium. Plötzlich ballt sich etwas zusammen und etwas, das lange unterschwellig vorbereitet war, kommt an die Oberfläche und wird sichtbar. Das geht aber nur, wenn wir dann in diesem Moment auch unserem Herzen folgen, uns auf diese Situation auch einlassen.

Die Innere Weisheit muss ja unsere Kontrolle durchbrechen. Sie muss unser System an irgendeiner Stelle knacken, um durch unsere Blockierungen durchdringen zu können. Deshalb braucht es manchmal unerwartete oder schwierige Situationen, in denen wir von der Kontrolle etwas wegkommen, sonst kann sie sich keinen Raum verschaffen.

Es heißt von Baba Nityananda, einem früheren Guru der Siddha Yoga Tradition, beispielsweise, dass er manchmal einem Suchenden einen Stein nachgeworfen hat. Von außen betrachtet ist das eine grobe Unhöflichkeit. Aber die Suchenden haben später berichtet, dass sie in diesem Moment so etwas wie eine Erleuchtung erfahren haben.

Spirituelle Meister wirken in der Regel nicht systemkonform, weil innerhalb des Systems nichts Neues entstehen kann. Es muss irgendein Reiz dazukommen, der die Systeme öffnet oder die Systeme sprengt, und das kann manchmal ein bisschen grenzwertig sein.

Ich habe das selbst oft erlebt, dass sich im Grenzbereich des Normalen kleine Wunder ereignen können. Aber es ist nicht immer so, es kann auch einmal nicht sein. Darum achtet darauf, wenn euch etwas vollkommen irritiert, hört genau hin: Was möchte mir genau dies sagen?

Irritierende Situationen sind immer auch Situationen, die an der Grenze unseres Verständnisses passieren. Und an der Grenze unseres Verständnisses gibt es immer Öffnungsmöglichkeiten. Wichtig ist dabei, immer die eigene Stimmigkeit zu berücksichtigen. Wenn ich etwas als unstimmig erlebe, gehe ich einen Schritt zurück. Wenn ich Ärger habe, drücke ich ihn aus. Wenn mich etwas traurig macht, lasse ich es zu. Ich schaue dann nochmal hin – an welcher Stelle wollte mich dieser Zustand vielleicht öffnen, um dem Größeren in mir Platz zu machen?

Wenn diese Energie spürbar wird, in uns sich ausdehnen möchte, dann rumpeln erst mal die alten Gerüste. Es braucht Platz, und unsere alten Gerüste sind nach den Erfahrungen und Gefahren von früher gebaut. Und unsere Kontrolle ist darauf ausgerichtet, dass die Gefahr von einst nicht mehr passiert. Wir handeln aus dem heraus, was wir kennen.

Wenn so alte innere Gewerke ins Wanken geraten, dann braucht es das, um neue Strukturen entstehen zu lassen. In diesen Momenten gilt der Spruch: Dranbleiben ist alles! Dann nicht weggehen, in dem Moment nicht davor flüchten. Dabei bleiben, um zuzulassen, das ES sich noch deutlicher zeigen kann. Dann werden auch neue innere Strukturen entstehen, unser Kontrollsystem wird flexibler und wir sind besser in der Lage, uns an neue Situationen kreativ anzupassen.

Wir werden innerlich weiter und offener durch die Kraft, die aus unserem Inneren heraus wirkt. Sie gibt uns Selbstvertrauen. Wir vertrauen mehr diesem Selbst, wie es wirkt und sich zeigt.

Lassen wir uns nicht irritieren, wenn da und dort einmal der Mörtel abfällt oder das eine oder andere an Fassade einmal bröckelt. Geh deinen Weg weiter, auch wenn es Enttäuschungen, Verletzungen und Kränkungen gibt. Es ist wichtig, die Gefühle dazu auszudrücken, aber bleib dabei und geh nicht zurück.

Ich spreche immer aus eigener Erfahrung. Ich habe die unmöglichsten Situationen erlebt. Ich habe immer den Eindruck gehabt, in dem Moment, wo ich Ja gesagt habe zu dieser Kraft, ihr zugestimmt habe, hat sich etwas erneuert, ist ES seinen Weg gegangen, der am Ende sich als richtig erwiesen hat.

Manchmal können wir das erst verstehen, wenn der Prozess abgeschlossen ist und wir nicht mehr drinstecken.

Darum schaut manchmal zurück, wie sich etwas entwickelt hat. Und ihr werdet sehen, dass vieles in sich konsistent und weise ist. Das können wir im Prozess selbst oft nicht entdecken. Aber wenn wir vom Ende her dem Ganzen nachspüren, können wir es vielleicht verstehen. Da ist eine verborgene Weisheit, die mitwirkt, die wir aber nicht immer wahrnehmen und zulassen. Deshalb ist dieses Zulassen und Umgehen mit den universellen Kräften ein wesentlicher Teil unserer Bemühung und das Hauptanliegen aller spirituellen Richtungen.

Dass uns die Psychotherapie, das Holotrope Atmen und andere Wege dabei außerordentlich gut helfen, ist unbestritten. Allein Meditation genügt im Sinne des Bewusstseinsprozesses nicht. Alleine Heilung genügt auch nicht. Wir brauchen beides. Das sind gute Partner auf dem Weg zur Ganzheit.

ÜBUNG

WAS IST MEINE LEBENSAUFGABE?

Wir werden jetzt versuchen herauszufinden, was das Leben eigentlich mit uns vorhat. Um in der Tiefe unseres Wesens das erfahren zu können, werden wir uns wieder entspannen, die Sicherheit des Bodens, die Kraft des Atems und die Energie des Herzens fühlen. Dadurch können wir leichter unser Leben, so wie es ist, anerkennen und dem Ruf unserer Aufgaben gerecht werden.

An den Beginn unserer Übung möchte ich einen Segensspruch stellen: Möge es uns gelingen zu erspüren, was das größere Ganze an Aufgabe für uns bereithält. Grundsätzlich ist es sehr wichtig, dass wir da nicht von groß angelegten Dingen ausgehen, sondern oftmals im Kleinen beginnen. In dem, was wir tun, in dem wo wir verankert sind.

Bei dieser Übung liegen die Teilnehmer entspannt mit dem Rücken auf der Matte, im Hintergrund läuft Meditationsmusik, während ich die Teilnehmer nach innen führe.

Überprüfe deine Position und erlaube dir, Schritt für Schritt dein Gewicht loszulassen. Erinnere dich an die grundlegende Qualität des Bodens, dem du dein Gewicht anvertrauen kannst. Wir werden vom äußeren und inneren Boden getragen. Du spürst, wie du nachgeben kannst und dich öffnen kannst für diesen inneren Prozess.

Lass dich ganz bewusst zurücksinken in diesen freien Raum und entspannten Zustand, indem wir besser wahrnehmen und besser spüren können. Auch der Atem hilft. Tief und rund lass ihn fließen. Stell dir einfach vor, wie jeder Atemzug sich aneinanderfügt und das Ein- und Ausatmen wie im Kreis verläuft. Es gibt dir das Gefühl der Lebendigkeit, der Offenheit und der Weite. Dich sicher zu fühlen und dich im Atemkreis zu Hause zu fühlen.

Achte auch auf dein Bewusstsein.

Stell dir vor, wie du alles, was noch gegenwärtig ist, Schritt für Schritt zur Seite legst. Du entleerst dein Bewusstsein von allen Beständen, die im Augenblick noch wirksam sind. Das ist manchmal nicht so einfach, wenn das eine rausgeht, kommt das andere herein. Lass einfach immer wieder los. Lege alles zur Seite, bis du das Gefühl hast, auch dein Bewusstsein wird wie dein Körper frei, weit und offen. Dann erlaube dir, nach der Sicherheit, nach dem bewussten Atmen, nach der Entleerung des Bewusstseins auch noch einmal die Güte in deinem Herzen spüren. Stell dir einfach vor, wie dein Herz sich öffnet, weich wird und wie milde Energien von dort ausströmen. So wie eine sanfte milde Strömung, die dein Wesen berührt, eingehüllt mit Wärme und mit Frieden.

Hier darf ich sein, einfach nur sein. Ohne irgendetwas beweisen zu müssen, ohne Anstrengung, ohne Bewertung. Einfach nur da sein, leer sein, frei sein.

Dabei geht uns nichts verloren, alles, was wichtig ist, kommt wieder. So dürfen wir getrost für Augenblicke alles loslassen. Wir wissen, dass im Loslassen, Erneuerung möglich ist, wir wissen, dass im Loslassen sich unser Wesen entspannen und frei werden kann.

Dann nähern wir uns langsam unserer gemeinsamen Aufgabe an: herauszufinden, wie und wodurch wir in unserem Leben dem Größeren dienen können. Dabei beginnen wir damit, uns ein Bild von uns selbst vor dem inneren geistigen Auge oder im Raum unseres Bewusstseins zu machen.

Stell dir einfach vor, wie du bist. Im Äußerlichen, in dem Alter, in dem du bist. Mit der Lebenserfahrung, mit den Lebensumständen, in denen du stehst, mit deinen Fähigkeiten, mit deinen Mustern, also mit allem, was dich ausmacht.

Dabei ist es ganz wichtig, Bewertungen gar nicht erst aufkommen zu lassen. Wir alle sind so, wie wir sind. Und wir sind in Ordnung, so, wie wir sind. Und wir sind genauso, wie uns das Göttliche braucht. In unserer Begrenztheit, in unseren Fähigkeiten, auch in unseren Störungsfeldern erlauben wir uns für einen Moment, uns als Person mit großer Achtung anzuerkennen. Wir brauchen diese Achtung, wenn wir dann vor das Größere treten. Diese Andacht, diesen Respekt vor dem Leben, so wie es uns gegeben wurde, und so, wie wir es gelebt haben. Respektvoll, liebevoll und gelassen nehme ich Kontakt zu mir auf und nehme mich so mit in die Begegnung mit dem größeren Ganzen.

Vielleicht magst du auch einen Satz sagen, der diesen Respekt zum Ausdruck bringt, wie beispielsweise: Ich achte mich, oder: Ich bin in Ordnung mit allem, was mich ausmacht – spüre einfach, was für dich stimmt, was für dich im Augenblick auch wirklich passt.

Fernab aller Bewertungen, getragen von der Liebe und dem Respekt mache ich mich auf, um mit mir noch etwas tiefer zu gehen und zu gelangen. Auf dem Weg hin zu meinem Wesensgrund, zu meinem göttlichen Kern oder zum Größeren in mir. Wir wissen, dass die Begriffe manchmal nicht ausreichen, um das zu beschreiben. Aber wir wissen, dass wir einfach tiefer nach innen gehen können, um das Größere in uns anzutreffen. Mit jedem Atemzug nehmen wir uns mit und lassen uns nach innen führen.

Wir wissen, dass dieser Weg manchmal nicht so leicht von statten geht, wenn Spannungen oder Quergedanken sich einmischen, geh einfach weiter, lass sie liegen und geh Schritt für Schritt deinen Weg mit dir dorthin. Nach innen, wo du zu Hause bist, wo du hingehörst, wie uns manche spirituellen Lehrer sagen. Der Atem führt dich weiter, nimmt dich an der Hand, Schritt für Schritt.

Dein Herz ist nach wie vor offen, der Boden gibt dir Halt, dein Bewusstsein ist ganz auf diese Kontemplation bezogen. Mich mit meiner Person, so wie ich bin, dem Innersten näher zu bringen. Dorthin zu gelangen, um zu schauen, was es für mich bereithält für die nächste Zeit an Aufgabe, an Auftrag, wie auch immer. Und dann gehen wir noch ein Stückchen weiter. Manchmal sind dort, wo wir das Innerste gefunden zu haben glauben, noch ein paar Schritte zurückzulegen. Lass dich noch einmal ein bisschen tiefer ziehen, durch den Atem, durch die Kraft deines Atems. Und dann bereite dich langsam innerlich vor für diesen Dialog, für diesen Austausch mit deinem Urgrund.

Bevor wir in diesen Dialog treten, ehren und respektieren wir unsere innerste Quelle, indem wir uns vielleicht vor ihr verneigen oder ein kurzes Gebet oder ein Mantra sprechen und zwar für die Führung, für die manchmal unbewusste Führung durch unser Leben hindurch. Es bedeutet: »Treu und ausdauernd bist du mir zur Seite gestanden, hast mir in Momenten der Verzweiflung vielleicht einen Weg aufgezeigt, in Momenten der Freude meine Energie in die richtige Richtung gelenkt, mir Ideen zugeflüstert oder Begegnungen ermöglicht, die meinen inneren Weg unterstützt haben.« Erlaube dir für einen Moment, einfach anzuerkennen, was dein Innerstes, oder diese Instanz, von der heraus wir existieren, dir schon mitgegeben hat, manchmal auf indirektem Weg. So wie wir uns selbst würdigen, würdigen wir auch die Quelle unseres Seins. Meine Quelle und meine Person gehören zusammen, sind am Ende ein ganz wunderbares Paar.

Und nun erlauben wir uns, uns vorzubereiten für diesen Dialog. Erlaube dir, als Person mit deinen Fähigkeiten und Fertigkeiten, mit deinen Schwächen und Begrenzungen der Frage nachzugehen, welche Aufgabe deinem Leben gestellt ist. Das kann ganz allgemein als Frage formuliert werden, wie zum Beispiel: An welcher Stelle kann ich dem größeren Ganzen am besten dienen? Oder wie kann ich es unterstützen und fördern? Es kann sich auch auf spezielle Lebensbereiche beziehen. Spüre einfach, was für dich stimmt, wie du diese Aufgabe für dich erkunden möchtest. Überlass dich damit ganz deinem Innersten. Und achte darauf, was an Antworten oder Informationen dir zuteil wird.

Das können klare inhaltliche Anweisungen sein, das können auch symbolische, bildhafte oder einfach nur gespürte Anregungen sein. Ganz egal. Wir nehmen alles auf, was uns dabei begegnet.

Fünf Minuten Stille (Meditationsmusik)

Bevor wir uns dann aufmachen und zurückkehren, nimm einfach noch einmal zu dir, was dir begegnet ist. Ganz unabhängig, in welcher Form. Würdevoll und mit Andacht.

Dann langsam treten wir den Weg zurück an, begleitet vom Mantra, so langsam, wie es für dich stimmt.

VERTRAUE DEM LEBEN!

Vor einer Atemsitzung bereiten meine Assistenten und ich immer alles gut vor, und wir überprüfen auch, ob technisch alles in Ordnung ist. Einmal ist es geschehen, dass mitten in einer Sitzung ein Blitz ins Haus eingeschlagen und die Musikanlage außer Gefecht gesetzt hat. Interessanterweise hatten die Teilnehmer in ihrem Atemprozess damit kein Problem; im Gegenteil, manche berichteten von intensivsten Zuständen, mit überwältigenden Naturereignissen oder inneren Aufbrüchen.

Ein unvorhersehbares Ereignis. Das sind oft Umstände, die sehr wichtig sind und mit unserem Prozess zu tun haben. Wenn die Wirklichkeit uns ins Wort fällt, sollten wir solche Begebenheiten aufmerksam betrachten. Es begegnet uns dann etwas, im Sinne eines Synchronizitätserlebnisses, in dem Äußeres und Inneres etwas miteinander kommunizieren, das von Bedeutung ist, eine Botschaft, die gehört werden möchte.

Wenn wir alles sorgfältig getan haben, was zu unseren Aufgaben gehört, und sich dann etwas ereignet, womit wir nicht rechnen –

dann sollten wir das wirklich als Phänomen, das zum Prozess gehört, betrachten. Dann werden wir mit der Zeit erkennen – und das ist meine tiefste Erkenntnis –, dass wir dem Leben, so wie es sich vollzieht, grundsätzlich vertrauen können: Dass das, was geschieht, immer auch etwas mit mir zu tun haben kann und mich in meiner Entwicklung unterstützen kann, wenn ich mich in der rechten Weise darauf einlasse.

Das heißt jetzt nicht, dass wir eine Ungerechtigkeit oder eine Störung nicht mit Empörung beantworten sollten, oder wenn wir einen Verlust erleiden, dass wir nicht trauern sollten – unsere Gefühle sind wichtig, sie sind unser Lebenselixier. Es ist bedeutsam, sie zu durchleben, hineinzugehen, auszudrücken und sie fließen zu lassen.

Wenn wir aber alles ausgedrückt haben, wenn wir uns innerlich damit ins Reine gebracht haben, können wir durchatmen, einen Schritt zurücktreten und nochmal hinschauen: Was möchte das, was geschieht, mir sagen? Was bedeutet es? Was ist wichtig – dass ich neu für mich erarbeite, oder neu für mich an Fähigkeiten lebe, die ich bisher nicht ausgedrückt habe? Das macht eine Situation, die am Anfang schwierig war, für uns bedeutsam, indem wir sie als helfenden Freund sehen, als Lehrer oder Lehrerin, die uns in diesem Moment etwas mitteilt.

Was wir tun können, ist, dass wir uns einbringen, uns gut vorbereiten, alles tun, was uns zur Verfügung steht, und dann sind Überraschungen auch spontane Wachstumsimpulse. Wir kennen solche Zustandsbeschreibungen auch in der Chaosforschung als emergierende Ordnungsimpulse. Und das ist das Schöne an einem spirituellen Weg, dass wir durch solche Gedankengänge unser Leben auch von seiner schwierigen und leidvollen Seite her innerlich verstehen lernen.

Wir werden immer wieder durch dieses Wechselbad von Lebensfreude, Begeisterung und einschnürender Leiderfahrung hindurchgehen müssen. Es wird immer wieder diese Schwankungen geben. Es ist nicht das Ziel, uns gänzlich vom Leid zu befreien, doch wir werden es besser verstehen und anders damit umgehen lernen. Wir können andere Möglichkeiten darin finden, andere Spielräume darin gewinnen. Ich glaube, dass wir als Menschen gut beraten sind, wenn wir uns keine überhöhten Ziele setzen, die unser Ich-Ideal füttern, und uns dann dafür bestrafen, wenn wir sie nicht erreichen. Leidfreiheit wäre so ein – meiner Ansicht nach – überhöhtes Ziel. Ich glaube, dass wir immer auch mit Schwierigkeiten, Störungen und Leid zu tun haben werden. Doch es gibt immer wieder auch Zeiten, wo das nicht der Fall ist und wo wir uns gut und in Ordnung fühlen. Aber das sind Schwankungen des Lebens, denen wir ausgesetzt sind. Was wir tun können, ist, dies tiefer und besser zu verstehen. Und zu begreifen, was es mir sagen möchte. Ich glaube, dass wir dann unsere spirituelle Aufgabe erfüllen, wenn wir bereit sind hinzuschauen. Solche Momente, die uns schwer fallen, auch an uns heranzulassen und nicht nur abzuwehren. Dann können wir in einer guten Weise unserer spirituellen Verantwortung gerecht werden, weil dann alles, was geschieht, in unserem Umfeld für uns eine Quelle der Inspiration und auch Erkenntnis sein kann. Über uns selbst, über das Wesen des Menschen und über tiefere Zusammenhänge.

ÜBUNG

SICH DEM VERTRAUEN HINGEBEN

Um Vertrauen ins Leben, so wie es sich vollzieht, zu vermehren, werden wir uns wieder auf uns selbst besinnen, alle oberflächlichen Gedankenbewegungen loslassen und in die Tiefe unseres Wesens hineinspüren. Dann werden wir uns beispielhaft auf eine schwierige Situation, die wir gerne wegschieben möchten, einlassen.

Diese Übung soll dir helfen, den Funken aus einer für dich im Augenblick unverständlichen oder schwierigen Situation herauszufinden und zu bergen. Vielleicht sind es mehrere Situationen, aber versuche für dich, eine zu wählen, aus der du diesen Funken, diese Einsicht, den Wachstumsimpuls, der dort vielleicht verborgen scheint, entdecken willst. Du kannst dir die Situation auch aufschreiben, sodass du sie für dich verständlich vor dir hast.

Die Teilnehmer liegen entspannt mit dem Rücken auf einer Matte am Boden. Im Hintergrund läuft Entspannungsmusik. Langsam führe ich sie durch diese Übung.

Der erste Schritt ist, dass wir uns entspannen und durchlässiger machen für das Göttliche, das größere Ganze oder die Innere Weisheit, wie auch immer wir ES bezeichnen mögen.

Nimm deinen Atem als Fahrzeug. Beobachte, wie dein Atem beim Einatmen deine inneren Räume füllt und weitet und beim Ausatmen loslässt. Atme ganz bewusst. Und dann übergib dein Gewicht ganz dem Boden. Du kannst ihm vertrauen. Nach der Entspannung, nach der Öffnung der inneren Räume durch den Atem erlaube dir, Ja zu sagen zu dem, wie du bist.

So wie ich heute bin, bin ich. All die Wege, die ich gegangen bin, haben mich zu dem heutigen Tag geführt, und ich erkenne an, so wie ich bin, ist es für einen Augenblick in Ordnung. Du lässt jede Kritik, Abwertung oder Vorschrift, die du gewöhnlich dir selbst gegenüber hast, etwas ruhen, legst sie zur Seite.

Für einen Augenblick darf ich in Ordnung sein, so wie ich bin. Mit Achtung und Respekt verneige ich mich vor meiner Existenz. Für einen Augenblick darf alles sein, wie es ist. Dieser dritte Schritt neben der Entspannung und der Öffnung der inneren Räume, der Selbstakzeptanz und Selbstachtung ist ein sehr wesentlicher Schritt. Es bedeutet, Kritik, Vorschrift oder Bewertung über mich und mein Leben für einige Augenblicke zur Seite zu legen. Mich als ganz in Ordnung anzuerkennen, ein tiefes Ja meiner Existenz gegenüber innerlich auszusprechen.

Und der vierte Schritt der Vorbereitung ist, die Herzensenergie zu befreien. Dabei nehme ich mein Herz ganz bewusst wahr. Die Liebe, das Mitgefühl, das aus meinem Herzen strömt und in meinen Innenraum fließt, ist eine milde Energie, die Hartes weich werden lässt und Krankes heilt. Erlaube dir, die Wärme und Güte deines Herzens wahrzunehmen und sie zu befreien für dich selbst. Mit jedem Herzschlag entsteht eine Vibration, in der sich diese Energie ausbreitet.

Mit Liebe, entspannt, getragen und geachtet, akzeptiere ich mein Wesen, wie es ist. Erlaube dir, diese Qualitäten in ihren Atmosphären wahrzunehmen. Achtung, Akzeptanz, Öffnung oder Weite, Entspannung oder Weichheit und die Kraft der Liebe für dein Wesen, das geboren wurde, das seinen Weg gegangen ist und das sich hier und heute tief und frei fühlen darf. Es sind Momente des Glücks, die uns nach all den Jahren geschenkt werden dürfen. Geliebt, geachtet, frei und getragen.

Dann erlaube dir für einen Moment, dein Bewusstsein, deine Seele, dein Wesen in dieser Atmosphäre zu spüren und zu empfinden. Für einen Augenblick frei von Belastung, geöffnet, geliebt und getragen.

Sage dir: »Ich als … (dein Vorname) bin geachtet, geliebt, geöffnet und frei.« Und in diesem Zustand, in dieser Offenheit, in dieser Liebe, in dieser Selbstachtung öffnen wir die Türe unseres Bewusstseins und lassen die Situation, die wir tiefer verstehen möchten, an uns herankommen. Öffne deine innere Türe für diese Situation und lass sie einfach nur herein. Du brauchst noch gar nichts damit zu tun, sie nur innerlich zu vergegenwärtigen.

»Ich lasse sie heran zu mir. Ich öffne mich für sie.«

Und dann lass die Achtung, die du dir selbst gegenüber empfunden hast, für einen Moment zu dieser Situation fließen. Vielleicht mit dem Satz: »Ich achte dich. Ich achte diese Situation.« Umhülle sie für einen Augenblick mit deiner Achtung, Ja, es ist so und ich akzeptiere es. Ich lasse es an mich heran mit Wertschätzung und Achtung.

Und dann öffne dein Herz. Du brauchst gar nicht über die Situation nachzudenken, nur dir vorzustellen, wie du dein Herz öffnest und mit der Güte, Wärme und Liebe deines Herzens diese Situation umhüllst. Und dann schenke der Situation auch noch die Kraft deines Atems. Stell dir vor, wie du zu ihr hinatmest und sie mit deinem Atem einhüllst, sodass sie sich auch entspannen und öffnen kann. Einfach nur hinatmen, nachgeben und entspannen.

Beide, du und die Situation, ihr gehört zusammen, habt einen Atem, eine Liebe, eine Achtung, getragen von der Kraft des Göttlichen. Ganz im Kontakt mit dieser Atmosphäre der Liebe, Achtung und Öffnung erlaube ich mir, mich mit der Situation in Kontakt zu fühlen und sie ganz zu spüren.

Und dann stell dir vor, wie inmitten der Situation und hinter deinem Herzen der Funke eines Lichtes bemerkbar wird. Einfach nur diesen Funken entdecken, ganz im Kontakt, immer in der Achtung, in der Liebe, in der Entspannung und in der Weite. Und dann öffne dich für dieses Licht, das in der Situation leuchtet und in dir leuchtet.

Welchen Schritt möchtest du mir beibringen? Was möchtest du mir mitteilen? Was möchtest du mir klarmachen? Einfach nur verweilen, mit dem inneren Ohr hören in der Stille, der Liebe, der Achtung und der Offenheit. Dann schau mit deinem inneren Auge, was es ist, was zu dir kommen mag durch diesen Funken, durch die Kraft der Situation, was ist es, wohin ES mich leiten mag, was ist es, wovon es kündet? Erlaube dir, die nächsten Minuten dem Raum zu geben und dem nachzugehen. Immer mit Liebe, Achtung und Weichheit.

Eine Zeit lang ist nur Meditationsmusik zu hören, danach hole ich die Teilnehmer aus der Übung zurück, lasse sie sich hinsetzen und ihre Eindrücke durch Malen oder Schreiben verarbeiten.

KONTEMPLATION ALS ENTSCHEIDUNGSHILFE

Äußere Situationen, die uns begegnen, können wir als spirituelle Hilfsmittel nutzen, indem wir sie befragen, welchen Sinn und welche Bedeutung sie für uns haben. Es gibt aber auch die Möglichkeit, konkrete Fragestellungen zu kontemplieren. Dort wo wir die Meditationsenergie nützen wollen, um innerlich eine Frage zu beantworten, die vielleicht lauten könnte: Soll ich das Haus verkaufen oder nicht? Oder: Ist dieser Partner oder diese Partnerin richtig für mich oder nicht? Oder: Soll ich den Job wechseln oder nicht?

Das sind oft Entscheidungen, die uns ganz tief bewegen und wo wir uns Nächte herumwälzen und immer wieder Argumente dafür und dagegen suchen. Am Ende steht vielleicht eine Pattsituation und manchmal entscheiden wir 51:49 Prozent. Aber 51 Prozent sind mehr als 49 Prozent. Vielleicht fragen wir auch viele Leute, die uns dazu den einen oder anderen Ratschlag geben.

Ich erinnere mich noch: Als ich Krankenhausleiter war, machte ich kurz vor einer Verwaltungsbesprechung mit den Versicherungsanstalten einen Feuerlauf und hatte die Eingebung, dass mein Weg mich woanders hinführt und ich kündigen sollte. Meine Vision war, die transpersonale Psychologie, das Holotrope Atmen und spirituelle Einsichten mit den traditionellen psychotherapeutischen Konzepten zu verbinden. Ich war ganz erfüllt von dieser Idee und Energie. Es war eine schwierige Entscheidung, weil ja alles gut lief. Dann bot mir der Arbeitgeber zusätzlich an, nun für drei Krankenhäuser zuständig zu sein, und noch viele weitere Privilegien, unter anderem sechs Wochen Sonderurlaub für Seminartätigkeiten. Man konnte dieses Angebot nicht ausschlagen und trotzdem habe ich gewusst, ich muss meiner Eingebung folgen. Viele Kollegen sagten mir: Das kannst du nicht machen, das ist ein Lotto-Treffer, dieses Angebot. Natürlich ist man dann verunsichert.

In solchen Situationen ist es wichtig, eine tiefere Instanz zu befragen. Man hat alles hin- und her gewälzt, ausgewogen, versucht, das eine mit dem anderen zu vergleichen, und da ist es wichtig, dass das Ganze nicht nur auf einer rationalen oder emotionalen Ebene läuft, sondern durch eine tiefere Ebene eine sinnvolle Ergänzung bekommt.

In solchen Fällen kann man eine Kontemplation durchführen. Um ein Mosaiksteinchen mit hinzubringen. Aber beispielsweise auch, wenn du als Psychotherapeutin oder -therapeut arbeitest und du vor einem Problem mit einem Klienten stehst, dann kannst du den Klienten innerlich in die Kontemplation nehmen, um vielleicht mehr von ihm und seinem Leben zu verstehen und ihn dann besser begleiten zu können. Auch bei Problemen mit den Kindern in der Familie. Die Erziehung ist ja nicht immer einfach, wenn es darum geht, Vertrauen in die Entwicklung zu haben und Kontrolle abzugeben. Auch da kann die Kontemplation uns helfen, eine stabile, ruhige, gelassene Basis zu finden und neue Perspektiven zu gewinnen.

Es ist nicht so, dass die Kontemplation alleine unsere Entscheidungen strukturieren soll, sondern sie ergänzt das, was wir uns ohnedies überlegen, womit wir ohnehin in Kontakt sind in einer hilfreichen und guten Weise. Deshalb ist es eine Übung, die wir immer wieder durchführen können.

Ein Grundsatz dieser Art von spiritueller Übung klingt zunächst etwas paradox. Wir sollten in eine Kontemplation ohne Erwartung von Ergebnissen gehen, auch wenn wir uns einen Beistand für unseren Entscheidungsprozess erhoffen. Das hat in der Spiritualität mit einem Begriff zu tun: absichtslos. Ohne Absichten etwas zu tun, etwas herauszufinden oder zu handeln. Wenn wir spirituell denken, müssen wir bereit sein, unser eigenes Wollen in Bezug auf das größere Ganze zu relativieren. Und anerkennen, was uns gegenwärtig wird und im Prozess geschieht.

Deshalb ist das ein wichtiger Punkt in der Kontemplation: Obwohl wir eine Entscheidung aus einer spirituellen Atmosphäre heraus bereichern wollen, gehen wir absichtslos vor. Es ist wichtig, nicht gleich zu sagen: Das ist ein Widerspruch. Wir werden bei anderen Übungen noch sehen, was es heißt, absichtslos, ohne Erwartungen von Ergebnissen etwas zu tun und zu handeln, quasi dem Heilswillen der Inneren Weisheit zu folgen. Das ist etwas, das in der spirituellen Entwicklung irgendwann zu einem ganz zentralen Aspekt wird.

Kontemplation ist auch etwas, was wir in der Philosophie in einer bestimmten Art von Erfassung von Phänomenen kennen. Die Phänomenologie – ein Zweig der Erkenntnistheorie, der von Edmund Husserl begründet wurde – ging der Frage nach: Wie kann ich vorurteilsfrei erkennen und wie komme ich zum Eigentlichen einer Sache, zur Sache selbst? Die Antwort war: Durch die phänomenologische Einstellung. Das bedeutet, wenn du eine Sache oder eine Person von ihrem inneren Wesen her verstehen möchtest, musst du alles, was du von ihr weißt, zunächst zur Seite legen oder dich davon enthalten. Deshalb spricht er von *epoché*: mich enthalten von all dem, was ich bisher von diesem Etwas an Wissen angesammelt habe. Denn manchmal steht uns das, und die Konzepte, die wir dadurch entwickelt haben, im Weg, um das innere Wesen, das sich mir vielleicht enthüllen möchte, wahrzunehmen – Konzepte und bisheriges Wissen können wie Blockaden wirken. Deshalb ist das nicht nur in der Spiritualität, sondern auch in einer bestimmten Form von Erkenntnistheorie (im Bereich der Wissenschaftstheorie) etwas, was dort empfohlen wird.

Mich enthalten von allem, was ich weiß. Erst dann kann ich zu den Dingen selbst kommen.

Ein praktisches Beispiel ist: Wenn jemand in der Psychiatrie arbeitet und einen Patienten, der zum vierten Mal in die Psychiatrie eingeliefert wird, vorgestellt bekommt und er als Arzt sich vorher die Krankengeschichte angesehen hat mit dieser oder jener Diagnose, dann wird er den Klienten auch zum vierten Mal vorwiegend im Lichte dieser Diagnose wahrnehmen. Wenn er sich aber zunächst dessen enthält, um den Klienten, so wie er im Augenblick erscheint, wahrzunehmen, wird er möglicherweise mehr über den Klienten erfahren, als wenn er vorher die Krankengeschichte durchliest. Das bedeutet nicht, dass die Krankengeschichte nicht wertvoll ist, die kann man immer noch dazunehmen, um sich in gewisser Weise auch die Erfahrung des bisher Gewesenen anzueignen.

Doch es ist wichtig, auch mit einem frischen Blick und staunend auf etwas hinzuschauen. Damit ich die Chance habe, beim Gegenüber, das ich gegenwärtig antreffe, vielleicht Neues und bisher Unbekanntes wahrnehmen zu können. Deshalb ist diese Art des Vorgehens auf jeden Fall eine Möglichkeit, neue Informationen zu gewinnen.

Das darf nicht so missverstanden werden, dass die bisherigen Informationen falsch wären und wir sie wegwerfen müssten. Es geht nur darum, dass wir etwas hinzubringen, ergänzen und vervollständigen. Das ist der zweite wichtige Punkt bei der Kontemplation: mich all dessen, was ich schon über die Sache weiß, zu enthalten.

ÜBUNG

DER RITUS DER KONTEMPLATION

Im Folgenden möchte ich kurz darstellen, was wir bei der Ausübung einer Kontemplation beachten sollten, wie wir im Wesentlichen vorgehen.

Was ist Kontemplation? Bei der Ausübung versuchen wir,
1. einen Gedanken, eine Frage, einen Gegenstand
2. im Bewusstsein zu halten
3. ohne die Annahme von Ergebnissen oder die Erwartung von Antworten, offen für die Entdeckung dessen, was von innen heraus dazu enthüllt wird.

Unabhängig vom unmittelbaren Ergebnis hinsichtlich des Kontemplationsthemas führt der Prozess zu einem größeren Bewusstsein des Selbst und dem größeren Eingestimmtsein mit dem Selbst. Eine Kontemplation zu einer bestimmten Fragestellung verläuft so:

a) Entscheidung für eine Kontemplation
b) Alle Erwartungen, Konzepte und mögliche Erwartungen von Ergebnissen loslassen

c) etwas (Gedanken, Frage, Stimmung, Person, Gegenstand, Situation, Problem etc.) auf den Punkt bringen (konkret formulieren und aufschreiben)
d) körperliche Vorbereitung: entspannt und wach sitzen oder liegen
e) dieses »Etwas« (c) im Bewusstsein halten und kurz vergegenwärtigen, was mir alles dazu einfällt
f) dann bewusst diese Aspekte loslassen, bis der Bewusstseinsraum vollkommen entleert ist
g) sich mit dem Selbst oder dem Innersten verbinden
h) die Frage dann ins Zentrum des Bewusstseins stellen und innerlich leise aussprechen
i) dann alles registrieren, was in den nächsten Minuten auftaucht (Sätze, Stimmungen, Gefühle, Symbole, Körperzustände etc.), auch wenn es zunächst als nicht passend anmuten sollte
j) langsam zurückkehren
k) die Eindrücke niederschreiben
l) danach nochmals hinspüren, ob sich für die Ausgangsfrage eine Antwort enthüllt

Vom praktischen Verlauf her ist es wichtig, diese Stufen, die ich beschrieben habe, auch einzuhalten, sodass der Ritus der Kontemplation aufrechterhalten werden kann.

Erstens ist es wichtig, dass ich mich bewusst dafür entscheide, eine Kontemplation durchzuführen. Weil in dem Moment, wo ich mich entscheide, sofort die Energie eine andere wird. Dann formuliere ich klar, was ich kontemplieren und tiefer erkunden möchte, also ein Thema, eine Frage, Stimmung, Person, einen Gegenstand, eine Situation oder ein Problem, und schreibe es möglichst konkret auf. Danach lege ich dieses Blatt an dem Platz, wo ich kontempliere, neben mich hin.

Der zweite Punkt ist, in eine körperliche Entspannung zu gehen, wirklich zu schauen, dass ich vom Körper her offen bin. Es ist auch gut, Uhren, Kettchen und alles, das mich beengt, abzulegen, sodass ich in den Modus der Öffnung, des Fließens und des Strömens komme. Denn dadurch wird die Durchlässigkeit für intuitive Zustände und das größere Ganze erhöht.

Und dann geht es darum, diesen Sachverhalt oder diese Frage ins Bewusstsein zu holen und zunächst alles, was ich schon weiß, was mir dazu schon eingefallen ist, Ratschläge, die ich von anderen bekommen habe, noch einmal innerlich aufzurufen und dann ganz bewusst Punkt für Punkt loszulassen.

Du kannst dir dazu einen Kreis vorstellen, in dem alle Anregungen und Überlegungen enthalten sind. Nun nimmst du eine Anregung nach der anderen heraus und legst sie zur Seite. Bis am Ende nur noch das zu kontemplierende Thema selbst übrigbleibt. Und wenn noch Gedankenreste da sind – loslassen, mit dem Ausatmen loslassen. Und dann, in dem Moment, wo du merkst, dass alles losgelassen ist und nur noch das zu Befragende im Zentrum deines Bewusstseinsraums steht, verbinde dich mit dem Göttlichen, dem größeren Ganzen oder deinem tiefsten Inneren. Das ist nicht konfessionell zu verstehen, sondern im Sinne dieser spirituellen Dimension. Manchen hilft dabei auch die Wiederholung eines Mantras, das innere Aussprechen eines Gebetes oder eine Vorstellung von Licht in ihrem Inneren. Und versuche, dich einfach innerlich damit zu verbinden, nichts weiter. Dann, wenn du verbunden bist, vergegenwärtige nochmals dein Kontemplationsthema und registriere nun, was alles spontan und intuitiv zu dieser Frage aus dem tiefsten Inneren heraus auftaucht und in dir gegenwärtig wird.

Dabei ist Folgendes außerordentlich wichtig: In dem Moment, wo etwas auftaucht, dieses nicht bewerten oder nicht interpretieren. Auch wenn es zunächst als nicht passend erscheint, tu es nicht weg. Es können ganz andere Sachen sein, Sachen, die du gar nicht gefragt hast, die hier auftauchen. Aber es ist wichtig, sie nicht auszuklammern. Es können Symbole sein, können körperliche Zustände oder Geräusche sein. Das können Töne oder Sätze sein, die du hörst. Nimm alles auf. Es kann alles wichtig sein. Nicht bewerten, nur registrieren.

Und dann, wenn das ein paar Minuten lang geschehen ist, geh zur Seite und schreibe alles nieder, was dir in dieser Kontemplation gegenwärtig geworden ist. Wenn du es niedergeschrieben hast, dann kannst du es für dich durchgehen. Vielleicht enthüllt das eine oder andere schon etwas zu deinem Thema. Vielleicht auch noch nicht. Aber lass dir Zeit, lass es wirken und schau immer wieder darauf. Du wirst sehen, dass mit der Zeit deine Entscheidung, deine Fragestellung angereichert wird von neuen Informationen und neuem innerem Spürsinn, sodass du vielleicht, wenn du vor einer existenziellen Entscheidung stehst, diese dann mit dem Rückenwind der Inneren Weisheit besser treffen kannst.

Einfach wirken lassen. Es kann später vielleicht noch ein Traum dazu kommen, es kann sein, dass synchronistische Ereignisse auftreten, dir plötzlich etwas in die Hände fällt, das du vorher nicht bemerkt hättest. Vielleicht begegnest du auch einem anderen Menschen, durch den dir dann plötzlich auch zu diesem Thema etwas klarer wird. Die Kontemplation wirkt auf unterschiedlichsten Ebenen, nicht nur in der linearen Beantwortung deiner Frage, sondern es können auch ganz fremd anmutende Aspekte mit hinzukommen. Du wirst insgesamt feinfühliger wahrnehmen, du erkennst leichter Synchronizitäten und kannst die unterschiedlichen Dinge, die dann auf dich einströmen, besser verarbeiten. Probiere es einfach mal aus.

Wenn eine Fragestellung sehr komplex ist, kann man eine Kontemplation auch mehrere Male durchführen. Manche Fragestellungen brauchen dies auch. Normalerweise nimmt man sich für eine Kontemplation mindestens eine halbe Stunde Zeit.

DIE FÜLLE DEINES LEBENS

WIR STERBEN,
WIE WIR GELEBT HABEN

Vor vielen Jahren hatte ich einen Unfall. Ich bin damals in ein Schwimmbecken gesprungen und mit dem Kopf auf dem Beton aufgeprallt. Damals hat es mich innerlich wie ins Weltall geschleudert. Ich bin einer Schweizer Ärztin in die Hände gefallen, die mich erstversorgt hat. Im Rettungswagen sind dann bestimmte Fragen aufgekommen: Wenn ich morgen sterben würde, was täte mir leid, nicht gelebt zu haben? Oder: Wenn ich morgen sterben würde, was würde ich heute noch in Ordnung bringen?

Menschen, die dem Tode nahe waren, haben nachher erzählt, dass ihr bisheriges Leben wie ein Film vor ihrem geistigen Auge ablief. Danach setzten sie sich intensiver mit ihrem Leben auseinander, mit dem Ergebnis, dass sie weniger an materiellen Gütern festhalten oder weniger egoistisch mit anderen umgehen wollten. Manchmal kommt es aber auch zu Visionen von albtraumhaften Welten, Strudeln, in die man hineingezogen wird, oder selbst zum Anblick von Dämonen.

Wir müssen uns immer vorstellen, in der Nähe des Todes wirken zwei Mechanismen gegeneinander, die eine ganz starke

Ausprägung haben: Der eine Mechanismus ist das Noch-festhalten-Wollen an bisherigen Sicherheiten, an irgendetwas, mit dem ich mich noch stabil und sicher fühle. Der andere ist das Loslassen-Müssen von dieser Sicherheit.

Und zwischen Festhalten-Wollen und Loslassen-Müssen entsteht eine Dynamik, die eine bestimmte Zeit anhält, so berichten Leute, die das erlebt haben, und auch Sterbebegleiter. Das kann dazu führen, dass viele innere Fragen aufgeworfen werden, dass wir sogar noch Reifungsschritte vollziehen können. Weil uns plötzlich auch Dinge aus unserer Vergangenheit heraus klar werden: Dort gibt es noch jemanden, mit dem ich in Unordnung lebe, und es wäre mir recht, wenn es bereinigt werden könnte.

Auch wenn es vielleicht konkret gar nicht mehr möglich ist, aber allein dieser Wunsch, der auftaucht, kann sich so verdichten, dass das bildhaft deutlich wird und Sätze gemurmelt werden, um die Balance wiederherzustellen. Und manchmal ist es auch so, dass das, was wir im Leben verdrängt oder beiseite geschoben und tabuisiert haben, dann plötzlich in Todesnähe ganz stark ins Bewusstsein drängt. Weil die Abwehrstrukturen in Todesnähe löchriger werden.

Bestimmte kognitive, emotionale und körperliche Mechanismen greifen nicht mehr so wie gewohnt. Etwas dringt durch und schafft sich Raum, was bisher vielleicht unter dem Teppich gehalten wurde. Und das verbindet sich manchmal mit kollektiven Archetypen, mit bestimmten archaischen Gefühlen, mit überwältigenden Bildern, dass man beispielsweise von einem Sturm umgeweht wird, gegen den man sich nicht wehren kann.

So wie wir gelebt haben, so werden wir auch im Tod mit unserem gelebten Leben konfrontiert werden. So werden auch die nicht bewältigten Themen noch einmal mobilisiert, weil die Abwehr geschwächt ist, eine Art Zensurschwäche oder Kontrollverlust, die durch den Sterbeprozess hervorgerufen werden. Das ist aber auch von Vorteil: Dieses Aussetzen unserer Kontrollmechanismen macht uns innerlich labiler, gleichzeitig aber auch durchlässiger, sodass sich dadurch wunderbare Reifungsschritte vollziehen können.

Mein Vater und ich hatten eine sehr konflikthafte Beziehung, die sich aber schon im Leben zum Positiven gewandelt hat. Als er im Sterben lag, in den letzten Tagen, kamen bei ihm noch einmal Bilder hoch, und ihm sind Sachen klar geworden, die er bei mir mitbekommen, aber innerlich verdrängt und weggeschoben hatte. Er konnte das aussprechen und dadurch hat sich für uns beide noch einmal etwas zusammengefügt. Man darf das nicht unterschätzen. Es können enorme Entwicklungsschritte in dieser Phase passieren, weil wir massiv konfrontiert sind mit allem, was in uns ist. Das Material wird sozusagen flüssig und integrationsbereit. Es strömt, es kommt und es ist nicht mehr durch die gewohnten Abwehrmechanismen aufzuhalten.

Möglicherweise kann auch passieren, dass uns die Gefühle von uns wichtigen anderen Menschen oder vertrauten Personen, mit denen wir vielleicht schlecht umgegangen sind, plötzlich nahekommen. Wir spüren empathisch, wie sich derjenige damals gefühlt haben mag, sodass die Bereitschaft, etwas in Ordnung oder in Ausgleich zu bringen, in diesem Stadium sehr hoch ist. Das heißt nicht, dass es immer dazu kommt.

Und dann wird auch von Erfahrungen berichtet wie vom Durch-etwas-hindurch-Schreiten, von Zwischenzuständen, von Bildern wie einem Gang durch einen Tunnel oder eine Höhle, wo plötzlich eine Tür aufgeht und Licht hereinströmt. Diese Erfahrungen sind manchmal auch angezweifelt worden. Man sagt, dass hirnphysiologisch bei Reizung der Schädellappen auch solche Transzendenzerfahrungen auftreten. Das kann durchaus sein, weil ja bei jeder Erfahrung alle Teile unseres Wesens beteiligt sind, auch das Gehirn.

Auch der Gehirnforscher Gerhard Roth[19] hat eingeräumt, wenn er Berichte über Nahtoderfahrungen hörte, dass dies weder aussage, dass es ein Jenseits gibt, noch dass es keins gibt.

Wenn wir immer wieder an unsere Erkenntnisgrenzen stoßen und keine Aussage darüber machen können, dann gibt es nur eine Möglichkeit, mit solcher Art Erfahrung umzugehen: dem Erfahrenden Wertschätzung entgegenzubringen. Die Erfahrung für sich selbst sprechen zu lassen, wie der Gestaltpsychologe Wolfgang Metzger sagt[20], ohne Seitenblicke auf früher Gelerntes oder Bekanntes.

Lass die Erfahrung für sich selbst sprechen und enthalte dich zunächst voreiliger Urteile darüber, sodass du dich innerlich einfühlen kannst. Auf jeden Fall handelt es sich um eine psychische Realität, vielleicht nicht um eine Realität, die mit äußeren Maßstäben zu fassen ist. Aber das anzuerkennen ist wichtig. Und deshalb muss man im Umgang mit solchen Berichten sagen: In Ordnung, jemand kann das erleben. Es erleben nicht alle, aber wir haben anzuerkennen, dass es auch erlebt wird oder zumindest, dass es berichtet wird.

Und ein dritter wichtiger Punkt in solchen Zusammenhängen ist, dass Menschen, die so eine Erfahrung gemacht haben, sich danach offenbar stabiler im Leben fühlten. Auch von Menschen, die diese Erfahrung im Rahmen eines Selbstmordversuches gemacht haben, hört man, dass sie sich danach sicherer fühlten und weniger an Suizid dachten als davor. Weil sie in dieser Erfahrung etwas erlebt haben, das ihre Wertigkeiten im Leben veränderte, und sie neue, andere Wertmaßstäbe erlangten.

Das heißt aber nicht, dass schwere Depressionen, die oft auch genetisch bedingt sind, durch missglückte Selbstmordversuche geheilt sind. Es sagt nur aus, dass diese Art von Seinserfahrungen – Dürckheim[21] spricht von Seinsfühlungen – uns als Ressource in einem sonst belasteten Leben dienen kann. Insofern ist es sehr wichtig, sich mit diesem Thema zu beschäftigen und sich im Leben diese Frage zu stellen: Wenn ich morgen sterben würde, was täte mir leid, nicht gelebt zu haben: Wenn ich morgen sterben würde, was würde ich heute noch in Ordnung bringen?

LASS ALTES HINTER DIR

Es ist erforderlich, dass manche Konzepte oder manche Ideen, wie wir etwas zu lösen haben, sterben. Ich möchte ein Beispiel aus einer Gruppe nehmen: Jemand war in der Atemsitzung plötzlich in der Situation, keine Luft mehr zu bekommen. Ihr könnt euch vorstellen, was passiert, wenn man das Gefühl hat zu ersticken: Todesangst. Wir wissen, dass der Atem ja wunderbarerweise zwei Aspekte beinhaltet: einerseits das Unwillkürliche, es atmet von selbst, ohne dass wir etwas tun müssen, weil es einfach atmet. Wir können aber auch den Atem regulieren. Man hat also auch eine willkürliche Möglichkeit, mit dem Atem umzugehen. Viele mystische Richtungen haben sich auch dies zunutze gemacht, um in einen anderen Bewusstseinszustand zu gelangen.

Es trat also in dem Fall Atemnot auf, es entstand starke Angst. Was engt hier ein, was drückt und schmerzt in dem Moment? In der Regel ist es eine Enge im Brustraum. Der Atmende hatte schon zuvor einmal gesagt, dass er dort eine Blockade fühle. Und diese

Blockade mache es ihm schwer, das Herz zu öffnen. Durch das schnellere Atmen entsteht in einem solchen Fall interessanterweise nicht ein Zuviel an Atem, sondern ein Zuwenig. Weil die Enge spürbar wurde. Wie kommt das zustande? In dem Augenblick, wo ich in einem veränderten Bewusstseinszustand bin, spüre ich Spannungen und Einengungen viel stärker. Plötzlich kommt die Idee auf, es ist so eng hier, und damit entsteht die Angst, den Brustraum nicht mehr füllen zu können. Und dann entsteht das Gefühl von Atemnot.

Wenn keine konstitutionellen oder körperlichen Kontraindikationen bestehen – wenn jemand Asthma oder sonst eine Erkrankung hat, würde man diese Arbeit nur unter ganz besonderen Bedingungen durchführen –, dann handelt es sich um einen Prozess, wo sich etwas öffnen möchte. Gleichzeitig muss, um sich öffnen zu können, etwas sterben. Was muss sterben in dem Moment? Die Spannung, die Kontraktion.

Und das ist gar nicht so einfach. Denn sie hat sich über Jahre aufgebaut, hat sich zu einer Struktur entwickelt, an die wir uns gewöhnt haben. So heißt Lebensangst oder Sterbensangst übersetzt: Musterangst. Dass etwas, das mir Halt gibt, worin ich Form und Sicherheit finde, worin ich mich wiedererkenne, als der oder die, die ich eigentlich bin, sich in diesem Moment aufzulösen droht.

Ich möchte noch ein extremes Beispiel nennen – damit wir wissen, wovon wir sprechen, wenn wir Muster transformieren, loslassen und auflösen: Ein Suchtkranker wird in den ersten drei Tagen seines Entzugs absolute Höllenqualen durchmachen, weil der Körper, die Seele und der Geist der Überzeugung sind, dass das Suchtmittel zu ihnen gehört. Das funktioniert im Sinne eines überlebensnotwendigen Mechanismus. Alles sträubt sich gegen den Entzug, und wenn er da hindurchgeht, wird er zittern, wird ihm heiß und kalt werden. Alle Prozesse, die er da durchschreitet, sind bestimmt von ganz tiefsitzenden Ängsten, dass etwas, das ihm Halt gegeben hat, das ihn über Wasser gehalten hat, ihm da und dort Beruhigung gegeben hat, verloren geht. Im Grunde ist es paradox, weil er ein besseres Leben führen kann, wenn er durch diese Schritte hindurchgegangen ist.

Und so müssen wir das verstehen, weshalb unsere Seele einen tiefen Kampf mit uns führt: aus der Erfahrung der Vergangenheit heraus. Weil ich in diesem Moment noch nicht weiß, nicht wissen kann, dass ich ohne das Suchtmittel, ohne die selbstverordneten und in Mustern aufgebauten destruktiven Mechanismen besser leben kann. Für die Seele ist es im Erleben noch nicht präsent, das muss erst erfühlt und wahrgenommen werden. Wenn am Ende Entspannung eintritt, Weichheit, dann muss man im nächsten Schritt noch gegen die Überzeugungen kämpfen. Der Körper hat sich zwar schon geweitet, aber die Überzeugungen und Konstrukte sind noch nicht so weit, sie sind – symbolisch gesprochen – noch nicht mit dem Körper mitgereist und in das Gehirn vorgedrungen. Der Bauch hat es schon wahrgenommen, der Brustraum auch, aber die Großhirnrinde hinkt noch etwas nach. Und in diesem Moment müssen wir noch einmal nachhelfen. Deshalb ist der bewertungsfreie Raum so wichtig, gerade wenn Neues erfahren wird.

Und wie sieht so ein typischer Weg aus, bis es zur Veränderung kommt? Ich fühle mich vielleicht da oder dort etwas unwohl. Wenn ich beginne, mit jemandem darüber zu sprechen, dann empfinde ich Scheu oder Angst, jemand anders könnte mich dafür ablehnen. Das ist schon der erste Impuls zur Bewusstwerdung, wenn ich mich mit etwas unrund fühle. In der Gestalttherapie sagt man: Eine unerledigte Gestalt taucht in mir auf. Sie bringt meine Balance etwas durcheinander.

Jetzt gibt es zwei Wege, damit umzugehen: Der eine ist, etwas noch weiter zu verdrängen, sodass das Unwohlsein nicht mehr vital ist, aber in mir dennoch steckt und sich als ein chronisches »mit dem Leben nicht ganz einverstanden sein« zeigt. Folge ich aber dem anderen Weg, dann begegne ich Ängsten. Die erste Angst ist: Was passiert mit mir, wenn ich mich darauf einlasse? Doch der Bewusstseinsprozess ist jetzt schon angestoßen, weil ich mich damit beschäftige; das Unbewusste gibt jetzt auch keine Ruhe mehr. Das Innere arbeitet und schafft sich auch äußere Gelegenheiten, um daran zu erinnern, dass wir dem Bewusstseinsweg folgen sollten.

STIRB UND WERDE!

Und jetzt machen wir einen weiteren großen Schritt: So kann es vorkommen, dass beim Atmen, durch die Energetisierung des Gesamtfeldes, durch das Erleben von jemandem, der auch vielleicht gerade Ähnliches durchmacht, sich ein Bewusstseinsimpuls nicht mehr mit eigenen Kräften zurückdrängen lässt. Das ist dann die Situation, die wir möglicherweise auch beim Sterben vorfinden. Eine Phase, wo die Unumkehrbarkeit des Prozesses einsetzt und wir uns von der Dynamik des letzten Schrittes so angezogen fühlen, dass wir uns dem nicht mehr entziehen können.

Was gilt es in diesem Moment zu tun? Zu diesem inneren Prozess Ja zu sagen. Denn dieser innere Prozess mit seiner ihm innewohnenden Intelligenz reguliert ab diesem Augenblick den inneren Vorgang. Der Kopf kann sich dem nicht mehr entziehen. Im Sterben sieht das vielleicht so aus, dass kognitive Deutungshorizonte wegbrechen und dass plötzlich nicht mehr ganz unterschieden werden kann zwischen inneren und äußeren Vorgängen. Dieses

Geschehen gewinnt eine innere Intensität, bei der es kein Zurück mehr gibt.

So ist es auch beim Bewusstseinsprozess. Darum werden spirituelle Richtungen immer in dem Prinzip des »Stirb und Werde« ein sehr mächtiges Prinzip erkennen. In dem Augenblick, wo dieser Bewusstseinsprozess an Fahrt gewinnt, wäre er nur noch durch gewaltsame Maßnahmen aufzuhalten, indem man beispielsweise jemanden aus der Atemsitzung holt.

Wenn so ein Prozess unterbrochen wird, ist es wie ein abgelenkter Pfeil, der dann in einem stecken bleibt. Und irgendwann muss diese Verletzung neu bearbeitet werden.

Bei Atemsitzungen unterstützen wir diesen Prozess, indem wir ganz normale Interventionen setzen, die nicht anders lauten als: Lass zu, lass es geschehen, komm her; jemanden ermutigen, sich anzuhalten und Sicherheit zu geben; Wärme vermitteln, sodass jemand ein Milieu hat, wo eine emotional korrigierende Erfahrung stattfinden kann.

Manchmal dauern Entwicklungsprozesse etwas länger. Ich brauche die volle Bereitschaft hineinzugehen, wenn ich durchkommen möchte. In der Begleitung von Menschen in ihrem Entwicklungsprozess ist es wichtig, einen langen Atem zu haben. Phänomenologisch heißt es, ich begleite das, was sich zeigen möchte. Es geht um die radikale Wertschätzung des augenblicklichen Zustandes. Es braucht kein Vorwärtsschieben. Weil der Impuls selbst vorwärts geht und sich die Gelegenheit, das Umfeld, die innere Konstitution sucht, um diesen Schritt machen zu können.

Ist der Prozess aber dann einmal in Gang gesetzt, gewinnt er mehr und mehr an Fahrt. Es gibt dann nichts anderes mehr als: Lass es zu. Es ist dieser ganz entscheidende Moment des Stirb und Werde. Und wir wissen, in dem Moment, wo wir diese Enge spüren, vergleichen wir das mythologisch mit Karfreitag, dem Motto folgend: »Mein Gott, warum hast du mich verlassen?« Ein Mensch, der das erlebt, wird in diesem Moment keinen Ostersonntag vor sich haben.

Erst wenn wir durch dieses Erleben hindurchgehen, uns einlassen und diesen Vorgang des Sterbens zulassen, dann können sich diese alten Muster und Verhärtungen auflösen. Woran wir arbeiten, was wir gemeinsam auflösen und was stirbt, sind Muster, Bedingtheiten, Anhaftungen usw., alles, was in uns in zugespitzter Weise fest geworden ist.

Und jetzt müssen wir das noch einmal übertragen auf das Leben. Wann werden wir zum Loslassen gezwungen? Vielleicht ist es das Zerbrechen von Hoffnungen und Wünschen, das Ende einer Beziehung, das den Verlust von vertrauten Umgebungsfeldern mit sich bringt, oder auch der Verlust von Arbeit. Es sind diese kleinen Tode, die wir im Leben zu sterben haben und mit denen wir uns auseinanderzusetzen haben, um unseren nächsten Entwicklungsschritt zu gehen. Lucius Annaeus Seneca sagt: »Leben muss man das ganze Leben hindurch lernen, und was vielleicht noch sonderbarer klingt: all seine Lebtage muss man sterben lernen.«[22]

Und genau das ist mit dem Gebot »Stirb und Werde« gemeint. Transformiere, lass sie los, lass sie sterben, die Muster, die dich einengen, die Anhaftungen, die du überidentifizierst, die Bedingtheiten, aus denen heraus du dein Leben aus der vergangenen Perspektive lebst. Um zum Sein vorzudringen, zu dem, was uns innerlich durchpulst, durchwirkt und umfasst, müssen diese Bedingtheiten immer wieder fallen gelassen werden. Was wir fürs Überleben, für einen nützlichen Alltag, für sich wiederholende Alltagserledigungen brauchen, ist uns klar, doch die Herausforderung ist, diese Dinge in ihrem rechten Zusammenhang und ihrer rechten Relation zu sehen und sie nicht überzubetonen, weil sie vergänglich sind.

Wer hat nicht schon einmal erlebt, dass er etwas aufgeben musste, dass er verlassen wurde, dass er Wünsche hatte, die nicht in Erfüllung gegangen sind? Und das sind diese Herausforderungen, im Leben sterben zu lernen, um ein besseres, umfassenderes und besser gegründetes Leben führen zu können. Das, was wehtut, was schmerzt, sind meistens die Muster, wenn sie sterben. Und weil uns was abgeht – es ist, als ob uns gute Freunde oder vielleicht besser gesagt, die »besten Feinde« zu verlassen drohen. Wichtig ist, dass wir den Abschied von alten Mustern nicht als etwas sehen, was uns schädigt, sondern was uns hilft. Jede Art von Wachstumsschritt ist von einer Heilungskrise begleitet. Und da gibt es auch das eine oder andere zu durchleiden.

Manchmal dauern Entwicklungsprozesse etwas länger. Ich brauche die volle Bereitschaft hineinzugehen, wenn ich durchkommen möchte. Und die volle Bereitschaft – da vertraue ich ganz dem Bewusstseinsimpuls – ergibt sich irgendwann. In der Begleitung von Menschen in ihrem Entwicklungsprozess ist es wichtig, Geduld zu üben. Phänomenologisch heißt es, ich begleite das, was sich zeigen möchte. Und wenn sich zeigen möchte, dass ich einen Schritt zurücktrete, um es noch einmal zu betrachten, um es noch einmal anzuschauen, um vielleicht später einen weiteren Anlauf zu nehmen, dann ist das genauso wichtig, anstatt gleich den Schritt zu machen. Es geht um die radikale Wertschätzung des augenblicklichen Zustandes. Es braucht kein Vorwärtsschieben. Weil der Impuls sich die Gelegenheit sucht, das Umfeld, die innere Konstitution, um diesen Schritt machen zu können.

Gurumayi sagt: »Jeder möchte in seiner Entwicklung immer große Sprünge machen, doch bedenke: Jeder kleinere Schritt hat seinen inneren Plan. Möchtest du ihn nicht kennenlernen? Wenn du achtsam Schritt für Schritt deiner inneren Entwicklung folgst, dann weißt du am Ende, was du für das größere Ganze getan hast.« Das ist für mich ein wunderbares Zitat, um die Charakteristik unseres Wachstums darzustellen.

ÜBUNG

IM LEBEN STERBEN LERNEN

Wir werden uns nun gemeinsam in die Zukunft bewegen, um zu erahnen, was im Sterben auf uns wartet, was wir auf dem Weg dorthin noch bereinigen können und welche Reifungsschritte in diesem Prozess noch möglich sind. Wir werden uns zunächst wieder entspannt spüren, alle Vorstellungen zur Seite legen und uns ganz auf diese Schritte einstellen.

Mit dieser Übung wollen wir Einsichten gewinnen, was wir beim Sterben erfahren können, um es fürs Leben zu nutzen.

Die Teilnehmer liegen auf dem Rücken auf der Matte, im Hintergrund spielt Meditationsmusik, während ich zu den Teilnehmern spreche.

Überlass dein Gewicht ganz der Unterlage, gerade so, wie es im Augenblick möglich ist. Spüre, wie du dich dabei entspannst, gleichzeitig öffnest und loslässt. Wenn du merkst, dass deine Gliedmaßen einigermaßen ruhig aufliegen können, dann wende dich deinem Bewusstseinsraum zu und lass dich auch dort frei und weit werden. Und wenn ich einige Hilfestellungen gebe, fühle dich ganz frei, sie anzunehmen oder loszulassen, damit umzugehen oder sie sein zu lassen.

Erlaube dir beim Einatmen, offen zu werden, und beim Ausatmen, loszulassen. So kannst du besser spüren und wahrnehmen, wie du wirklich bist. Nur im Gewährenlassen, im Seinlassen können wir uns in der Tiefe unserer Existenz begreifen. Dann erlaube dir, ganz kurz ein bis drei Mal innerlich deinen Namen auszusprechen: Ich bin ..., ich bin ..., sprich deinen Namen aus für dich als Zeichen deiner personalen Existenz, zum Zeichen deines Soseins in der Welt.

Und dann schau dich für einen Augenblick innerlich an. Mit Liebe und Mitgefühl, so wie du geworden bist, heute, hier und jetzt, wie du aussiehst und was dich ausmacht. Einfach ein Bild von dir, das du für einen Augenblick innerlich auftauchen lässt. Vielleicht mit dem Satz: Der oder die bin ich geworden. Vielleicht mag es auch sein, dass der eine oder andere Umstand deines Lebens oder die eine oder andere Schicksalserfahrung deines Lebens dich geformt hat und dir jetzt gegenwärtig wird.

Lass zwei, drei solcher entscheidenden Wendungen in deinem Leben innerlich vor deinem Auge auftauchen, egal aus welchem Bereich, ob beruflich oder privat, die dich mitgeprägt haben, sodass du zu der Person geworden bist, die du heute bist.

Dabei ist dein Herz offen, Mitgefühl mit deiner Existenz wird frei, und du kannst Achtung vor deinem Lebensweg zulassen. Vieles hast du getan, um deiner selbst bewusst zu werden, zu verstehen, wie das Leben ist, und ein gutes Leben zu führen. Für einen Moment achte und würdige deinen Weg bis dahin. Und dabei spürst du auch, wie der Boden dich trägt, dein Atem dich öffnet und von Belastungen befreit, dein Herz liebevoll mitschwingt mit deiner Existenz, deinem Hiersein.

Eine Wegstrecke liegt hinter dir. Mit Milde und Güte erlaube ich mir, das, was war, auch vergangen sein zu lassen. Es für einen Augenblick ruhen zu lassen. Als Gewesenes, als Verstrichenes. Ob es nun Chancen, Belastungen oder Entscheidungen waren. Erlaube dir, sie ruhen zu lassen. Sie ganz dem Universum anzuvertrauen.

Eine Wegstrecke liegt hinter uns und eine Wegstrecke liegt vor uns; erlaube dir, diese Strecke, die vor dir liegt, tatsächlich als Wegstrecke zu sehen, an deren Ende oder Horizont das Ereignis Sterben steht. Der Bruder Tod, der auf dich wartet. Stetig und gewiss, unumkehrbar und ausdauernd. Er kann warten.

Lass uns nun die Reise beginnen. Dabei stell dir vor, wie du in größeren oder kleineren Schritten vorwärtsgehst, dem Bruder Tod entgegen, der auf dich wartet, stetig und gewiss. Und stell dir vor, ob du nun in Fünf- oder Zehnjahresschritten gehst, was sich in dir wandelt vom Körperlichen, vom Beruflichen und Seelischen her. Stell dir vor, wie du dich einem Alter annäherst, in dem du, noch wach und klar, einigermaßen stabil und offen, die Nähe zu Bruder Tod mehr und mehr aufbaust. Und dass du dann auf deinem Weg kurz anhältst, dort wo du dich im Moment gerade befindest.

Wir halten nun kurz inne und stellen uns vor, wie das, was wir noch gerne gelebt hätten, Wirklichkeit wird. Einfach nur in deiner Vorstellung, in deinen Bildern. Das kann sich auf Vergangenes, Zukünftiges oder Gegenwärtiges beziehen: Ich erlaube mir, meine Wünsche an das Leben in meiner Vorstellung zu verwirklichen. Das, was du vielleicht immer schon mal machen wolltest, oder das, was du dich nicht getraut hast zu machen, oder vielleicht das, wozu sich keine Gelegenheit ergab. Einfach nur hinspüren und vorstellen, wie es dir dabei geht, was sich bei dir verwandelt, wenn du das zulässt, wenn sich das verkörpern kann. Nimm vielleicht für einen Moment dein Gesicht wahr, wie es aussieht, wenn dieses Neue ins Leben kommt. Sodass es in deinem Leben Platz haben kann. Dir einfach nur vorstellen, die Qualität zu spüren, die es ausstrahlt, und die Kraft wahrnehmen, zu der es fähig ist. Vielleicht lässt sich das eine oder andere noch verwirklichen, was du dir vorstellst. Vielleicht aber ist es Zeit, dich davon zu verabschieden. Indem du einfach anerkennst, dass es sich nicht verwirklichen durfte.

Und von diesem Haltepunkt brechen wir dann wieder auf und erlauben uns, auch die Wünsche an das Leben für einen Moment loszulassen. Bewusst im Kontakt mit dem Atem gehen wir weiter und bemerken, wie Bruder Tod stärker aus seinen Umrissen hervortritt. Wir können schon seine Konturen genauer erkennen. Manchmal denken wir vielleicht schon daran, dass das eine oder andere schwächer wird, vielleicht nehmen auch die Wehwehchen zu, der eine oder andere Gedanke entflieht uns, und wir finden ihn nicht mehr. Aber wir sind dennoch gut integriert und orientiert, dass wir alles gut wahrnehmen. Krankheiten dauern vielleicht etwas länger, bis sie ausheilen. Bestimmte Tätigkeiten lassen sich nicht mehr so elegant umsetzen wie früher. Die Enkelkinder werden größer und allmählich verabschiede ich mich auch von meinem Beruf, sofern er noch eine Rolle spielt.

Und ich spüre, wie sich das von innen her anfühlt. Diese Veränderung im Körper. Wie sich die Glieder schwerer bewegen lassen, das Herz nicht mehr die Belastungen wie früher durchsteht und die Gedanken nicht mehr so flüssig sind wie gewohnt. Erlaube dir, diesen Zustand zu würdigen und anzuerkennen als Zustand der Veränderung, der wir alle unterliegen. Vielleicht gibt es ein Sträuben in dir, das zu akzeptieren. Vielleicht aber gelingt es auch, Ja zu sagen, zu diesem Nachlassen, zu diesem dünner werdenden Lebensstrom.

Um uns dann auf die nächsten Schritte vorzubereiten, erlauben wir uns noch einmal, zurückzuschauen auf das, was jetzt mit uns geworden ist. Vielleicht gibt es noch Reste, die in Ordnung zu bringen sind, Konflikte mit Menschen, die zu bereinigen sind, oder etwas, das mir jetzt leid tut, etwas, das vorgefallen ist oder das ich in Unordnung gebracht habe. Dabei ist es wichtig, dies mit Verständnis und Mitgefühl zu betrachten. Ja, das war so, und vielleicht tauchen auch Sätze auf, die das eine oder andere bereinigen können. Nimm für einen Moment in deinem Bewusstsein ganz klar ein, zwei oder drei Menschen wahr, bei denen du etwas gutmachen möchtest. Und erlaube dir, dies in einem schlichten Satz oder einer Geste ihnen darzubringen, sodass du unbelastet von diesen Konflikten deinen Weg weitergehen kannst. Für die nächsten Minuten gib dir Zeit, dies in Ordnung zu bringen. Spüre, wie es sich anfühlt, wenn es in Ordnung kommt. Einfach nur wahrnehmen. Vielleicht lässt sich auch etwas nicht lösen, trotz deiner Bemühung. Dann sag auch dazu: Ja, so ist es, dieser Rest ist vielleicht geblieben.

Nun gehen wir ganz nahe an unseren Bruder Tod heran. Die Augen werden vielleicht trüber, aber wir spüren seine Gegenwart. Auch die anderen Sinne lassen nach, die körperliche Sicherheit wird fragiler und instabiler. Du kannst dich vielleicht gar nicht mehr auf den Beinen halten, auch das gehört dazu. Die Kinder helfen dir, auch andere unterstützen dich. Vielleicht deine Familie, vielleicht auch andere Menschen stützen dich, wenn du ein paar Schritte gehst. Angesichts des gegenwärtigen Todes oder des näherrückenden ganz nahekommenden Todes, beginnst du Bilanz zu ziehen.

Für einen Augenblick nimmst du nochmal deine Lebensspur wahr. Das, was deine Aufgabe war im Leben, das, was dabei möglich oder unmöglich war. Auch spürst du trotz der zunehmenden Schwäche, wie dein Herz milder wird und du aufgrund der jahrelangen Bewusstseinsarbeit ein bisschen besser loslassen kannst. Trotzdem fällt es schwer.

Ängstlichkeit macht sich breit. Jede kleine Lebenstätigkeit im Alltag wird zur Herausforderung. Nichts geht mehr wie früher oder wie von selbst. Allmählich wird die Kraft deiner Gedanken nur noch schwach ausgeprägt sein. Vieles vergisst du, manches ist noch stark da. In diesem Moment erlaube dir noch einmal Ja zu sagen zu dieser Abnahme deiner Lebensfähigkeiten, deiner Sinneswahrnehmungen und deiner geistigen Kräfte. Ja zu sagen zu diesem von der Natur vorgesehenen Prozess. Eine eigenartige Dynamik entsteht, du weißt auch nicht mehr genau: Kommt etwas von innen oder von außen? Manchmal gibt es ein lautes Stimmengewirr, und du bist überrascht, wie die Menschen in der Nähe verwundert reagieren. Bilder und Szenen tauchen auf und gehen wieder. Ohne dass du etwas dazu tust. Ängste um dein Leben werden dichter. Sanft beginnt Bruder Tod dir auf den Leib zu rücken. Du spürst seine Nähe mehr und mehr.

Und nun lassen deine Glieder, deine Gliedmaßen, deine Knochen, deine Sehnen jede Stabilität vermissen. Spüre, wie es nur noch ein Thema gibt: loslassen und sterben. Loslassen und sterben. Jetzt, hier, haben wir die Gelegenheit, diesen letzten Schritt ganz selbst zu wählen, indem wir Ja sagen und ausatmen. Ja sagen und ausatmen. Und wenn du das tust, dann überlass dich ganz dem, was dann geschieht, in deiner Vorstellung, in deinen Gefühlen, in deinem inneren Zustand. Du nimmst einfach wahr, was geschieht, was auftaucht. Ob es nun Figuren sind, Zustände, Erscheinungen oder auch gar nichts von alledem. Und spüre, wie du die Nähe des Todes riechen, hören, sehen und spüren kannst. Jede Zelle deines Lebens ist schon damit in Kontakt. Gezogen und mitgenommen und aufgenommen in den neuen anderen Zustand, den das Sterben mit sich bringt.

Du brauchst nichts anderes zu tun, als jetzt den Zeitpunkt zu wählen, wo du Ja sagst und dann ausatmest. Spüre, und nimm wahr, was nun geschieht durch dich, mit dir und um dich herum.

Vielleicht weiten sich die Räume, vielleicht tauchen Lebewesen auf, vielleicht tauchen Erscheinungen auf, vielleicht nichts von alledem. Einfach nur zulassen und loslassen.

Einige Zeit Stille.

Wenn wir dann allmählich von unserer Reise zurückkehren, nimm wahr, was du vielleicht mitnehmen möchtest an Erfahrung für dein Leben. Nur wer im Leben sterben lernt, wird leben können, so Seneca.

DAS ERLÖSENDE MOMENT DER GEGENWÄRTIGKEIT

Die meisten von uns sind ihr Leben lang von einem Wust von Projekten, Erwartungen und Plänen für die Zukunft eingenommen. Sowie von dauernden Schuldgefühlen und Gefühlen von Scham im Hinblick auf die Vergangenheit. In die Gegenwart zurückkehren, bedeutet dem Konflikt ein Ende zu setzen«, so ein Zitat von Jack Kornfield.[23]

Natürlich ist das nicht so leicht, und bestimmte Punkte aus unserer Vergangenheit müssen auch gesehen und erlöst werden, sodass wir sie gut loslassen können. Erlöst oder gesehen werden heißt: anerkennen mit Mitgefühl und Wertschätzung, dass das passiert ist. Gemeint sind Situationen, in denen ich mich »falsch« verhalten habe, wo ich Sorge habe, dass die anderen über mich schlecht denken könnten. Wir beschäftigen uns mit vielen solchen Dingen: Bin ich geliebt, bin ich angenommen, was habe ich gesagt, wie werde ich von anderen wahrgenommen usw.? Viele unserer Gedanken kreisen um diese Themen. Nehmt Vergangenheit, wenn sie euch belastet, nur dafür her, um euch etwas bewusst zu machen und es zu erlösen, und nicht, um euch damit abzuwerten und niederzumachen, was normalerweise passiert.

Zum Beispiel: Man hat einen Satz gesagt und kann ihn nicht mehr rückgängig machen. Dann muss man sich mit dieser Erfahrung innerlich wirklich akzeptieren. Es ist nicht mehr zu verändern. Die Tragik wird nur dann verstärkt, wenn du das Gesagte nicht anerkennst. Wenn du nicht anerkennst, dass es nicht zu verändern ist. Wenn du überlegst und Strategien entwickelst, wie du das vielleicht doch noch irgendwie herumbiegen kannst und noch hinterher einen Telefonanruf machst – dann wird das Gebäude immer komplizierter. Anstatt zu sagen: Ja, ich habe das gesagt, und das macht mich jetzt auch traurig.

Aber es ist, wie es ist, und ich kann es nicht mehr rückgängig machen. Was vergangen ist, anerkennen als etwas, was so geschehen ist. Was ich aber auflösen kann, das sind die daran hängenden möglicherweise alten Muster, mit denen ich dadurch konfrontiert werde. Zum Beispiel: Ich fühle mich schnell ungeliebt, wenn ich nur ein ehrliches Wort ausspreche, oder: Ich bin sowieso in den Augen der anderen inkompetent, und da habe ich es mal wieder bewiesen usw. Dann gilt es, genau diese Muster zu bearbeiten, anzuschauen und zu erlösen. Und nicht mehr sozusagen hier herumzutun, dass ich das noch in irgendeiner Weise verändern könnte. Anerkennen, was war – wir können es nicht ändern. Und diese Tatsache wirklich an uns heranlassen und dann loslassen. Dort, wo ich merke, dass alte Muster mitwirken, dort gilt es, damit zu arbeiten und sie zu erlösen.

Wir schalten Vergangenheit nicht aus, wir verurteilen sie nicht. Wir erlauben uns, dass die Vergangenheit ihrem Wesen nach Vergangenes sein darf. Das ist es, was wir der Vergangenheit schuldig sind. Warum gibt es Vergangenheit? Weil es Entwicklung gibt. Und wenn wir Vergangenheit nicht als Vergangenheit respektieren, verhindern wir Wachstum. Und das wäre schädlich dem Wachstum, dem Leben gegenüber.

Der andere Punkt, der uns immer wieder beschäftigt, ist die Zukunft. Immer wieder Pläne, immer wieder Sorgen um die Zukunft, immer wieder Gedanken darüber, dass dies oder jenes nicht richtig laufen oder schiefgehen wird. Dabei beziehen wir nicht ein, dass die Zukunft auch Neues beinhaltet, worüber wir noch nicht Bescheid wissen. Der Gedanke an die Zukunft ist meistens ein Entwurf aus meiner Vergangenheit. Es ist eine Hochrechnung, die sich zusammensetzt aus meinem inneren Betriebssystem, den gemachten Erfahrungen und Erwartungen. Was ich nicht einbeziehe, ist Neues, das noch hinzukommen kann, was ich nicht weiß. Dadurch, dass ich versuche, zu viel Zukünftiges zu entwerfen, wiederhole ich mehr Altes, als dass ich Neues geschehen lasse. Das ist wie eine magische Kraft, indem ich durch die Beschreibung der Zukunft diese nicht nur beschreibe, sondern sie auch mit forme. Dadurch mache ich bestimmte Freiräume zu, in denen sich Neues, Kreatives entfalten kann. Ich weiß nicht, wer mir vielleicht noch hilft bei einem bestimmten Projekt, ich weiß nicht, ob mir noch ein Buch in die Hand fällt, das mich anregt, ich weiß nicht, ob ich dann ein anderes Gefühl habe als jetzt im Augenblick, wenn ich in die Zukunft denke und dann mit mehr Elan etwas bewirken kann.

Es ist schon wichtig, dass wir auch an die Zukunft denken, aber wir sollten der Zukunft ihre Spielräume und ihre Überraschungsmomente lassen. Das ist eine sehr wichtige Übung. Lass der Zukunft ihre eigene Dynamik, lass der Zukunft ihre Kreativität, die du durch deine starren und vergangenheitsorientierten Konzepte in dem Moment verstellst. Die Zukunft verengt sich durch deinen Entwurf und deine Hochrechnung.

Darum ist dieses In-die-Gegenwärtigkeit-Kommen, also mehr Freiraum zu schaffen für das Jetzt, für das Hier und Jetzt, gesund, kreativ und transformativ zugleich. Weil es uns selbst weniger belastet und der inneren Kraft, der Inneren Weisheit, mehr Möglichkeiten gibt, Schöpferisches hervorzubringen. Vergangenes anerkennen, wenn möglich, daran arbeiten, wenn etwas erlöst werden möchte, aber ansonsten es als Vergangenes zurücklassen können. Und Zukünftiges: Ich bereite mich vor für das, was zu machen ist, denke aber nicht zu viel an die Ergebnisse und kehre in die Gegenwärtigkeit zurück.

Handeln ohne Erwartung von Ergebnissen und auch das absichtslose Handeln sind eine wichtige Übung in vielen spirituellen Richtungen: Mach das, was du glaubst, was für dich im Augenblick das Beste ist, aber überlasse das Ergebnis der Zukunft, wie sie sich gestaltet. Natürlich heißt das nicht, dass wir uns nicht an Ergebnissen erfreuen dürfen. Ohne Erwartung von Ergebnissen bedeutet: deine Aufgaben zu erledigen, dein Bestes dazu beizutragen und die Ergebnisse dem weiteren Prozess zu überlassen. Du kannst dem Geschehen vertrauen, du brauchst es weniger zu kontrollieren oder zu manipulieren, als du vielleicht glaubst.

Muster erkennt man daran, dass etwas so stark in deiner Emotion verankert ist, dass du dich nicht davon lösen kannst. Wenn du versuchst loszulassen und es dir nicht gelingt, weil es immer wieder auftaucht, dann ist es ein Zeichen, dass eine emotionale Fixierung an ein Muster vorliegt. Emotionale Fixierungen sind ein Zeichen dafür, dass etwas noch nicht ganz erlöst ist, dass es noch eine Beachtung, eine Wertschätzung oder Durcharbeitung braucht. Aus irgendeinem Grund halten wir noch daran fest. Offene Gestalten oder Unerledigtes drängen immer wieder ins Bewusstsein und fordern uns dazu auf, noch daran zu arbeiten. Das ist ein untrügliches Anzeichen.

Man kann sich überprüfen: Gelingt es mir, etwas loszulassen, zur Seite zu legen? Das kann durchaus auch mühsam sein. Gelingt es aber auf Dauer nicht, dann kannst du sagen: Hier ist noch etwas Tieferes damit verknüpft und verbunden, woran ich zu arbeiten habe. In die Gegenwärtigkeit zurückkommen heißt, vielen Konflikten ein Ende zu setzen.

In der Meditation wird das durch die Übung des beständigen Entidentifizierens, durch das Geschehen und Gewährenlassen dessen, was geschieht, geübt. Für buddhistische Traditionen ist es ein Loslassen von Anhaftungen. Durch Meditation lernen wir auch, uns mit allen Sinnen im Hier und Jetzt zu erfahren und unser Bewusstsein zu befreien. Es braucht sich an nichts zu heften, es kann sich etwa von Gedanken, Empfindungen oder körperlichen Spannungen lösen. Dadurch wird es weit, weich und flexibel und kann sich in seiner Wesensnatur besser erspüren und erkennen. Und deshalb ist es günstig, dem Bewusstsein manchmal diese Auszeit zu gönnen.

Das Bewusstsein ist 24 Stunden am Tag voll beschäftigt. In der Nacht sind es Träume, beim Einschlafen sind es Tagesreste, tagsüber, wenn wir etwas tun, sind es so viele Gedanken, so vieles, worauf wir uns fixieren und kaprizieren. Man muss sich vorstellen, wie sich das Bewusstsein freut, nichts zu tun zu haben, einmal ausruhen zu können.

Durch Zeiten der Stille wird das Bewusstsein viel beweglicher und offener. Je offener und freier es wird, desto inspirierender und intuitiver kann es dich im Alltag unterstützen und zu einem segensreichen Leben beitragen. Eine halbe Stunde am Tag zu meditieren, ist im Verhältnis zur gewöhnlichen Tagesaktivität ohnehin wenig. Es ist dennoch nicht ganz einfach, weil es vielen nicht leicht fällt, regelmäßig solange zu meditieren. Vieles andere fällt uns wesentlich leichter: Sich grüblerisch stundenlang mit etwas zu beschäftigen, ist einfacher, als still zu sein, ruhig zu sein und dem Bewusstsein »freizugeben«. In der Bewusstseinsforschung spricht man von der intentionalen Struktur des Bewusstseins. Das bedeutet: Bewusstsein ist immer Bewusstsein von etwas. Bewusstsein hat die Neigung, sich immer auf etwas zu beziehen. Wenn ich nun aber dieses Etwas loslasse, existiert das Bewusstsein dennoch weiterhin. Es existiert nicht nur durch die Gegenstände, die ins Bewusstsein geschwemmt werden, sondern es besteht auch ohne diese Gegenstände. Es gleicht dann klarem Wasser, weit und tief, und kann seine Begrenzungen, die wir ihm durch unsere Konzepte auferlegen, überwinden.

Durch diese Gedanken, die wir immer wieder denken, begrenzen wir das Bewusstsein auf diese Gedanken, das heißt, wir begrenzen auch unser Sein auf diese Gedanken. Ich bin, was ich denke. Und deshalb ist es auch wichtig, sich immer wieder klar zu machen: Ich bin nicht alleine das, was ich denke, ich bin nicht nur das. Beispielsweise bin ich nicht nur der Patient, der sich Sorgen macht. Ich bin nicht nur der Lebenspartner, der mit dem anderen einen Konflikt hat, ich bin nicht nur der Angestellte, der Probleme mit seinem Vorgesetzten hat, usw. Es gibt im Hinduismus eine Übung, die sich darauf bezieht, die sogenannte Neti-Neti-Übung, die im Folgenden erklärt wird.

Neti heißt, ich bin nicht das. Ich bin nicht das. Ich bin nicht das. Ich wandle dies etwas ab und sage: Ich bin nicht nur das, weil wir das ja auch sind. Ich bin nicht nur das. Ich bin nicht nur eine Person, die hier ein Buch schreibt. Bin ich auch, aber nicht nur. Ich bin nicht nur die Person, die im Auto sitzt und nach Hause fährt. Ich bin nicht nur die innere Problematik, über die ich gerade nachdenke. Wenn wir dieses »nicht nur« einfügen, dann merken wir, nimmt das ein Stück Dominanz oder Übertreibung heraus. Es hilft uns, innerlich etwas weicher zu werden.

Ich bin mehr als das – das ist der zweite Satz, der uns begleiten könnte. Ich bin mehr, als dass ich mich als Geschlagener fühle. Ich bin mehr als das, was ein Geschäftsführer zu mir gesagt hat. Ich bin mehr als das. Ich bin nicht nur das. In dem Moment relativieren wir das, was wir normalerweise verabsolutieren. Und das bringt unser Bewusstsein auch in eine Position der Erneuerung und Kreativität.

ÜBUNG

ICH BIN NICHT NUR DAS, ICH BIN NICHT NUR DAS

Diese Übung könnt ihr jederzeit im Alltag durchführen, wenn ein Thema oder ein Aspekt eures Lebens sehr dominant wird und alles andere in den Hintergrund drängt. Dabei ist wieder wichtig, sich vorab zu entspannen und leerzumachen.

Wenn ihr drei, vier Kreisgedanken habt, die euch immer wieder beschäftigen und euch runterziehen, dann nehmt drei Kissen, auf die ihr symbolisch die Kreisgedanken platziert, und dann geht von Kissen zu Kissen: Ich bin nicht nur …, ich bin nicht nur …, ich bin nicht nur …

Und dann legt ein viertes Kissen hin und sagt: Ich bin auch … Und dann merkt ihr, was ihr sonst noch seid, außer dem, was sich dort formiert hat.

Es ist außerordentlich wichtig zu erkennen, dass wir mehr sind als das, was wir denken, womit wir uns beschäftigen und was wir tun.

Meditieren im täglichen Rhythmus hilft uns dabei, uns diese Fähigkeit mit der Zeit besser aneignen zu können. Meditation ist für unser Leben so wichtig, weil sie uns üben hilft, uns zu entidentifizieren und uns von Anhaftungen zu lösen. Auch wenn es manchmal sehr schwer ist und du bei der Meditation voller

Gedanken bist – es ist eine gute Investition, dennoch dabei zu bleiben. In jedem Moment, in dem du sitzen bleibst, in der Meditation verweilst, ohne davonzulaufen, transformiert sich etwas. Auch wenn du es noch nicht bemerkst und es für dich noch nicht zugänglich ist.

Es ist eine segensreiche Übung, die von der Regelmäßigkeit und Dauer lebt. Sie hilft uns zu erkennen, dass wir mehr sind, als wir von uns wahrnehmen, und dass wir nicht nur das sind, womit wir uns beschäftigen.

ÜBUNG

ICH BIN DAS, UND DANN LASSE ICH WIEDER LOS

Jetzt werden wir gemeinsam lernen, uns auf etwas einzulassen und es dann auch wieder loszulassen. Dadurch werden wir flexibler und unser Bewusstsein wird dabei freier, weniger fixiert. Unterstützt wird dieser Prozess durch bewusstes Einatmen und bewusstes Ausatmen.

Die Übung zur Entidentifikation spielt in den meisten spirituellen Richtungen eine große Rolle. Was ist darunter zu verstehen? Nur zu glauben, dass es darum geht, die Dinge loszulassen, ist vielleicht ein falsches Verständnis davon. Es geht um die Fähigkeit, pendeln zu lernen. Pendeln lernen zwischen etwas spüren, einer Sache, einem Gefühl, einem Thema voll zu begegnen und gleichzeitig dieses Gefühl, diese Sache, dieses Thema, diesen Zustand auch wieder loszulassen. Es geht darum herauszufinden, dass die Dinge, die uns beschäftigen, im Alltag, im Beruf, in der Familie, einerseits wichtig sind, aber andererseits auch wieder losgelassen werden können, dabei aber nicht unwichtig werden.

Wir merken nur, dass das Leben, das uns an dieser Stelle in dieser oder jener Weise beschäftigt, nur die eine Seite darstellt – die andere Seite ist, dass wir uns davon auch wieder lösen können.

Die Fähigkeit des Pendelns, zwischen In-etwas-Hineingehen und sich davon wieder lösen können, stellt eine wichtige spirituelle Fähigkeit dar. Würden wir nur loslassen, würden wir lebensuntüchtig werden. Würden wir nur mit etwas identifiziert sein, dann würden wir den Blick für das Größere verlieren. Deshalb ist es immer wieder wichtig, diese Pendelbewegung zu üben.

Die Übung wird mit dem Atem arbeiten. Wir werden versuchen, einerseits einzuatmen, uns mit etwas zu identifizieren, dieses für einen Moment zu achten und zu würdigen und andererseits auszuatmen und das wieder loszulassen. Du kannst dich bei dieser Übung beispielsweise beim Einatmen damit identifizieren, wie du dich gerade fühlst, was du körperlich empfindest, was du gerade denkst, beispielsweise was gerade in deinem Leben im Vordergrund steht oder dir Schwierigkeiten bereitet. Du kannst es achten, es würdigen und im nächsten Schritt beim Ausatmen wieder loslassen.

Immer wieder in diesen Rhythmus, in diese Pendelbewegung gehen. Wir achten, was ist, und wir lassen es gleichzeitig los. Um dessen Stellenwert im größeren Ganzen als einen Teil oder einen Aspekt anzuerkennen und dem größeren Ganzen damit auch mehr Raum zu geben.

Für die Übung sitzen oder liegen die Teilnehmer auf einer Matte, im Hintergrund ist Meditationsmusik zu hören, während ich sie durch die Übung führe

Spüre nach innen und stell dir vor, wie sich allmählich deine inneren Räume öffnen – einfach, indem du dorthin atmest und dir vorstellst, wie sich Spannungen auflösen und du dich weiten kannst.

Der Körper wird durchlässig, weich und leicht. Er ist der Raum deines Lebens, der Raum deiner Person, deiner Individualität. Dein ganz persönlicher Lebensraum. Manche Weisen nennen ihn einen heiligen Raum, ein Raum, der unsere Achtung und Liebe verdient hat. Alles, was dort geschieht, was sich dort ereignet, ist es wert, angenommen und gewürdigt zu werden. Von körperlichen Empfindungen, seelischen Inhalten über Themen und Bilder, die von dort kommen – alles gehört dazu. Wenn du dann in diese Bewegung gehst, dann tu es, indem du immer wieder etwas in diesem Raum wahrnimmst, identifizierst oder erkennst, mit dieser gebotenen Achtung vor deinem Leben und deiner Existenz. Wenn du es dann wieder loslässt, es sein lässt, dann übergib es auch mit Achtung und Würde dem größeren Ganzen.

Erlaube dir, dich noch einmal deinem Atem anzunähern. Ich bitte dich, bewusst einzuatmen und wahrzunehmen, wie du dich gerade fühlst, um es mit dem Ausatmen ganz bewusst loszulassen.

Du kannst das mit ein paar Atemzügen probieren, weil es oft nicht so einfach ist: Ich atme ein, ich fühle – ich atme aus und lasse das Gefühl los. Ich atme ein, fühle und erkenne mein Gefühl an - und atme aus und lasse es wieder los.

Probiere es ein paar Mal.

Der nächste Aspekt, mit dem du das probieren kannst, ist eine konkrete Frage: worunter leide ich gerade in meinem Leben? Ich atme ein und identifiziere, worunter ich gerade leide – und atme aus und lasse es los. Finde den richtigen Rhythmus für dich heraus.

Ich atme ein und nehme wahr, worunter ich leide. Ich achte es, würdige es – und lasse es beim Ausatmen wieder los.

Einfach diesen kleinen Unterschied wahrnehmen, wie es ist, wenn ich es identifiziere, aufgreife, und wie es andererseits ist, wenn ich es dann bewusst loslasse, fallen lasse. Aufgreifen und fallen lassen. Hinspüren und ausatmen.

Probiere es dann mit dem Gegenteil: Was freut dich gerade in deinem Leben, womit fühlst du dich rund und dich ganz selbst?

Einatmen, dieses Bild oder die Vorstellung oder diesen Aspekt aufgreifen, bewusst dich damit erfüllen und wieder ausatmen und es fallen lassen.

Es entidentifizieren. Auch wieder ein paar Mal hin und her.

Was macht mir Spaß, was freut mich? Hinspüren, es würdigen und wieder fallen lassen. Einatmen, bewusst hinspüren, ausatmen – es ganz bewusst abgeben.

Dann befasse dich mit dem größten Wunsch, den du zur Zeit hast. Was ist dein größter Wunsch? Einatmen, diesen Wunsch innerlich ganz deutlich bewusst machen und ausatmen – loslassen. Fallen lassen. Und dein Bewusstsein wieder davon lösen.

Dein größter Wunsch derzeit, du darfst ihn anerkennen und würdigen, du darfst aber auch dein Bewusstsein wieder davon lösen. Einfach die Pendelbewegung aufnehmen – sich lösen, identifizieren – entidentifizieren.

Dann nimm ein Vorhaben in den Blick, was du gerade an Projekten oder Plänen hast, die du verwirklichen willst. Einatmen, es spüren, es denken, es sich vorstellen und ausatmen und ganz bewusst loslassen. Ganz bewusst fallen lassen.

Und dann probiere das Gleiche auch mit einem körperlichen Leiden, einem Defizit oder mit einer Krankheit. Einatmen, etwas, was in deinem Körper für dich schwierig ist oder sich kränklich anfühlt, es realisieren, achten, anerkennen – und beim Ausatmen ganz bewusst wieder fallen lassen. Dein Bewusstsein davon lösen.

Einatmen, vielleicht sogar an diese Stelle hingehen, ausatmen – fallen lassen.

Bevor du diese Übung langsam beendest, mach dir noch bewusst, wer das ist, der oder die spürt, sich identifiziert und wieder fallen lässt, loszulassen vermag. Wer ist diese Instanz, die diese Pendelbewegung vollführt?

Verabschiede dich ganz langsam aus dieser Übung.

DER KÖRPER ALS INSTRUMENT

Viele denken, dass auf dem spirituellen Weg das Thema Körper unwichtig wird oder körperliche Empfindungen und Bedürfnisse sogar dem Selbstverwirklichungswunsch entgegenstehen. Das hat in unseren Regionen sicher auch mit Ansichten im Katholizismus zu tun, dass der Körper sündig ist oder Bedürfnisse, Sehnsüchte und Wünsche aus ihm hervorgehen, die es am Ende zu »veredeln« oder »abzustellen« gilt. Ich glaube, dass solche Ansätze, die versuchen, das Sinnliche, das Körperempfinden in Schach zu halten, grundsätzlich am Menschen vorbeigehen. Denn es ist nun einmal so, dass wir aus Fleisch und Blut sind und unser Körper wichtig ist. Ich würde sogar behaupten: die Berücksichtigung des Körpers auf dem spirituellen Weg ist in jeder Hinsicht fruchtbar. Gerade die yogischen und tantrischen Richtungen haben das immer wieder betont und in ihren Techniken berücksichtigt. Durch tiefes Atmen, durch Bewegung und auch durch Spüren und Wahrnehmen der Leibsphäre. Wenn wir beispielsweise an unsere Atemsitzungen denken, gibt es am Ende des Prozesses eine simple, fast banale Frage, die immer wiederkehrt: Spürst du irgendwo noch körperliche Spannungen? Wir wissen, dass die Sprache des Körpers eindeutig ist, und wenn noch irgendetwas nicht abgeschlossen ist, zeigt es sich häufig in muskulären Kontraktionen. Wenn wir dann daran arbeiten, wird es zu einer tieferen Lösung und Integration kommen. Deshalb sage ich immer wieder: Wenn noch etwas in Unordnung ist, bleib auf der Matte und arbeite noch daran. Das ist auch die Stärke beim Atmen, dass wir solange dranbleiben, bis es sich ganz gelöst hat. In Kontraktionen und Spannungen des Körpers sitzen noch Informationen. Informationen, die schon an die Bewusstseinsoberfläche gekommen sind, einfach dadurch, dass man sie spürt. Aber sie haben sich noch nicht vollständig gezeigt oder integriert.

Unsere Aufgabe ist es, in diesem Moment, sichtbar werden zu lassen, was der Körper andeutet, was er noch zum Ausdruck bringen will.

Die Berücksichtigung von körperlichen Empfindungen ist für Heilung und Wachstum unabdingbar, wie Alan Fogel in seinem Buch *Selbstwahrnehmung und Embodiment*[24] hervorhebt. Verkörperte Selbstwahrnehmungen sind direkt, konkret und gegenwartsbezogen. Gleichzeitig aktivieren sie die Selbstheilungskräfte, denn auch im Gehirn sind die Bahnungen, die für verkörperte Selbstwahrnehmung stehen, eng mit den Bahnungen für Homöostase verbunden. Die von innen gesteuerte Tendenz zur Heilung, guten Gestalt und Selbstaktualisierung wird durch den Einbezug des Körpers in die Bewusstseinsarbeit unterstützt.

Wenn wir den Körper mitsprechen lassen, wenn die körperliche Repräsentanz zu einem inhaltlichen, symbolischen oder emotionalen Aspekt unserer Seele mit hinzutritt, dann kann etwas vollständig oder ganz werden, rund werden. Wir brauchen zur Bewältigung von inneren Themen, die noch nicht vollständig im Bewusstsein sind, diese Körperprozesse, um unser Wohlbefinden, unsere Gesundheit und auch unsere Öffnungsbereitschaft mit zu unterstützen.

Man kann das als kleine Übung zu Hause probieren: Wenn du in einer bestimmten Situation bist oder in einem Konflikt steckst oder vielleicht in einer Weise einen Engpass erlebst, gehe auf die Körperebene, befrage den Körper. Was sagt er mir im Augenblick? Vielleicht spürst du eine Enge im Brustkorb oder einen Druck im Bauch oder Spannungen in den Schultern. Auch wenn du nicht direkt daran arbeitest, wirst du Folgendes bemerken: Obwohl der Körper manchmal als schwerfällig bezeichnet wird, vollziehen sich die Veränderungen dort manchmal schneller als im emotionalen oder kognitiven Bereich. In dem Moment, in dem wir es spüren und zulassen, kann es sich schon verändern. Das ist gerade auch in der Arbeit an einengenden Mustern oder inneren Schemata, die sich im Laufe der Zeit herangebildet haben, von großem Vorteil. Wenn es uns nämlich gelingt, mit Unterstützung der Körperarbeit, diese zu öffnen, werden wir mehr von uns selbst, anderen und der Welt wahrnehmen können. Bewusst wahrgenommene körperliche Empfindungen können auch zur Lösung einer Situation, eines Konflikts oder eines Themas eine bessere Grundlage schaffen.

Deshalb bezieht immer wieder den Körper mit ein. Wenn ihr Entscheidungen treffen wollt, dann spürt hin: Was sagt mein Körper dazu?

Und wenn ihr spürt, dass der Körper weit und durchlässig wird, wenn ihr im Bereich eurer Mitte so eine Art inneren Flow verspürt, dann sagt der Körper Ja dazu. Wenn etwas nicht stimmt, drückt sich das immer auch im Körper aus, durch Unwohlsein, Verspannung usw.

Darum habe ich einmal den provokanten Satz gesagt: Auch wenn jemand lügt, spricht er die Wahrheit. Denn der Körper kann gar nicht anders, als die Wahrheit auszudrücken. In jeder Zelle des Körpers ist das, was du fühlst und denkst, anwesend und präsent.

Du kannst dir kraft deiner Vorstellung vielleicht etwas anderes weismachen, aber der Körper spricht die Wahrheit. Ich erinnere mich noch allzu gut an den früheren deutschen Ministerpräsident Uwe Barschel. Er wurde vor laufender Kamera gefragt, ob er mit dem in Frage stehenden Waffenhandel zu tun habe. Er hat mit seinem Ehrenwort geschworen, dass er nichts damit zu tun habe. In dem Moment, wo er die drei Finger gehoben und gesagt hat: »Ich gebe mein Ehrenwort, dass ich nichts damit zu tun habe«, hat er für einen Moment weggeschaut. Im Fernsehen war das gut sichtbar.

Der Körper hat die Wahrheit gesprochen. Kriminologen arbeiten mit solchen Erkenntnissen. Der Körper kann nicht anders, er gibt die Information preis und drückt aus, was wirklich stimmt.

Nimm das jetzt als kleine spirituelle Übung: In jeder Situation, in der du dich befindest, die für dich bedeutsam ist, lass deinen Körper mitsprechen. Die verkörperte Selbstwahrnehmung führt dich, nimmt dich an der Hand und erlaubt dir, auf einer tieferen Ebene des körperlichen Spürbewusstseins besseren Zugang zu deinem Wesen und auch zu deinen Fähigkeiten zu gewinnen. Es mag etwas abstrakt klingen, aber auch der Zugang zu dem scheinbar geistigen Phänomen Intuition gelingt besser, wenn der Körper durchlässig ist.

Wenn man in spirituellen Richtungen auf Körperfeindlichkeit stößt, dann deshalb, weil man den Körper als den Ort der Sexualität, der Verfehlung und Ort der niedrigen Impulse gesehen hat. Ich glaube, dass es ganz wichtig ist, dass man diese Vorstellungen über Bord wirft. In der Tradition der spirituellen Richtungen wird ja auch manchmal die Überwindung des Körpers als Aufgabe gesehen. In einer Art und Weise, die uns möglicherweise abschneidet von dieser verkörperten Selbstwahrnehmung. Darum ist es mir wichtig, dezidiert und klar zum Ausdruck zu bringen, wie wichtig und hilfreich die bewusst wahrgenommene Leiblichkeit ist.

WOHER KOMMT INTUITION?

Intuitive Informationen schöpfen wir aus einem Bereich, der größer ist als der Bereich, der uns gewöhnlich persönlich zur Verfügung steht. Jetzt gibt es unterschiedliche Wahrnehmungskanäle dorthin. Das kann über das Hören, das Sehen, das Spüren gehen, manchmal auch alles zusammen. Manchmal ist es auch ein Bild, ein Satz oder ein Gedanke, der plötzlich auftaucht. Wie wir intuitiv wahrnehmen, hängt durchaus mit unserer ganz persönlichen Entwicklungsgeschichte zusammen.

Dennoch ist es möglich, auch andere Sinneskanäle dafür zu sensibilisieren. Wenn du einmal eine Intuition in Form eines dir eingegebenen Satzes hast und vielleicht auch Spürbewusstsein daran beteiligt ist und du dir dann Zeit nimmst, bewusst nachzuschauen, ob auch ein Bild dazu auftaucht, dann kann es sein, dass auch diese Ebene aktiviert wird.

Wir müssen uns das so vorstellen: Die Informationen sind grundsätzlich vorhanden, wir greifen über irgendeinen Kanal auf sie zu, nehmen etwas davon an uns. Der gewonnene Inhalt repräsentiert sich dann durch die uns zugängliche Form der Wahrnehmung.

Ein Beispiel: Wenn jemand spricht und ich mache eine Intervention, dann kann es manchmal sein, dass ich einen Satz innerlich höre. Neben all dem, was bei mir an Erfahrungen mit der Zeit sich entwickelt hat, gibt es dann plötzlich etwas, das mich manchmal verwundert, weil es nicht in den Kontext dessen passt, was ich eigentlich vorgehabt hätte. Und in der Regel folge ich dem dann. Das kann auch ein Bild sein, das plötzlich auf meinem Bewusstseinsschirm erscheint. Aber es kann sich in ganz unterschiedlicher Weise zeigen, und es ist wichtig, dass wir dem dann auch Raum geben. Manchmal ist es auch gut, innezuhalten und nachzuspüren, ob es auch für mich stimmig ist. Es ist aber wichtig, sich dafür zu öffnen, weil es ganz wertvolle Informationen sind, die uns zur Verfügung stehen. Und sie schleichen sich in einer Weise durch unsere Widerstände hindurch ins Bewusstsein und sind dann plötzlich präsent. Die Intuition greift tiefer, als wir greifen können, umfasst mehr, als wir umfassen können, und ist größer, als wir als Person sind.

Intuition bedient sich der inneren Strukturen und Erfassungskapazitäten. Deshalb ist es wichtig, diese zu weiten und die generelle Durchlässigkeit zu erhöhen. Die Verfeinerung des Spürbewusstseins, die Fähigkeit, sein Herz zu öffnen und sich dem Leben anzuvertrauen, sollten deshalb durch regelmäßige Übungen immer wieder befördert werden, d.h. sich anzuvertrauen, sein Herz zu öffnen. Meditation, Kontemplation und auch andere spirituelle Übungen entfalten ihr Potenzial gerade dadurch, dass sie wiederholt werden. Sie dienen dazu, uns transparenter zu machen für die Informationen, für die Zustände und Formen, die aus dem gesamtkollektiven Bereich kommen und uns zur Verfügung stehen.

Ähnlich ist es in Atemsitzungen. Manchmal taucht etwas auf, das jemanden ganz fremd anmutet. Ich sage immer: Lass dir Zeit damit, manchmal dauert es, bis klar wird, was es bedeutet. Wir tauchen in ein größeres Feld ein, in das größere Ganze, und schöpfen daraus. Das heißt nicht, dass wir hier nur für uns ganz persönlich Material gewinnen, sondern es kann auch sein, dass du etwas aufnimmst, was später für jemanden anderen wichtig ist. Du warst dann Träger einer Information. Oder wenn du mit jemandem einen bestimmten Konflikt hast, kann diese Information zu einer Klärung beitragen. Jeder Impuls, der aus diesem Wissensbereich aufsteigt, wird dich innerlich weiterbringen und in dir neue Entwicklungspotenziale vorbereiten.

Allerdings: Was innerhalb unserer Person fassbar wird, ist dennoch sehr begrenzt im Vergleich zu dem, was im größeren Ganzen, in das wir eingebettet sind, vorhanden ist. Wenn wir konsequent und intensiv unseren Weg der Bewusstwerdung weitergehen, wird diese Ressource mehr und mehr für uns da sein.

ÜBUNG

AUF MEINE INNERE STIMME HÖREN

Diese Übung soll helfen, der inneren Stimme, die uns führen, unterstützen und transformieren kann, ein gutes Milieu zu bieten und die inneren Räume dafür zu öffnen.

Die Teilnehmer liegen entspannt auf der Matte, im Hintergrund läuft sanfte Entspannungsmusik, während ich sie durch die Meditation führe.

Bereite dich vor durch die vier Essenzen der Durchlässigkeit: Getragensein, Gewahrsein des Atems, Öffnung des Herzens und Loslassen der Bewusstseinsinhalte. Du kannst das immer wieder üben, dich auf diese vier Aspekte einzulassen.

Bevor wir uns auf die erste Essenz beziehen, nimm deinen Körper wahr, spüre, wo es im Augenblick noch Spannungen gibt. Stell dir vor, wie du dort loslässt. Dabei kann es dir helfen, dein ganzes Gewicht dem Boden zu überlassen. Manchmal, wenn du das Gefühl hast, der Boden bricht unter dir weg, dann leg dich hin und spüre, dass der tatsächliche Boden stabil ist. Nimm wahr, wie der

Boden dir entgegenkommt, um dich zu tragen. Du kannst ganz bewusst und getrost loslassen und dich dem Boden anvertrauen. Spüre, wie du dich dabei noch mehr entspannen kannst, wenn dir diese Gewissheit des Bodens bewusst wird. Ich bin getragen, ich kann loslassen.

Alles, was in deinem Bewusstsein noch da ist – lass es fallen in das Licht deines Atems, in die Güte deines Herzens und in die Sicherheit, die du empfindest im Getragensein vom Boden und vom größeren Ganzen. Einfach fallen lassen, sein lassen, innerlich dich ganz überlassen.

Alles darf sein, wie es ist, alles darf so sein, wie es ist. In diesem inneren Raum der Offenheit, der Liebe, der Kraft und des Durchdrungenseins bin ich verbunden, darf ich sein. Darf ich mich führen lassen, darf ich hören, wie Meister Eckhart sagt, was Gott in mir redet.[25] Darf ich die Stimme, darf ich den Ton, darf ich die Beziehung spüren, die Beziehung zu meiner Wesensnatur, die Stimme des Göttlichen, den Ton der Schöpfung, die Güte des größeren Ganzen. Ich erlaube mir einfach, offen zu sein, mich aufzutun, mich einzulassen auf das, was mir dort zuteil wird, was mir da begegnet. Nimm es so, wie es dir geschenkt wird, nimm es, so wie es zu dir kommt.

Es kann ganz unterschiedlich sein: Es kann ein innerer Satz sein oder ein Bild, eine Geste, ein Gefühl oder eine Körperempfindung: Lass mich hören, lass mich fühlen, lass mich aufnehmen, was Gott in mir spricht. Was sich von innen her bezeugt. Was dir begegnet, was für dich da ist. Alles, was geschieht, ist in Ordnung. Alles darf sein. Offen und weit. Auch die Gefühle lasse ich laufen und gehen, verbunden mit der Erde, gekräftigt durch den Atem, bezeugt durch das Herz, gewahr durch das Bewusstsein, erlaube ich meinem Inneren, sich mir anzuvertrauen. Sich in mir für mich und für meinen Weg zu öffnen. Gleichzeitig kann auch ich mich dorthin anvertrauen, meine Sorgen und Nöte dort zum Ausdruck bringen. Mich dort hinein fallen lassen, mit all dem, was ich öffnen, lösen, heilen und in Ordnung bringen möchte. Dort ist es aufgehoben, dort ist es angenommen. In der Güte und Liebe, in der Offenheit und Weisheit meines inneren Wesens wird es gehört und wahrgenommen.

Ruhig fließt der Atem ein und aus. Sanft strömt vom Herzen Energie um Energie. Das Bewusstsein ist frei und weit und der Boden verleiht mir Sicherheit und Kraft. Mein Innerstes, meine innere Stimme, meine Quelle, Gott in mir als Weisheit meines Lebens strömen und fließen in mir. Ich höre, was Gott in mir redet. So kann ich verstehen, wie ich bin und wer ich eigentlich bin. Ruhig und tief strömt der Atem, mild und warm das Herz, ruhig und klar das Bewusstsein, sicher und stark der Boden. Alles darf sein, wie es auch immer ist. Alles gehört zu mir, alles kann ich wieder loslassen.

Liebe und Kraft, Frieden und Offenheit, Leere und Gewissheit, Mensch sein und Gott sein, in der Welt sein und bei mir sein. Geführt sein, getragen sein und geliebt sein.

Licht überall, Wärme durch mich und in mir und überall. Deine Stimme, dein Ton, deine Empfindung genährt aus dem großen Geist, empfangen durch deine Seele, aufgenommen durch dich als Mensch. Sie ist immer da, immer nah. In der Achtung vor dem größeren Ganzen in uns, vor dem Göttlichen, vor der inneren Stimme, vor dieser Quelle von Heilung, Inspiration und Entwicklung verneige ich mich.

DURCHLÄSSIG WERDEN UND VERÄNDERUNG ZULASSEN

DAS ALL-EINE ODER DAS GÖTTLICHE

In solchen Momenten, wo wir zu spontaner Liebe und Offenheit fähig sind, sind wir mit dem größeren Ganzen in Kontakt, vergegenwärtigen es in dem Moment, verkörpern es vielleicht sogar. Bedingtheiten und Störungen werden damit nicht ausgelöscht, aber relativiert. Sie sind nicht mehr alles. Sie sind nur ein Teil des Ganzen, was zu unserem Wachstumsprozess, zu unserem Weg mit dazugehört. Wir kennen solche Momente, wo das alles, auch die Schwierigkeiten im Beruf oder in der Familie, in den Hintergrund tritt: ES ist ganz nah. Wir fühlen uns in diesen Momenten zutiefst in Ordnung. Das sind Erleuchtungsmomente.

Erleuchtung ist nicht etwas, das weit weg ist und das drei Menschen auf der Welt nach langjähriger Askese erreichen, sondern das sind Momente der Gnade, in denen wir spontan die Tiefe unserer Existenz vergegenwärtigen und in diesem Augenblick ganzheitlich vom Leib her, von unserer Seele her spüren. Plötzlich kommt alles zusammen und wir fühlen uns mit uns selbst und der Welt in Ordnung. Das sind vielleicht nur Momente, aber es gibt sie.

Gefühle der Verbundenheit, Gefühle des »In-Ordnung-Seins«, Gefühle tiefen Verstehens, manchmal erleben wir sie auch nach einer Atemsitzung. Sie können auch schnell wieder verschwinden – und Minuten nach dem Ereignis tauchen dann Gedanken auf wie: Mache ich mir etwas vor, darf das wahr sein, wie ist es, wenn ich nach dieser Erfahrung dann wieder im Alltag bin, auf meinen Partner treffe, Konflikte mit meinem Vorgesetzten habe usw.?

Dann verdünnt sich die Erfahrung und verschwindet. Aber das Schöne ist, sie verschwindet nie ganz. Sie bleibt in dir, auch im Leib gespeichert. Genauso wie die schlechten Erfahrungen. Unsere Leibarchive oder unser zelluläres Gedächtnis beinhalten nicht nur die Belastungen des Lebens, sondern auch die guten Erfahrungen. Jedes Mal, wenn wir uns geweitet, verbunden fühlen, wenn wir Liebe erleben, die über uns hinausgeht, wenn wir tiefes Mitgefühl fühlen oder wahrnehmen, hinterlässt dies auch eine Spur in uns. Nur glauben wir nicht so sehr daran.

Doch warum sollen nur belastende Erlebnisse gespeichert werden? Auch Energieerfahrungen bleiben uns erhalten, wenn wir innerlich durchrieselt, von einem inneren angenehmen Schauer erfasst werden, der uns bis tief in die Knochen hinein berührt. Ganz unabhängig davon, ob wir vielleicht an einer Krankheit leiden oder anderen Schwierigkeiten ausgesetzt sind. In diesen Momenten wächst alles zusammen. In diesen Momenten sind wir ganz gegenwärtig und in Ordnung. Und das sind die Momente, in denen die Tür des Herzens geöffnet ist und das Größere oder Göttliche in uns spürbar ist. Für »Gott« gibt es viele Namen. Wir können auch »das Mehr« sagen, oder »das gewisse Etwas«, »das, was den Menschen im Innersten zusammenhält« oder »das größere Ganze«, »das Transzendente« oder »das All-Eine.« Wenn wir ein bisschen wegkommen wollen von unseren bisherigen Konzepten, dann gibt es verschiedene Begriffe – und es gibt auch etliche Autoren, die versucht haben, es zu beschreiben, wie zum Beispiel William James, Friedrich Schleiermacher oder Rudolf Otto.[26] Was in diesen Beschreibungen immer wieder auftritt, ist das Moment des Übermächtigen. Das heißt, wir kommen in Kontakt und fühlen uns mit etwas Größerem in Verbindung. Es ist größer, es ist mächtiger, aber es ist dennoch in uns. Obwohl es größer, mächtiger, umfassender, tiefgreifender ist, ist es durch uns als Individuum spürbar.

Dabei erleben wir auch die Fülle, die uns durchdringt, die uns umgibt, wovon wir getragen sind. Nach Rudolf Otto ist es auch kraftvoll, das Moment des Energischen, oder Energetischen, wie wir sagen würden.[27] Die Erfahrung des Göttlichen ist immer verbunden mit einem tiefen Empfinden von Energie. Von Energie, die uns mitnimmt, öffnet, die uns durchströmt, die uns begleitet, die uns führt. Und diese Energie kann auch beim Atmen plötzlich zum Ausdruck kommen, indem wir spontan irgendeine Bewegung machen oder zu zittern anfangen oder das Gefühl haben, das, was aus uns herauskommt, nicht mehr kontrollieren zu können. Es ist eine Energie, die einfach vorhanden ist, die einfach da ist, die etwas mit uns macht, tief aus uns heraus wirkt und sich zeigt, und die uns mitnimmt. Wir machen ja beim Atmen auf der Matte nichts anderes, als zu sagen: Lass es geschehen, wie es geschieht. Wir glauben, dass diese Energie in dem Moment beseelend, heilsam und öffnend wirkt.

Ein weiteres Moment, das hier geschildert wird, ist das Moment des Tremendum, dieses Erzitterns, Erschauerns, das mit dieser Energie zusammenhängt, wenn wir tief berührt sind von dem Geschehen. Es zieht uns in den Bann, bricht uns auf und nimmt uns mit. Es ist etwas, dem wir uns in diesem Augenblick nicht entziehen können.

Und wie gesagt: Das mögen auch Momente sein, die sich plötzlich in alltäglichen Situationen ereignen können. Das ist mir selbst passiert: Ich saß im Zug und plötzlich hatte ich den Eindruck, der

Mensch, der mir gegenübersitzt, und die Landschaft und die Natur draußen, dann der Schaffner, der vorbeigeht – es sind alles göttliche Wesen. Und in dem Moment empfand ich eine verströmende Glückseligkeit, für zwei Minuten vielleicht, bis der Schaffner irgendetwas an meiner Fahrkarte auszusetzen hatte. Doch diese zwei Minuten waren entscheidend.

Zum Moment des Tremendum oder des Schauervollen, dem Moment des Energischen und dem Moment des Übermächtigen kommt noch ein wichtiger Punkt hinzu: Das Mysteriöse. Das Moment des Geheimnisvollen oder Wundervollen. Wir haben das Gefühl, es passiert etwas, und es ist wie ein Wunder. Es kommt etwas zusammen wie von selbst und entfaltet eine neue Kraft, eine neue Entscheidung, einen neuen Weg und all diese Dinge – wie ein Wunder, oftmals auch Zufall oder Schicksal genannt, das sich plötzlich entfaltet und seine Blüten zeigt. Wir verkennen oft, dass sich das vielleicht schon lange vorbereitet hat. Aber dann, wenn es an die Oberfläche kommt, wird es uns erst bewusst. Aber im subtilen inneren, atmosphärischen Bereich mag es sich schon über viele Wochen oder Monate vorbereitet haben. Synchronizitäten, Geheimnisse, Unerklärliches, das ganz andere, wo wir zu staunen beginnen, das sind Wunder des täglichen Lebens, *moments of grace*. Es ist wichtig, dass wir das immer wieder bemerken, denn darin zeigt sich das Göttliche. Es ist so nahe und kann gar nicht anders, als – wenn es irgendeine Lücke oder eine Öffnung in uns erspäht – sich durchzusetzen und sich zu zeigen und uns zu vermitteln, dass es da ist. In solchen Momenten werden wir tief davon berührt.

MAN SEHNT SICH NUR NACH DEM, WAS MAN SCHON ERFAHREN HAT

Darum lassen wir uns nicht irritieren davon, wenn wir über lange Zeit hinweg glauben, wir seien wie taub oder tot dem allen gegenüber. Doch viele beschreiben es immer wieder so: Wer Gott geschmeckt hat, wer Gott gefühlt hat, wer Gott gehört hat, der kann Zeiten der Gottesferne als sehr leidvoll erleben. Auch hier ist es ganz wichtig, dass wir uns innerlich damit auseinandersetzen und zulassen, dass es ein gutes Zeichen sein kann, wenn wir uns Gott ferne fühlen. Ein wunderbares Zeichen, denn es heißt nichts anderes, als dass wir ihn in unserem Herzen tragen, im Moment aber keinen Kontakt zu ihm haben. Wir können nicht Sehnsucht nach etwas haben, das wir nicht in seinem Ansatz, von seinem Ursprung her schon kennen. Das wird meistens übersehen. Teresa von Avila beschreibt dies sehr schön in ihrer *Inneren Burg* (Dritte Wohnung in der Inneren Burg): »Und der Brunnen gibt kein Wasser mehr her«, Johannes von Kreuz spricht von der »Dunklen Nacht der Seele« und Jesus am Kreuz klagte: »Mein Gott, warum hast du mich verlassen?«

Wer diese Sehnsucht nach dem Göttlichen so intensiv erlebt, trägt es schon in sich und hat es schon erfahren. Sonst könnte sie nicht so brennend und nicht so stark sein. Das müssen wir uns in diesen Momenten auch immer wieder klarmachen. Eine weitere Eigenschaft des Göttlichen oder, nochmals anders genannt, des Numinosen, der Essenz, des »Mehr« in uns ist das Moment des Fascinans. Das ist das, was uns anzieht, dass uns in dem Moment in den Bann zieht, was wir auch als bestrickend erleben, was wir innerlich als sehr, sehr attraktiv erleben.

Diese Attraktivität geht sogar auf uns über. Wenn beispielsweise Menschen nach ihrer Atemsitzung ihre Blockaden durchgearbeitet haben und danach ganz entspannt sind, zeigen sie sich von ihrer schönsten Seite. Auch wenn sie zerzaust und verschwitzt sind, haben sie ein Gesicht, das in sich strahlt. Und das ist dann das Bezaubernde, das auch auf uns übergeht und unsere Ausstrahlung, unser *Shining* intensiviert.

Der spirituelle Weg erhöht ganz grundsätzlich unsere Attraktivität. Und weshalb? Weil wir mehr Energie haben, die Dinge leichter nehmen, ein bisschen humorvoller sind, weil diese schwierigen Dinge nicht so im Zentrum stehen, sondern relativiert werden können. Und wir können das, was sich ereignet, wie es Muktananda sagt, mitunter als »Spiel des Bewusstseins«[28] sehen. Wir sind in dem Moment anziehender, weil wir etwas Lockeres an uns haben und von dieser Energie erfüllt sind. Wenn jemand in etwas verbissen ist, verliert er in diesem Moment jede Attraktivität. Das heißt jetzt wiederum nicht, und das darf man nicht falsch verstehen, dass wir das nicht auch sein dürfen oder dass dies etwas Schlechtes ist. Wir werden auch immer wieder Konflikte haben. Wenn wir einen spirituellen Weg gehen und das bemerken, dann sollen wir uns nicht abwerten, etwa sagen: Aha, jetzt bin ich wieder in ein altes Muster zurückgefallen. In den Augenblicken, wo ich mich so fühle, ohne Ausweg, verbohrt in etwas, ist nicht Scham oder Abwertung angebracht, sondern Mitgefühl. Durch Scham und Abwertung verstärke ich das Ganze nur. Mitgefühl mit mir selbst kann beginnen, das Ganze zu lösen.

Das Göttliche ist immer da, ist immer präsent, sucht sich die kleinste Lücke, um sich uns zu vermitteln. Wenn wir spontane Zustände mystischen Bewusstseins erfahren und in uns tiefste Sinnzusammenhänge unseres Wesens und der Welt aufleuchten, durch Vorbereitung, durch Reinigung, durch Bearbeitung von Schattenseiten, durch Transformation des Egos, durch Auseinandersetzung mit uns selbst, dann sind das Erleuchtungsmomente. Nichts anderes ist Erleuchtung als die Verbundenheit, die Tiefe und das Licht zu sehen, das Licht, das in jedem Teilchen, in jedem Menschen, in jedem Bewusstseinsakt existiert. Selbstverwirklichte Menschen sind dieses Lichtes beständig gewahr. Das, was wir in glücklichen Augenblicken wahrnehmen, können sie dauerhaft erleben. Deshalb ist für sie das Göttliche überall zu Hause. Immer wieder werden solche transzendenten Zustände oder Gotteserfahrungen in Zweifel gezogen.

Der Moralphilosoph Robert Spaemann begegnet diesen wie folgt: »Angesichts der überwältigenden Dauer und Allgemeinheit des Gerüchts von Gott und angesichts der Gotteserfahrungen vieler Menschen, trägt derjenige die Begründungspflicht, der dieses Gerücht als irreführend und diese Erfahrung als Einbildung abtut.«[29]

ÜBUNG

DURCHLÄSSIG WERDEN

In spirituellen Übungen geht es vor allem um die Verfeinerung des Spürsinns und um Durchlässigkeit, um für das größere Ganze transparent zu werden. In kleinen Schritten wollen wir uns nun darauf einlassen. In den Seminaren mache ich dafür eine eigene Übung.

Zuerst im Stehen: Die Beine stehen schulterbreit am Boden, die Teilnehmer gehen leicht in die Knie, dann schütteln sie leicht den gesamten Körper, auch den Kopf und das Gesicht, dazu kann man Töne von sich geben. Diese Übung dauert rund fünf Minuten. Danach still stehen bleiben.

Schließe die Augen und nimm die Räume wahr, die innerlich frei wurden. Nimm wahr, wie das Blut zirkuliert, wie Lebendigkeit in allen deinen Poren des Körpers wahrzunehmen ist, und dann atme ganz tief und ruhig. Du spürst, wie der Atem in den Bauchraum strömt und deine innere Mitte sanft berührt. Allmählich ebben die inneren Bewegungen ab, wir lassen sie ganz auslaufen. Und wenn sich von selbst Ruhe eingestellt hat, dann leg dich auf die Matte. Wenn möglich, auf den Rücken oder in eine Position, die für dich stimmig ist.

Spür hin, um den Unterschied wahrzunehmen zwischen Stehen und Liegen. Im Stehen überwinde ich die Schwerkraft und halte meinen Körper durch meine innere Koordination aufrecht. Im Liegen kann ich diese Kontrollfunktionen loslassen und mein ganzes Gewicht dabei vertrauensvoll der Unterlage überlassen. Spüre diese Erleichterung.

Meditationsmusik setzt ein.

Ganz bewusst nimm mit deinem Spürbewusstsein deine gesamte Leibsphäre wahr. Entspanne dich noch mehr. Du merkst, wie du mit deiner Aufmerksamkeit die einzelnen Bereiche deines Körpers vielleicht ein bisschen besser als sonst spüren kannst. Erlaube dir, den Bereich um den Nabel herum mit deiner Aufmerksamkeit zu umsorgen, sodass auch er zu mehr Ruhe und Frieden kommt. In einem nächsten Schritt erlaubst du dir, noch bewusster deinen Atem wahrzunehmen. Der Atem verbindet alles in uns: Körper, Geist und Seele. Er schafft Beziehung zu dem Außen und Innen. Erlaube dir, die Qualität deines Atems für einige Momente bewusst wahrzunehmen, die Fähigkeit des Atems, uns nach innen zu führen, zu unserem Kern, zum Mittelpunkt unseres Seins, und gleichzeitig loszulassen. Jedes Ausatmen ist zugleich ein existenzielles Loslassen, das sekündlich passiert.

Der Atem – unser Fahrzeug zur Selbsterforschung, Transformationsorgan unseres Bewusstseins. Ich atme ein und komme noch tiefer bei mir an. Im Kern meiner Seele, im Kern meines Wesens.

Du spürst, wie der Atem die Räume öffnet und noch tiefer gehen kann durch die Entspannung und durch deine Vorstellung. Lass los beim Ausatmen. Restspannungen, Belastungen – stell dir vor, wie du alles dem Atemstrom übergibst, sodass am Ende nur noch die Bewusstheit des Atems verbleibt. Und dann stellen wir uns vor, wie der Atem genau unser Zentrum, unsere Mitte mit Energie versorgt. Atme zu deiner Mitte hin, spüre die Energie, die dort durch den Atem entsteht, und wie Spannungen mit dem Ausatmen losgelassen werden können, sodass dein Zentrum freier wird und gleichzeitig sicherer.

Durch die Energie des Einatmens wird dein Zentrum gestärkt. Durch das Ausatmen wird dein Zentrum freier und unbelasteter. Nimm dieses Geheimnis wahr. Dort sicher und etwas freier zu sein. In der Mitte deines Wesens, in der Mitte deines Körpers, in der Mitte deiner Existenz. Der Atem kann dort hilfreiche Dienste verrichten. Unser Selbst, unser Selbstvertrauen, unsere Selbstgewissheit zu stärken und die Belastungen und Spannungen, die um es herum im Laufe der Zeit aufgebaut wurden, loszulassen. Je sicherer ich mich fühle, desto mehr kann ich loslassen. Je mehr ich loslasse, desto besser kann ich die Kraft dieses Zentrums wahrnehmen. Dabei hilft mir der Atem, durch seine feinstoffliche und physiologische Energie.

Und dann besuchen wir unser drittes Zentrum der Aufmerksamkeit, unser Herz: Schau es einfach einmal kraft deines Bewusstseins von außen an. Wie es daliegt, eingebettet ist in deinem Körper und als Motor deines Lebens dich versorgt und dir hilft. Nimm es wahr, du kannst auch hinatmen, um es noch deutlicher zu spüren. Schaue es mit den Augen des Atems an. Berühre es und betrachte es aufmerksam – den Ort meines tiefsten Inneren Mitgefühls, den Ort meiner Liebe, den Ort meiner Barmherzigkeit und Hingabe mit mir selbst. Wir erlauben dem Herzen neben seiner physiologischen Funktion, die spirituelle Qualität des Mitgefühls gegenwärtig werden zu lassen, sodass es sich in uns ausbreiten und verdichten möge.

Durch die Konzentration auf mein Herz werden diese Qualitäten besser spürbar: Mitgefühl, Liebe, Wertschätzung. Nimm sie wahr, nimm sie an. Das Herz ist einfach da, für dich zur Verfügung. Indem du hinatmest, indem du es aufmerksam betrachtest, öffnet es sich. Milde Energien fließen, stetig pulsierend lässt dein Herz diese frei. Indem du dein Herz öffnest, kann das größere Ganze besser in dich eintreten. Die Tür deines Herzens öffnen, um Einlass zu gewähren. Auftun und eingehen, so sagt Meister Eckhart, sind eins. Indem ich mich öffne, kann ES zu mir kommen. Indem ich mich auftue, kann ES meinen Raum betreten. Und spüre die Qualität, die dabei auf dich wartet. Sie kann es gar nicht erwarten, zu dir zu kommen, bis du die Türe öffnest.

Der Boden trägt dich weiterhin, der Atem berührt dich und das Herz ist im Einklang mit dem größeren Ganzen. Und du spürst, wie deine Durchlässigkeit zunimmt. Dabei richte deine Aufmerksamkeit noch auf dein Bewusstsein, das treu deinen Weg begleitet, immer wieder neue Ideen hervorbringt und neue Richtungen unterstützt. Manchmal schränkt es uns aber auch ein, aus falsch verstandener Sorge um uns. Deshalb schau hin, welche Bewegungen gedanklicher oder bildhafter Art oder Empfindungen gerade in dir präsent sind. Auch unser Bewusstsein braucht unsere Aufmerksamkeit, damit es sich beruhigen, nachgeben und loslassen kann. Lass Schritt für Schritt mit dem Ausatmen alle Inhalte deines Bewusstseins los: Bewertungen, Pläne, Vergangenes, Bilder. Für einen Augenblick lass alles los, was dein Bewusstsein an Bewegungen hervorbringt. Lass dich ganz sein, streife alles ab, was war, und lass alles los, was an Erwartungen und Bildern für die Zukunft auftaucht. Und du spürst, wie dein Bewusstsein weit und offen wird. Mit jedem Akt des Loslassens weitet sich dein Bewusstsein, wird es durchlässiger und offener. Wenn irgendetwas auftaucht, was dich noch beschäftigt, einfach hinatmen und wieder loslassen. Bis es dünner wird, bis es weniger wird, bis es heller und transparenter wird. Hinatmen, loslassen. Genieße die Freiheit, die dir dabei zuteil wird: nichts festhalten zu müssen, nichts verfolgen zu müssen, nichts planen zu müssen. Alles darf einfach nur sein, lass es sein. Das Herz ist geöffnet, das Zentrum gestärkt, dein Gewicht getragen, belebt durch den Atem, lass dein Bewusstsein frei und weit werden, ohne irgendetwas festzuhalten.

Hier und jetzt darf ich sein. Alle Knoten lösen sich in diesem Zustand von selbst. Durch das Selbst. Vergangene Belastungen und Sorgen werden angesichts der Gegenwärtigkeit dünner und blasser. Pläne und Ideen lösen sich auf. Lediglich hier sein, um mich ganz im Seinlassen zu spüren, um den Raum hinter allem zu erahnen. Und immer wieder mit dem Ausatmen loslassen und dich in dieser Qualität des gegenwärtigen Seins für das größere Ganze zu öffnen und bereitzuhalten. Mild berührt von der Energie des Herzens, beseelt vom Atem, getragen vom Boden erlaube ich mir, ganz zu sein. So wie ich bin, in Ordnung zu sein, da zu sein. Du spürst, wie du dich mehr und mehr einlässt. Dich darin sein lässt.

Die Gegenwärtigkeit des Seins, das Gewahrwerden des Seins jenseits der Spuren deines Lebens, offen und breit, weit und tief, ganz dort, ganz angekommen. Alles darf so sein. Ganz sein. Verbunden sein.

Wenn du dann ganz langsam wieder zurückkehrst in deinen Körper, in deine Gedanken, dann mit der Sicherheit, dass das andere Sein mit dir ist, immer da ist, immer nah ist und jederzeit von dir besucht und erspürt werden kann.

Auftun und hineingehen, so sagt Meister Eckhart, fallen zusammen. Sobald ich mich öffne, die Tür meines Herzens, die Fenster meines Bewusstseins, sobald ich loslasse, kann ich diesem Sein begegnen. Kann es zu mir kommen, kann es eintreten in mein alltägliches Sein.

Ganz langsam erlaube dir, mit deiner Aufmerksamkeit wieder zurückzukehren.

MEDITATION – EINE SCHWIERIGE ÜBUNG

Die stille Meditation, ob sitzend oder liegend, hilft uns, loslassen zu lernen und uns vorübergehend von Objekten unseres Bewusstseins zu entidentifizieren. Es geht darum, das Bewusstsein ganz frei und leer werden zu lassen.

Immer wieder berichten Menschen davon, dass sie vieles machen können, aber regelmäßig zu meditieren, gelingt ihnen nicht. Es ist erstaunlich, dass oft schon täglich zehn Minuten oder eine Viertelstunde Stille Probleme bereiten können. Ich kann aus eigener Erfahrung berichten: Es gab eine Zeit bei mir, da habe ich immer wieder von Neuem mit der Meditation begonnen, nachdem ich längere Zeit ausgesetzt hatte. Ich habe mit zwei Minuten angefangen und selbst die habe ich als furchtbar lang erlebt. Ich war innerlich sehr unruhig.

Heute frage ich mich, was das sein kann, denn dieses Problem höre ich von vielen Menschen. Ist Meditation so schwierig oder so langweilig?

Die allermeisten spirituellen Richtungen empfehlen die stille Meditation für den spirituellen Weg und legen uns nahe, diese regelmäßig zu praktizieren, dabei zu bleiben. Heute glaube ich, dass es zwei Punkte gibt, die uns die Meditation schwermachen: Der erste Punkt ist das Hineinhören in die unstrukturierte Stille. Das erhöht gewöhnlich den Gedankenfluss und die körperlichen Spannungen. Dieses Hineinhören in die unstrukturierte Stille zeigt uns – wie bereits mehrfach erwähnt – auf, dass dann, wenn wir ruhig werden oder still werden wollen, es zunächst in uns laut wird. In uns gibt es unendlich viele Geräusche. Dieser innere Geräuschpegel ist das erste Hindernis, das uns abhalten kann, wenn wir merken, da gibt es keinen Fortschritt, denn ich bin ständig mit etwas beschäftigt. Aber man darf sich nicht täuschen, nicht davon hindern lassen. Dass das so ist, bedeutet eigentlich nur, dass die Sinne wach werden. Und dass wir erst jetzt bemerken, was alles in uns gegenwärtig ist. Wir merken das sonst gar nicht, durch die vielen Kreisgedanken – die sich wiederholenden Sätze –, die wir in uns haben. Das läuft im Alltag so mit wie Begleitmusik. Aber in dem Moment, wo ich still werde, kommt das in den Vordergrund und löst dann ein unangenehmes Gefühl aus. Das ist ein Grund, weshalb es oft leichter ist, etwas anderes zu tun, als zu meditieren. Man muss durch dieses Stadium hindurch. Wir müssen es aushalten, dass es laut ist, und das gelingt dann, wenn wir sagen: Ja, jetzt höre ich gerade, was alles in mir ist, und das ist ganz o.k., weil ich das sonst gar nicht realisiere. Dann wird auch Schritt für Schritt die Stille zunehmen.

Der zweite Punkt ist: Man beginnt, Vergangenes und Zukünftiges hinter sich zu lassen, um in die Gegenwärtigkeit zu kommen. Das ist leichter gesagt als getan. Denn unsere Identität ist mit der Geschichte unseres Lebens und mit unseren Zukunftsvisionen aufs Engste verknüpft. Wenn wir die Vergangenheit loslassen und auch nicht an die Zukunft denken, verlieren wir in dem Moment ein Stück gewachsener Identität. Das ist spirituell gesehen sehr sinnvoll, weil es ja um eine erweiterte Identität geht, in der ich mit dem Seinsganzen verbunden bin. Und diese neue Identitätsbildung fällt leichter, wenn ich mich für die Gegenwärtigkeit öffne.

Aber wenn alte Identitätsanker gelockert werden, bedeutet das auch, dass Angst auftaucht. Wer bin ich dann noch, wenn ich das loslasse, womit ich 24 Stunden am Tag beschäftigt bin? Was geschieht mit mir, wenn in der Tiefe meines Wesens bestimmte Haltegriffe und Strukturen, die uns ein Gefühl der Sicherheit geben, gelockert und weich werden? Da entsteht automatisch Unsicherheit, weil das Vertrauen in das, was sich im Leben vollzieht, noch nicht entsprechend gewachsen ist. Es ist klar, dass in diesem Zustand zwischen »alte Identitätspfeiler werden gelockert« und »das Vertrauen für das Wachstum des Neuen ist noch nicht ganz da« Unsicherheiten und Ängste entstehen, die auf verschiedenen Ebenen wirksam sein können.

ANGST VOR AUFLÖSUNG

Die erste Ebene dieser inneren Bedrohung entsteht, wenn etwas nicht mehr hält, was bisher als vertraut gegolten hat. In einem zweiten Stadium kann es zu existenziellen Ängsten kommen. Wir erleben uns plötzlich, wie es auch die Existenzphilosophie beschreibt, als in die Welt geworfen, ausgeliefert und ungefragt.

Wenn wir dann noch tiefer gelangen, kommt plötzlich eine Angst auf, die David R. Loy die nonduale Angst[30] nennt. Bewertungen wie gut oder schlecht oder richtig oder falsch fallen allmählich weg oder lösen sich auf, es kommt diese Angst auf, dass ich dann nicht mehr abgegrenzt bin von den anderen, dass ich vielleicht verrückt werde, vielleicht in einer gewissen Art und Weise empfinde, dass meine personale Existenz ausgelöscht wird. Im Inneren wird eine leere Stille erlebt, wo es etwa keine Bewegungen, Empfindungen, Assoziationen und Verknüpfungen mehr gibt. Diese Angst vor dem Sterben der personalen Existenz ist eine sehr tiefgreifende. In diesem Prozess wird indes unser empirisches Alltagsbewusstsein allmählich durch ein tieferes Bewusstsein Schritt für Schritt ergänzt. Wir entfernen uns damit nicht aus unserem Leben, sondern vertiefen es.

Der Pfad zu Leere und Erkenntnis aus dem Zen-Buddhismus zeigt diese Entwicklung anschaulich in den zehn Ochsenbildern: Beim zehnten Bild des Zyklus, wenn der Erleuchtete auf den Marktplatz geht, um seine Tomaten zu verkaufen, tut er das aus der Erfahrung der Tiefe und der Nondualität heraus. Die Person wird nicht untergehen, wenngleich die Absolutheit der Person verschwindet. Wer vorher gedacht hat, Persönlichkeit, Lebensgeschichte oder seine Rolle im Leben sei alles, was zählt, wird in dem Moment eine Erschütterung erleiden, denn er merkt, dass er nur ein Samenkorn im Ganzen ist. Wir werden so auch mit der Schieflage bisheriger Vorstellungen über das Leben konfrontiert.

Yoshihiro Nitta beschreibt, dass unser empirisches Alltagsbewusstsein, wenn es auf dem nondualen Tiefenbewusstsein ruht, viel flexibler, viel offener, viel weiter, viel authentischer und lebendiger agieren kann. Er sagt: »Die Auslöschung der alten Identität ist gleichzeitig wie eine Neugeburt.«[31] Es ist eine Neugeburt in eine andere Form von Identität, in der das größere Ganze nicht mehr ausgeschlossen, sondern einbezogen, uns durchdringend, ist. Um dorthin zu gelangen, müssen wir Stadien der Umstrukturierung und Umformung des Bewusstseins innerlich durchhalten und durchstehen. Darum sage ich immer: Lass es zu, bleib dran und führe dein Leben weiter. Es ist ein Prozess, der sich über Jahre, Jahrzehnte bis hin zu unserem Tod fortsetzen wird.

MEDITATION BRAUCHT DISZIPLIN

Es gibt immer wieder Situationen, wo wir die Übungspraxis unterbrechen oder nachlässig sind, was die Egotransformation oder den Bezug zum größeren Ganzen oder universalen Selbst anbelangt. Es braucht für eine spirituelle Praxis Disziplin. Und Disziplin ist kein schönes Wort. Weil es sofort Fantasien oder innere Bilder von Drill oder von »etwas gegen den eigenen Willen tun« auslöst, insbesondere, wenn im Internat, beim Militär oder zu Hause von den Eltern die Aufforderung zu Disziplin oft verbunden war mit Selbstentfremdung oder Weggehen von sich selbst, Gefühle nicht zulassen dürfen oder nicht lebendig sein dürfen.

Die Disziplin, von der hier die Rede ist, besteht darin, dass wir uns konzentrieren, den Fokus auf unsere Übungen richten und uns von Widerständen nicht abhalten lassen. Dass wir bereit sind, auch durch diese hindurchzugehen – wobei wir immer wieder spüren sollten, ob es uns guttut. Ist es wirklich im Sinne unserer inneren Entwicklung? Das ist durchaus wichtig. Es kann ja auch einmal sein, dass eine bestimmte Art von Übung für einen bestimmten Zeitraum für mich nicht das Richtige ist. Ich sage immer, wir sollten der eigenen Stimmigkeit folgen. Trotzdem muss man sich klar machen, dass ein spiritueller Weg eine Herausforderung, Arbeit und Auseinandersetzung ist. Ein Dabeibleiben, auch wenn Widerstände und Belastungen auftauchen, ist erforderlich. Da muss man diese Unterscheidung finden zwischen dem, was Karen Horney als »Tyrannei des Sollens« beschreibt, und dem, was sich für uns richtig anfühlt. Der spirituelle Weg kann sich nur dann entfalten, wenn wir entlang unserer eigenen Stimmigkeit uns achtsam auf diesen Prozess einlassen, aber auch dabeibleiben und dranbleiben.

Als Beispiel dazu fallen mir Sportler ein: Ich kenne Kinder, die schon mit zehn Jahren ganz von sich selbst entfremdet sind. Sie trainieren oft mehrere Stunden am Tag, weil sie den Eltern damit eine Freude bereiten. Es gibt aber auch Sportler, die Freude empfinden bei dem, was sie tun, und gar nicht dazu gedrängt werden müssen, sondern aus einem eigenen Antrieb und einer inneren Freude heraus diese Strapazen auf sich nehmen.

Im Hinblick auf die Übungen ist genauso wichtig, immer wieder für sich zu überprüfen und sich zu fragen: Stimmt es, was ich mache? Passen die Übungen, so wie ich es mir vorstelle, zu mir? Ist etwa die Dauer der täglichen Meditation angemessen oder überfordere ich mich dabei?

Natürlich ist es schwierig, wenn ich mir vornehme, vierzig Minuten zu meditieren, und ich innerlich noch gar nicht darauf vorbereitet bin. Dann erfordert es eine Disziplin, die sich gegen mich wendet. Dann verhärte ich und verbittere mit der Zeit. Darum ist es wichtig, die Praxis immer wieder zu überprüfen: Sind vielleicht fünf, zehn oder zwanzig Minuten genug für mich? Man kann den Zeitraum ja auch später erweitern. Auch wenn wir immer wieder diesbezüglich in uns hineinhorchen, lassen wir uns dennoch von zwischenzeitlichen Blockaden oder Hindernissen nicht abhalten. Um die

Energie des größeren Ganzen halten zu können, braucht es auch mit der Zeit erweiterte innere Räume und flexible Strukturen. Und dafür ist es notwendig, den Übungsrhythmus beizubehalten, sich nicht irritieren zu lassen. Du wirst merken, dass es Früchte tragen wird.

Praktiziere deine spirituellen Übungen aufmerksam und ausdauernd. Dabeibleiben, durch Hindernisse hindurchgehen, unter Berücksichtigung der eigenen Grenzen. Aber ohne diese Kraftaufwendung geht es nicht.

Bei der Auflösung von alten Mustern, wenn wir alles ausgedrückt haben, wir auch die Themen integriert haben, gibt es irgendwann einmal einen Punkt, wo es erledigt ist. Dann geht es darum, auch im Leben die andere Haltung, die andere Einstellung, die ich gewonnen habe, zu üben und zu praktizieren.

Und wenn ich gewohnt war, dass ich die- oder derjenige bin, der schlecht behandelt wird, dann kommt irgendwann der Zeitpunkt, wo wir langsam lernen, diese Opferrolle loszulassen und aus diesem Muster auszusteigen, bereit sind, für uns selbst Verantwortung zu übernehmen. Wenn wir dann wieder einmal das Gefühl haben, schlecht behandelt worden zu sein oder wieder Opfer einer Situation zu sein, sollten wir uns hinterfragen: Bin ich das wirklich? Oder sind es alte Muster, die mich hier bedrängen und wieder einholen? Das kostet auch Energie, um nicht wieder ins Alte zurückzufallen. Was sich über Jahre oder Jahrzehnte eingeschliffen hat, hat eine ungeheure Anziehungskraft. Das ist auch tief im Körper verankert. Wenn man immer geduckt gegangen ist und die Welt nur so gesehen hat und nun eine Aufrichtung erfährt und spürt, wie wunderbar das ist, dass man nun viel mehr sieht, dann braucht es manchmal auch eine Kraft, die wir einsetzen müssen, um in dieser Veränderung zu bleiben. So wie bei den spirituellen Übungen auch.

Es geht also darum herauszufinden: Wo ist dieser Aufwand erforderlich, und wo geht es darum, etwas auch einmal zu lassen?

VERÄNDERUNG BRINGT AUCH KONFLIKTE

Der spirituelle Weg verändert uns. Und unsere Umwelt reagiert häufig auf Veränderung, indem sie diese rückgängig machen will. Das führt zu Konflikten, die unvermeidlich sind.

Wir kennen das beispielsweise auch im Umgang mit psychischen Erkrankungen: Eine Familie, in der eine Person suchtkrank ist, möchte unbedingt, dass dieser Mensch sich von der Sucht befreit. Jetzt hat der Betroffene mit dem Entzug begonnen, schließt auch eine Entwöhnungsbehandlung an und kommt gesund nach Hause. Die Angehörigen halten aber die Veränderung nicht aus und tun unbewusst alles, bis es wieder zum Rückfall kommt. Auch wenn das Umfeld wünscht, dass sich jemand verändert, treten Konflikte und Probleme auf. Ich kann nur sagen: In diesem Fall bleib bei deinem Weg und nimm in Kauf, dass deine Lieben damit Probleme haben oder in eine Krise kommen. Wenn du einen Weg gehst und der andere merkt, dass dies vielleicht auch für ihn sinnvoll sein könnte, wird er das zunächst abwehren. Und wie wehrt er das ab? Indem er deine Veränderung ignoriert oder abwertet. Das muss man wissen. Ich kann das Ganze abmildern, indem ich beispielsweise von meiner persönlichen Erfahrung etwas mitteile. Hier gilt die Regel: weniger ist mehr. Man sollte dabei jedoch berücksichtigen, was der andere wirklich aufnehmen kann.

Konflikte, Dissonanzen wird es durch Veränderung immer geben. Es lässt sich oft nicht bewerkstelligen, dass dies harmonisch abläuft. Manchmal ändern sich dann Beziehungen oder lösen sich.

KARMA

Auf einem spirituellen Weg ist es auch wichtig, meine Gedanken und meine Art der Kommunikation zu untersuchen, was ich oder wie ich über jemanden spreche. Das heißt nicht, dass wir unsere Spontanität beschneiden sollten, aber wir sollten überprüfen, ob wir durch unser Sprechen wie durch unser Handeln Mitgefühl, Entwicklung und Wachstum fördern oder nicht.

Deshalb finde ich die Geschichte von Sokrates und den drei Sieben sehr hilfreich. Sie lautet:

»Eines Tages kam einer zu Sokrates und war voller Aufregung. ›He, Sokrates, hast du gehört, was dein Freund getan hat? Das muss ich dir gleich erzählen.‹
›Moment mal‹, unterbrach ihn der Weise. ›Hast du das, was du mir sagen willst, durch die drei Siebe gesiebt?‹
›Drei Siebe?‹, fragte der andere voller Verwunderung.

›Ja, mein Lieber, drei Siebe. Lass sehen, ob das, was du mir zu sagen hast, durch die drei Siebe hindurchgeht. Das erste Sieb ist die Wahrheit. Hast du alles, was du mir erzählen willst, geprüft, ob es wahr ist?‹
›Nein, ich hörte es irgendwo und ...‹
›So, so! Aber sicher hast du es mit dem zweiten Sieb geprüft. Es ist das Sieb der Güte. Ist das, was du mir erzählen willst – wenn es schon nicht als wahr erwiesen ist –, so doch wenigstens gut?‹
Zögernd sagte der andere: ›Nein, das nicht, im Gegenteil ...‹
›Aha!‹, unterbrach Sokrates. ›So lass uns auch das dritte Sieb noch anwenden und lass uns fragen, ob es notwendig ist, mir das zu erzählen, was dich erregt?‹
›Notwendig nun gerade nicht ...‹
›Also‹, lächelte der Weise, ›wenn das, was du mir da erzählen wolltest, weder erwiesenermaßen wahr, noch gut, noch notwendig ist, so lass es begraben sein und belaste dich und mich nicht damit!‹«[32]

Wir können unser Reden, unser Sprechen in die spirituelle Übungspraxis mit einbeziehen. Wir können uns unsere eigenen Siebe anfertigen. Die Erfahrung zeigt, wenn wir auf diese Dinge nicht achten, wird Kommunikation auch zur Belastung und wirkt auch ein Stück destruktiv oder unangenehm auf uns zurück. Aber nicht nur das gesprochene Wort, sondern auch das gedachte Wort kann in unserem Innenraum Belastung aufbauen. Wenn wir überlegen, wie wir etwa jemandem, der uns etwas angetan hat, mit gleicher Münze zurückzahlen können. Das sind Schattenanteile, die dann ins Spiel kommen. Wir sollten nicht so vermessen sein zu glauben, dass es diese destruktiven Gedanken und Gefühle nicht gibt.

Ärger und Wut sind nicht destruktiv, wenn sie aus einer inneren Authentizität heraus kommen. Diese Emotionen muss man von destruktiven Vorgehensweisen oder destruktiven inneren Zuständen unterscheiden.

Zwar kann sich manchmal eine Emotion wie Wut durch nicht authentisches Ausdrücken in kalten Hass verwandeln. Das sind dann Zustände und Gefühle, an denen wir zu arbeiten haben. Aber achten wir ein bisschen mehr darauf, was wir denken und was wir sagen. Immer wieder, wenn wir uns hier mitfühlend, offen, wahrhaftig und authentisch bewegen, spüren wir, dass Kommunikation zu Bereicherung wird und wir gemeinsam besser wachsen und uns entwickeln können.

Auch hier ist es so, dass die Latte nicht zu hoch gelegt werden sollte. Weil eben aus frühen Angstmustern heraus sich Destruktivität häufig in der Kommunikation fortsetzt. Hier ist die Unterscheidung zu treffen: Was kann ich loslassen, was kann ich durch Aufmerksamkeit und Disziplin verändern, und was muss bearbeitet werden, weil es mich nicht mehr loslässt. Wir kommen da in einen Bereich hinein, den wir in den verschiedenen spirituellen Richtungen als Karma bezeichnen. Das bedeutet, dass die Früchte meines Denkens, Handelns und Sprechens sich immer wieder als Umstände aktualisieren. Das heißt ganz konkret, wenn ich das Ziel habe, jemanden zu vernichten, dass sich irgendwann dieser Vernichtungsimpuls auch mir gegenüber zeigt. Weil ich ihn durch mich zum Ausdruck bringe, wird er bei mir einen Eindruck hinterlassen. Die Destruktivität wird in irgendeiner Form im System wirksam sein. Genauso wie die Liebe.

So wie in Momenten der Wahrhaftigkeit, des Mitgefühls und des Zuhörens und des Eingehens auf den anderen Offenheit und Weichheit entstehen, wird natürlich genau das Gegenteil entstehen, wenn ich mich destruktiv verhalte, destruktiv denke oder destruktiv spreche. Es wird sich immer im System als Atmosphäre niederschlagen.

Wenn ich zum Beispiel starken Neid empfinde, fühle ich mich unwohl. Auch wenn es den anderen betrifft – ich fühle mich auch selbst unwohl. Es wirkt sich auf mich aus. Wenn ich jemandem wünsche, dass er in einer bestimmten Situation versagt, und ich male mir das aus, dann wirkt sich das auf mich aus, weil ich mich eng machen muss. Damit wird mein Innenraum belastet.

Karma muss man so verstehen, dass das, was ich denke, tue oder spreche, die Umstände kreiert, die dann auch mir begegnen. Ich werde in einer anderen Situation möglicherweise mit genau diesem Thema konfrontiert werden, wo ich dann gefordert bin, das aufzulösen oder damit in guter Weise umzugehen. Kann auch sein, dass plötzlich irgendwas in meinem Leben passiert, das mich dorthin führt, mich mit diesem Thema auseinanderzusetzen. Das bedeutet Karma. Man muss nicht unbedingt frühere Leben damit assoziieren. Karma ist immer die Wirkung meines Denkens, Tuns und Handelns.

LEHNST DU EINEN MENSCHEN AB, LEHNST DU DICH AB

Wir kennen Situationen, wo wir das Gefühl haben, es verengt sich unser Herz. Gerade, wenn wir in einer schwierigen Situation stecken, ist es gar nicht so einfach, unser Herz zu öffnen. Beispielsweise, wenn wir jemanden mit etwas konfrontieren, mit einer Verhaltensweise, einer Handlung oder einer Verfehlung uns gegenüber. Spirituell sein heißt auch wahrhaftig sein, und das bedeutet auch, den anderen nicht um die Auseinandersetzung mit uns zu betrügen, auch nicht um unsere Wut. Dalai Lama spricht in diesem Sinn auch von einem »heiligem Zorn«[33], der manchmal erforderlich ist, um die Dinge geradezurücken. Aber es ist wichtig zu unterscheiden zwischen der konkreten Verhaltensweise oder Handlung, die wir kritisieren, und der dahinter stehenden Person. Sätze wie: »Mit dem kann ich nichts anfangen ...«, »Der ist mir fremd«, »So, wie sie ist, löst das in mir Abneigung aus«, sollen wir vermeiden. Wir müssen uns umstellen und sagen: »So, wie du mir ins Wort fällst, ist es schwer für mich, etwas mitzuteilen.« Wenn man bei der kritisierten Verhaltensweise bleibt und gleichzeitig die Person achtet und respektiert, dann geschieht Folgendes nicht: dass wir in der Ablehnung der Person, in der Ablehnung des Wesens gleichzeitig den Wesensgrund, aus dem wir alle existieren, ablehnen. Das ist der entscheidende Punkt. Wir lehnen damit auch das ab, woraus wir selbst existieren.

Oder ein anderes Beispiel: Wenn du in einer Gegend, Gesellschaft oder Gruppe bist, in der du dich nicht wohlfühlst oder wo du merkst, dass die Kommunikation für dich nicht in Ordnung ist, dann atme tief durch, versuche dein Herz zu spüren und bringe dich innerlich in Ordnung. Dann strahlt vielleicht etwas davon auf die Umgebung aus.

Es ist der Königsweg jeder spirituellen Richtung, dem Herzen zu folgen. Den Ort des Herzens aufzusuchen – egal, was du machst, egal, in welch schwierigen Umständen du dich befindest. Seit 1974 leite ich Gruppen. Bei dem einen oder anderen Seminar gab es durchaus schwierige Phasen. Das ist für mich immer wieder eine große Herausforderung. In all diesen Jahren versuchte ich immer wieder, mit meinem Herzen in Kontakt zu kommen und alle innerlich mit dem Herzen zu begrüßen und wahrzunehmen; durchzuatmen, in die Stille zu gehen und mich mit meinem Innersten zu verbinden. Zur Bewältigung dieser Problemsituationen war es wichtig, diesem größeren Ganzen ein bisschen mehr Raum zu geben und nicht aus Vorstellungen und Konzepten heraus zu handeln, die Gruppe sei schwierig oder Ähnliches. Das hat mir bisher immer wieder geholfen, manchmal in entscheidenden Momenten inspirativ den Weg zu finden, der für uns alle in jenem Moment auch sinnvoll war. Wir können das in jeder herausfordernden Situation ausprobieren. Damit wird auch ein wesentlicher Punkt, der von einer spirituellen Warte aus sehr wichtig ist, praktiziert. Wir lernen, uns in unseren Aufgaben, ob es angenehme oder manchmal unangenehme sind, allmählich von den Wertungen zu befreien und das Trennende zu überwinden.

Wenn wir uns mit dem größeren Ganzen verbinden, dann können wir Aufgaben ganz anders erfüllen. Egal, ob sie erfreulich oder unerfreulich sind, wir können uns offener, intuitiver, klarer und verbundener mit dem auseinandersetzen, was zu tun ist. Diese Haltung wird auf dich zurückstrahlen. Diese Praxis des offenen Herzens wird immer wieder in dir einen fruchtbaren Boden schaffen, um dein Leben im Ganzen als Aufgabe zu erfassen, bei dem es um mehr Bewusstheit, mehr Mitgefühl und mehr Offenheit geht.

WARUM MITGEFÜHL?

Ich werde des Öfteren gefragt, warum es wichtig ist, Meditationen oder Übungen zum Mitgefühl zu machen. Wenn wir bewusst Mitgefühl praktizieren, uns darauf einlassen, dann kann dies unsere Entwicklung innerlich unterstützen und sich noch viel stärker im Leben manifestieren. Natürlich wird dieses größere Ganze immer da sein, immer auch Unterstützung gewähren, jedem, der in Not ist, auch Segen zukommen lassen. Aber wenn wir bewusst Mitgefühl praktizieren, dann fließt durch uns die Liebe, nicht nur in einer persönlichen Form, sondern auch als universelle Energie, die aus dem größeren Ganzen kommt. Auch wenn wir an jemanden denken oder ein Gebet sprechen oder ganz bewusst mit jemandem verbunden sind, dann ist es nicht nur unsere persönliche Energie, die hier zum Tragen kommt, sondern es ist auch diese universale Liebe, die durch uns manifestiert wird. Deshalb ist es wichtig, solche Übungen durchzuführen. Und ich glaube, dass ihre Wirkung wirklich sehr groß ist.

Wir können das in unterschiedlicher Weise machen. Zum Beispiel, wenn wir Angehörigen oder uns nahestehenden Menschen innere Unterstützung geben, indem wir uns vorstellen, wie sie mit Licht eingehüllt werden, wie Wärme zu ihnen strömt oder wir ihnen ein Gebet senden. Diese Energien aktivieren tatsächlich auf einer seelisch-geistigen Ebene neue Kräfte. Und deshalb ist das auch ein sinnvoller Akt. Es ist nicht nur etwas, das wir anderen zukommen lassen, sondern in dieser Mitgefühlspraxis sind wir in diesem Moment auch selbst mit einbezogen, würdigen wir ja auch das größere Ganze. Und es strahlt auf uns selbst zurück. Man merkt es auch: In dem Augenblick, wo man das übt und sich darauf einlässt, empfindet man selbst ein Stückchen mehr Frieden. Man öffnet sich selbst noch mehr für den inneren Prozess. Die Energie, die du investierst, kommt doppelt wieder zurück.

Wir sollten diese Praxis und die kleinen Übungen für unseren eigenen spirituellen Weg nicht unterschätzen. Die mitfühlende Einstellung anderer Lebewesen gegenüber wird öffnend, unterstützend und entwicklungsfördernd wirksam sein. Ich habe immer wieder die Erfahrung gemacht, dass sich aus so einer Haltung heraus äußerliche Dinge verändern können. Wenn wir uns selbst in Ordnung bringen und wenn wir mit uns selbst in Frieden kommen, dann kann auch die Welt um uns herum besser zu Frieden kommen. Das heißt nicht, dass damit schon alles getan wäre, aber es ist eine Unterstützung. Ein kleines Mosaiksteinchen im Ganzen. Diese Praxis des Mitgefühls ist wirklich eine zentrale Übung, die wir neben unseren Meditationstechniken und Durchlässigkeitsübungen immer wieder einbauen können. Am Ende stehen die Menschen, denen man Mitgefühl gegenüberbringt, stellvertretend für alle anderen, die es auch noch gibt, und die auch davon profitieren können. Natürlich kann man das immer wieder hinterfragen oder auch einmal belächeln oder als kitschig empfinden. Aber du merkst selbst: In dem Moment, wo du dich vollständig darauf einlässt, fühlst du dich davon auch ergriffen, mitgenommen, geöffnet und verbunden.

Man kann das auch im Umgang mit Patienten praktizieren, weil es ja oft um schwere Krisen geht. Ich versuche, mir dann diese Person vorzustellen und mich innerlich dafür zu öffnen und sie in mein Mitgefühl einzuschließen. Oder innerlich einen Segensspruch leise auszusprechen: Möge es ihr gelingen, aus dem Ganzen heraus einen guten Schritt zu tun. Man kann sich auch vorstellen, wenn jemand im Krankenhaus dem Sterben nahe ist, auf diese Weise mitzuhelfen, dass die Schritte in die Transformation hinein auch gelingen mögen. Es ist wirklich so – wir sind verbunden und uns wird auch in dieser Weise geholfen. Immer, wenn wir mit einem Thema in Kontakt sind oder wir uns auf etwas einlassen, gibt es viele fremde Menschen, die uns dabei helfen. Es ist gut, für die Menschheit zu meditieren, zu beten, Segenssprüche zu formulieren, sich einzulassen auf diesen tieferen Prozess. Diese Energie ist da, sie ist nicht individuell, sie ist universell und manifestiert sich dann in einer individuellen Entwicklungs- und Heilungsenergie.

Unser Geist vermag nicht in der Gänze zu erfassen, weshalb sich die Dinge so oder so gestalten oder weshalb sich die geschichtliche Entwicklung so und nicht anders manifestiert. Aber was ich immer wieder sehen kann, ist, dass durch jeden Akt der Bewusstwerdung nicht nur ich selbst oder jemand anderer davon profitiert, sondern immer auch das Umfeld, in dem jemand steckt. Und insofern meine ich gerade im Sinne der Verwandlung unerlöster oder auch festgewordener, kontrahierter Energien, dass wir das Böse nicht einfach als Werk des Teufels sehen dürfen, sondern als etwas, das sich durch bestimmte Ereignisse in gewisser Weise verkapselt hat und aus dieser Verschlossenheit heraus dann, wie ein abgelenkter Pfeil der Entwicklung, eine zerstörerische Kraft entwickeln kann. Aber die Energie, die darin steckt, ist eigentlich wertfrei, also auch die Energie, die uns voranbringen kann.

Wenn jemand eine mörderische Wut auf einen anderen hat, dies bearbeitet, durch die Gefühle hindurchgeht – merkt er oder sie am Ende, dass genau diese Energie dann in ihrer Befreiung als Lebensenergie wieder zur Verfügung steht und uns auch beseelen und wieder lebendig werden lassen kann. Deshalb glaube ich schon, dass die Energie aus einem Stoff ist, aber dass sich dieser Stoff in unterschiedlichen Formen äußert. Durch Mitgefühlsmeditation, durch Bewusstseinsprozesse können wir hier Hartgewordenes und Destruktives lockern, aufweichen und lösen. Das Böse können wir deshalb nicht als Feind des Guten sehen, sondern als etwas Unerlöstes, als etwas, das danach strebt, sich zu öffnen, sich zu zeigen. Wir brauchen nur einen Menschen zu sehen, der jemanden anderen heftig beschimpft. Wenn wir das dann genauer betrachten und länger mit diesem Menschen sprechen, stellt sich am Ende heraus, dass die Sehnsucht, von diesem anderen, den er beschimpft hat, geliebt zu werden, in versteckter Weise da war, aber durch diese Kontraktionen, durch diese Muster sich nicht offenbaren und zeigen konnte. Es gibt nichts von dem, was es gibt, das nicht wert ist, geliebt zu sein.

Ich glaube, dass gerade die spirituellen Traditionen uns hier helfen, über unseren personalen Schatten zu springen, um sozusagen das Bedingungsgefüge, von dem wir normalerweise unsere Liebe abhängig machen, aufzubrechen und als Energie fürs Ganze zu sehen. Für das Sein, dass sich darin verwirklichen und entwickeln kann.

ANMERKUNGEN

1. Horney (1975), S. 176
2. Jung (1971), S. 134f
3. Schacter (2001)
4. Vgl. Sheldrake (1990)
5. Popper (1979)
6. Kant (1983), S. 41
7. Augustinus, zit. n. Meister Eckhart (1988), S. 117
8. Vgl. Jung (1964) und (1971)
9. Vgl. Steindl-Rast (2010)
10. Yalom (1974)
11. Fromm (1977), S. 20
12. Meister Eckhart (1988), S. 177
13. Ebenda
14. Vgl. Buber (2014)
15. Vgl. Kabat-Zinn (2011)
16. Vgl. Dürckheim (1992)
17. Ebenda
18. Vgl. Maslow (1973) und (1992)
19. Vgl. Roth (2003)
20. Vgl. Metzger (1975)
21. Vgl. Dürckheim (1989) und (1992)
22. Seneca (2014)
23. Kornfield, zit. n. Föllmi (2003)
24. Vgl. Fogel (2013)
25. Vlg. Meister Eckhart (1988), S. 153
26. Vgl. James (1979), Schleiermacher (2003) oder Otto (2004)
27. Vgl. Otto (2004)
28. Vgl. Muktananda (1986)
29. Spaemann (2006)
30. Vgl. Loy (1997)
31. Nitta, zit. n. Izutsu (1984)
32. Dietrich (1995), S. 36
33. Dalai Lama, zit. n. Goleman (2003)

LITERATUR

BUBER, MARTIN (1986): Begegnung. Lambert Schneider, Heidelberg
BUBER, MARTIN (1994): Das dialogische Prinzip. WBG, Darmstadt
BUBER, MARTIN (2014): Die Erzählung der Chassidim. Manesse, München
DALAI LAMA (1990): Das Buch der Freiheit. Lübbe, Bergisch Gladbach
DIETRICH, REINHOLD (1996): 49 Meistergeschichten. Dietrich, Elixhausen
DÜRCKHEIM, KARLFRIED GRAF (1992): Erlebnis und Wandlung. Suhrkamp, Frankfurt a. M.
DÜRCKHEIM, KARLFRIED GRAF (1989): Transzendenz als Erfahrung. In: ZUNDEL, EDITH/FITTKAU, BERND (HG.): Spirituelle Wege und Transpersonale Psychotherapie. Junfermann, Paderborn, S. 277–289
FOGEL, ALAN (2013): Selbstwahrnehmung und Embodiment in der Körperpsychotherapie. Schattauer, Stuttgart
FÖLLMI, DANIELLE U. OLIVIER (2003): Die Weisheit des Buddhismus Tag für Tag. Knesebeck, München
FROMM, ERICH (1977): Die Kunst des Liebens. Ullstein, Frankfurt a. M./Berlin/Wien
GOLEMAN, DANIEL (2003): Dialog mit dem Dalai Lama. Hanser, München, Wien
GURUMAYI, CHIDVILASANANDA (1996): Gnade liegt im eigenen Bemühen, in: Darshan Nr. 111 (deutsche Übersetzung 1996), S. 41–46. Syda Foundation, South Fallsburg
GURUMAYI, CHIDVILASANANDA (1989): Entzünde die Flamme in meinem Herzen. Siddha Yoga, Bände 1 und 2. Syda Foundation, München
HORNEY, KAREN (1975): Neurose und menschliches Wachstum. Kindler, München
HUSSERL, EDMUND (1980): Ideen zu einer reinen Phänomänologie und phänomenologischen Philosophie. Niemayer, Tübingen
IZUTSU, TOSHIHIKO (1984): Die Entdinglichung und Wiederverdinglichung der »Dinge« im Zen-Buddhismus, in: NITTA, YOSHIHIRO (HG.): Japanische Beiträge zur Phänomenologie. Alber, Freiburg, München, S. 13–40
JAMES, WILLIAM (1997): Die Vielfalt religiöser Erfahrung. Insel, Frankfurt a. M.
JUNG, CARL GUSTAV (1971): Die Beziehungen zwischen dem Ich und dem Unbewussten. Walter, Olten/Freiburg i. Br.

JUNG, CARL GUSTAV (1964): Zwei Schriften über analytische Psychologie. Ges. Werke Bd. 7. Walter, Olten/Freiburg i. Br.
KABAT ZINN, JON (2011): Gesund durch Meditation. O.W. Barth, München
KANT, IMMANUEL (1983): Werke in sechs Bänden, Weischädel, Wilhelm (Hrsg.) Bd. VI, Schriften zur Anthropologie, Geschichtsphilosophie, Politik und Pädagogik. WBG, Darmstadt
LOY, DAVID (1997): Nonduality. Yale University Press, New Haven
MASLOW, ABRAHAM (1994): Die umfassende Reichweite der menschlichen Natur. In: Integrative Therapie, Nr. 3, S. 200-208
MASLOW, ABRAHAM (1973): Psychologie des Seins. Kindler, München
MEISTER ECKEHART (1988): In: Döll, Ermin: Der Weg der Meister 1. Meditationshaus St. Franziskus. Aalen, Süddeutscher Zeitungsdienst.
MEISTER ECKEHART (O. J.): Von der Stille. Hybrion, Freiburg i. Br.
METZGER, WOLFGANG (1975): Psychologie. Steinkopf, Darmstadt
MUKTANANDA, SWAMI (1987): Der Weg und sein Ziel. Knaur, München
MUKTANANDA, SWAMI (1986): Spiel des Bewusstseins. Aurum, Freiburg i. Br.
OTTO, RUDOLF (2004): Das Heilige. C. H. Beck, München
POPPER, KARL (1979): Unveröffentlichter Vortrag anlässlich der Verleihung der Ehrendoktorwürde an der Universität Salzburg.
ROTH, GERHARD (2003): Aus der Sicht des Gehirns. Suhrkamp, Frankfurt a. M.
SCHACTER, DANIEL L. (2001): Wir sind Erinnerung. Kindler, Hamburg
SCHLEIERMACHER, RUDOLF (2003): Über die Religion. Reclam, Stuttgart
SENECA, LUCIUS ANNAEUS (2014): De brevitate vitae/Von der Kürze des Lebens. dtv, München
SHELDRAKE, RUPERT (1990): Das Gedächtnis der Natur. Scherz, Bern/München/Wien
SPAEMANN, ROBERT (2006): Die Vernünftigkeit des Glaubens an Gott. In: Frankfurter Allgemeine Sonntagszeitung, 22. Okt. 2006, Nr. 42.
STEINDL RAST, DAVID (2010): Credo. Herder, Freiburg/Basel/Wien
WALCH, SYLVESTER (2013): Dimensionen der menschlichen Seele. Patmos, Düsseldorf, 5. Aufl.
WALCH, SYLVESTER (2012): Vom Ego zum Selbst. O.W. Barth, München, 3. Aufl.
YALOM IRVIN (1974): Gruppenpsychotherapie. Grundlagen und Methoden. Kindler, München
ZUNDEL, EDITH / FITTKAU, BERND (HG.) (1989): Spirituelle Wege und Transpersonale Psychotherapie. Junfermann, Paderborn, S. 277-289

INGRID RIEDEL
LEBENSPHASEN – LEBENSCHANCEN

VOM GELASSENEN UMGANG MIT DEM ÄLTERWERDEN
14 x 22 cm, ca. 196 Seiten
ISBN 978-3-903072-02-2

WENDEPUNKTE, ABSCHNITTE, BESTIMMTE PHASEN prägen unser Leben. Und jede Phase bringt Herausforderungen, aber auch Chancen mit sich, so die bekannte Psychotherapeutin Ingrid Riedel.

In diesem Interviewband, in dem sie uns an ihren reichen persönlichen Lebenserfahrungen teilhaben lässt, beschreibt sie die einzelnen Lebensphasen und die damit verbundenen inneren Gefühle – von der Kindheit und Jugend, den verschiedenen Abschnitten des Erwachsenseins bis hin zum frühen und späteren Alter.

Was heißt es für Frauen wie auch für Männer, »phasengerecht« zu leben? Welche Chancen bietet uns die zweite Lebenshälfte, und wie können wir uns dem Thema des Lebensendes stellen?

Diesen und vielen anderen großen Lebensfragen geht die erfahrene Psychotherapeutin nach – voller Wärme, Souveränität und tiefer Lebensweisheit.

fischer & *gann*

Das gesamte Verlagsprogramm finden Sie unter www.fischerundgann.com

HANS JELLOUSCHEK
PAARE UND KREBS

WIE PARTNER GUT DAMIT UMGEHEN

14 x 22 cm, ca. 176 Seiten
ISBN 978-3-903072-18-3

KAUM EINE NACHRICHT ERSCHÜTTERT SO SEHR wie die Diagnose Krebs. Binnen Sekunden gerät das ganze Leben aus den Fugen – für die Betroffenen, aber auch für ihre Lieben.

Hans Jellouschek erzählt sehr einfühlsam die Geschichte der Krebserkrankung seiner Frau Margarete. Mehr als eineinhalb Jahrzehnte hat er sie begleitet – bis zum bitteren Ende.

Mit großer Offenheit spricht er vom gemeinsamen Ringen mit der Krankheit, den Ängsten, der Hoffnung und den Bewährungsproben für die Beziehung. Ein Weg, der aber auch die Chance einer Entwicklung für Paare bietet, so Hans Jellouschek. Er schreibt: »Der Krebs hat uns herausgefordert zu einer Auseinandersetzung mit dem Leben, die uns bereichert und in eine Tiefe der Liebe geführt hat, die wir sonst nicht erreicht hätten.«

fischer & *gann*

Das gesamte Verlagsprogramm finden Sie unter www.fischerundgann.com